샤먼의 춤

# 샤먼의 춤

김임순 세 번째 수필집

세종출판사

## 작가의 변

　오랫동안 글을 썼다. 융통성 없는 내향적인 성격과 딱 맞았다. 서푼짜리도 안되는 걸 글이랍시고 언감생심 작가 흉내를 내며 살았다. 반거충이 글솜씨로 시나위 장단에 춤추듯 문학판에 뛰어들어 신나게 놀았다. 땟거리를 걱정해야 할 판에 재산증식에는 관심 없었다. 미전에조차 외상 긋고 매달 도서 구입비를 탕진한 탓에 가계부채만 늘어나게 했다. 금값이 천정부지인데 금덩이를 사두었더라면 칭찬받을 유산이라도 물려주련만, 처치 곤란인 책 무덤만 쌓아두었다. 그 무덤 속에 파묻혀 도낏자루 썩는 줄도 몰랐다. 그러나 후회는 없다. 짝짝이 외눈 시력으로 여전히 읽고 쓰는 게 좋다. 책 속에서 까막눈을 뜨게 해준 훌륭한 스승을 만났으니 금은보화가 무에 그리 부러우랴. 그것만으로도 화해와 같은 은공이요, 영광이었다.
　해양문학에 관심이 많아 소설이든 수필이든 대체로 바다에 관한 작품을 많이 썼다. 대학 시절 은사님은 나이든 제자에게 이렇게 물었다. 어째서 당신은 바다에 맺힌 한이 그리도 많으냐고. 왜였을까. 흔쾌한 답변은 세 번째 수필집 표제인 '샤먼의 춤'에서 여실히 증명되고 있다.

샤머니즘이 영적인 세계라는 걸 무엇으로 증명할까. 백사장에서 진혼제가 거행되고 있었다. 제단 위에는 구미 당기는 온갖 음식들이 푸짐하게 차려졌다. 너덧 살짜리 사내아이 둘이 코를 흘리며 군침을 흘리고 있다. 저런 녀석들을 두고 떠난 고인이 원망스럽고 야속하다. 무지개 색깔 과자처럼 아름답고 맛난 추억을 남겨주지도 못한 위인이 무슨 염치로 혼자만의 만찬을 즐긴단 말인가. "사랑은 내리고 이별은 태우고" 망자는 급행열차를 타고 흔적없이 떠나버렸는데 어쩌자고 생짜로 아이들만 걸신들리게 만드는가.

샤먼이 피안彼岸과 차안此岸의 세계를 넘나들며 바라춤으로 지노귀 굿을 한다. 기별을 받고 홍련紅蓮에 내려앉는 혼령은 날개가 가벼운 나비일까. 수다스러운 새였을까. 안태본이 어촌이 아니었으면 그 누군가의 인생길이 달라졌을지도 모른다. 바다가 남긴 잔혹한 상처는 한 가정의 미래까지 용오름에 휘말리게 했다.

죽도록 바다가 싫었고 미웠다. 그렇다고 외면할 수는 없었다. "새들은 페루에 가서 죽는다."가 아니었다. 외려 섬마을에 들어와 삶의 둥지를 틀었다. 갈매기가 발 도장 찍은 모랫바닥에 나의 청춘을 묻었고 유배의 섬은 아이들의 고향이 되었다. 바다와 더불어 살아가는 소설 속의 인물들과 어울려 혼자만의 모노드라마에 울고 웃었다.

소설이 허구라면 수필은 자기 고백의 문학이다. 내면의 진솔함을 가식 없이 표현함으로써 성선설을 핑계 삼아 결 고운 수필을 쓰고 싶었다. 때로는 내 삶이 한 편의 소설이었고 나신을 드러낸 수필이었다. 안경 두께가 두꺼워질 때마다 흉잡히지 않을 글을 썼는지, 책을 출간할 때마다 남세스럽다.

　시작점에서 출발하여 평행한 두 직선이 멀리 가서 한 점의 소실점에서 만난 듯 오고 가는 삶 또한 본래의 위치로 돌아갈 것이다. 바다는 나에게 악력으로 짜내야만 하는 초유의 젖줄처럼 끈질기게 물고 늘어지게 했다. 인생의 희로애락이 바다 위에 뜬 부표 같으리. 언젠가 버려질 쓸데없는 책을 엮어내며 저를 기억하는 분들에게 유배의 섬에서 안부를 묻는다. 그동안 안녕하신지? 오래도록 건강히 잘 지내시라며…. 세종출판사 편집실 손동입, 디자인실 천현호 선생님, 두 분의 노고에 깊이 감사드린다.

2025년 바다가 옥빛인 어느 여름날
거제도 미리내 창작실에서

# 차례

작가의 변자 • 5

## 제1부
## 해조음 음악회

| | |
|---|---|
| 꽃밭 | 15 |
| 아버지의 노래 | 21 |
| 샤먼(shaman)의 춤 | 28 |
| 그 연가의 비망록 | 35 |
| 해조음 음악회 | 42 |
| 연姸과 선鮮을 잇다 | 49 |
| 조화도 향기를 피운다 | 55 |
| 국경을 넘으며 | 60 |
| 헌 집 줄게 새집 다오 | 66 |
| 항구는 전당포다 | 72 |

제2부

## 유배의 변

| | |
|---|---|
| 용궁동龍宮洞 석화백石畫伯 전상서 | 81 |
| 쇠, 꽃을 피우다 | 89 |
| 홀씨의 역작 | 95 |
| 유배의 변 | 101 |
| 상생相生에 대한 소견서 | 107 |
| 앵무새, 솔숲에 잠들다 | 112 |
| 바람이 전하는 말 | 116 |
| 서시序詩 별곡 | 123 |
| 충녀忠女의 비애悲哀 | 129 |

## 제3부
# 아름다운 그 이름

| | |
|---|---|
| 스파이더맨(Spiderman) | 137 |
| 소녀야! 아비랑 꽃놀이 가자꾸나 | 143 |
| 마음을 잇다 | 150 |
| 합숙 훈련 중 | 158 |
| 아름다운 그 이름 | 165 |
| 누우떼를 보았다 | 171 |
| 문패를 새기며 | 176 |
| 발효되는 시간 | 183 |
| 호미론 | 190 |
| 베란다 끝에 선 남자 | 196 |

## 제4부
# 생명의 꽃, 그 유래에 관하여

| | |
|---|---|
| 그곳으로 가고 싶다 | 205 |
| 7번 국도 천변 풍경 | 212 |
| 경남 길을 걷다 | 218 |
| 오래된 집 그 곳에는 | 224 |
| 들꽃처럼 살고 싶은 섬 | 231 |
| 훈장을 추서追敍함 | 240 |
| 늙어서 참, 곱다 | 246 |
| 주름 서책書册을 읽다 | 252 |
| 하얀 거목을 보았다 | 259 |
| 생명의 꽃, 그 유래에 관하여 | 265 |

## 제5부
# 장승포항의 소야곡
| 연작수필 |

| | |
|---|---|
| 여기 어때? 장승포 | 279 |
| 장승포를 떠나지 못하는 이유 | 286 |
| 장승포항의 소야곡 | 294 |
| | |
| 낙동강은 말한다 | 300 |
| 〈부재〉 사하촌의 사계(四季) | |

제1부
해조음 음악회

## 꽃밭

플랫폼에 내렸다. 사거리를 지나 마을로 들어가는 버스를 기다린다. 노인 여럿이 긴 의자에 나무젓가락처럼 딱 붙어 앉아 있다. 함께하기로 모의한 듯 꽃무늬가 난삽하게 프린팅된 바지를 입었다. 풋보리 익어가는 화창한 봄날과 잘 어울렀다. 무릎끼리 서로 맞닿아 작은 꽃밭을 이루었다. 오일장에 마실 나오면 그리운 얼굴도 만나고 옛 추억도 불러온다. 언젠가 곰배령에서 보았던 들꽃 무리처럼 야생화가 흐드러지게 피어 백화 요란했다. 애기똥풀도 피었고, 쑥부쟁이도 하늘거린다. 뽀얗게 분칠한 새색시처럼 함박송이 같은 웃음 향기가 코끝에 간질댔다. 거꾸로 여덟 팔 나비가 날아와 앉을 만큼 아름답고 화려한 꽃동산이었다.

빈자리가 있어 슬쩍 곁에 앉았다. 제비꽃 문양을 보니 강남으로 이주해간 새를 부르고 싶었다. 봄이면 복을 물고 날아온다는 제비는 처마 밑에 둥지를 틀었다. 새끼들은 어미가 물어오는 먹이를 노란 주둥이를 내밀고 납죽납죽 받아먹었다. 부러진 다리를 고쳐주고 부자가 되었다는 흥부의 역사는 전설에 불과했다. 초가지붕에 따리 튼 박을 켜도 금은보화는 나오지 않았다. 집집이 고욤나무 열매에 씨앗 박히듯 자식들이 촘촘히 태어났다. 적산 가옥엔 벼룩과 빈대가 들끓었고, 대나무 삿자리는 등을 콕콕 찔렀다. 살강 위에는 식은 보리밥 덩어리만 덩그러니 놓여있었다. 학교에서 배급받은 찐 분유는 차돌만큼 딱딱했고, 옥수수죽은 희멀겠다. 그마저도 얻어먹을 수 있었다면 행운이었다. 코다리 두름 엮이듯 늘어나는 동생들 뒷바라지에 맏이가 희생되었고, 여자들에게 학업은 사치였다.

저 노인들의 인생살이 꽃밭에도 어디 화려한 꽃만 피었으랴. 자신들은 질경이처럼 밟힐지라도 자식만큼은 탐스러운 꽃으로 가꾸고 싶었을 것이다. 주거니 받거니 자식 사랑이 장마 속에 칡넝쿨 자라듯 뻗어 나간다. 효녀 심청을 닮은 딸내미도 있고, 어미 가슴에 대못을 박은 도박꾼 아들도 있다. 곁가지로 뻗어가는 손자들 자랑이 빠지면 웃음꽃을 피울 일이 없어 보인다. 부모에게 자식은 언제나 온실 속에서 키우고 싶은 히아신스였을 것이다.

자식 꽃을 키우면서 꽃길을 걸었던 분이 몇 명이나 되려나. 꽃마다 향기가 다르듯 인생살이 여로에 순풍 돛을 달았을까. 때론 너울성 파도와 사투를 벌이기도 하고, 이안류에 휩쓸리며 모진 세월을 겪었을 거다. 꽃을 가꾸느라 어미 새는 늙었고, 날갯죽지에 힘이 오른 새끼들은 둥지를 떠나갔다. 저마다 개별꽃밭에 꽃씨를 뿌리며 굴곡진 인생 여로에 동승자가 되어 살아간다. 어미 새는 헛헛함을 달래며 텃새들의 보금자리였던 빈 둥지를 지킨다. 그게 대물림되는 천륜의 꽃밭이었다.

이제 제비는 드물게 날아오고, 어머니의 꽃밭에 더는 가꿀 꽃이 없다. 마음이 허허로워서 굴뚝새가 앉았던 마당에 해바라기를 심었다. 그 꽃대는 햇볕을 따라가는 게 아니라, 무시로 골목을 향해 고개를 꺾었다. 고샅길을 향해 귀를 기울이는 꽃은 누구의 마음이었을까. 금방이라도 엄마! 를 부르며 뛰어올 그 누군가의 발걸음을 기다렸을 것이다.

노인들은 말끝마다 자식에게 짐이 되는 걸 원치 않았다. 누구누구는 수용소 같은 요양원에 들어갔다고. 거기는 정말 들어가기 싫다고. 모두가 입을 모아 지금 사는 집에서, 자는 잠에 옴시레기 갔으면 소원이 없겠다고 한다. 가난했지만 자식들과 함께 행복을 심었던 꽃밭에서 조용히 떠나길 소원했다.

어머니의 꽃밭에서 우리 형제들은 어떤 꽃으로 자랐을까. 가난을 운명처럼 여긴 부모님은 묵정밭을 일구며 육 남매란 씨앗을 뿌렸다. 밀린 월사금을 내지 못한 오빠는 학교를 그만두고 낯선 항구로 내려가 배를 탔다. 아들이 보내오는 돈은 어머니 어깨에 날개를 달아 주었다. 땅마지기를 사고 장마철마다 물이 들어찼던 초가를 버리고 이사를 했다. 정월 대보름달이 등대 끝에 걸리던 날 마당에 나가 덩실덩실 춤을 추었다. 소복素服을 한 그 모습은 한 마리의 나비였다. 그 순간의 행복은 하룻밤 장주지몽莊周之夢에 불과했던가. 우박이 벼락 치듯 양철지붕 위로 쏟아지던 그믐날 밤, 효자였던 네 번째가 달맞이꽃처럼 허무하게 지고 말았다. 냉골 같았던 서해 바닷물 속에 수장되어버린 그 꽃은 엉겅퀴 가시가 되어 어머니 가슴을 무시로 파고들었다. 지나가는 청년만 보아도 눈물 바람이었다. 애끓은 그 마음을 위로하려 이런저런 꽃들이 애를 썼지만, 그 어느 꽃도 대신하지 못했다.

　버스는 아직 감감무소식이다. 예전에 어머니도 그랬다. 좀처럼 오지 않는 버스를 기다리다 걸어서 오일장으로 갔었다. 단댓바람에 바다로 나간 아버지가 투망으로 건져낸 생선을 머리에 이고 깔딱 고개를 넘었다. 차비가 아까워 버스를 타고 오는 날은 그리 많지 않았다. 떨이로 맞바꾼 보리쌀 몇 됫박을 껴안고 치맛자락이 젖은 채 논둑길을 걸어서 왔다.

　봄이면 열병이 도지듯 나는 동해남부선 열차를 탄다. 어머니와 함께 가꾸었던 꽃밭에 묻어둔 추억이 그리워서 찾아간다. 꽃밭은 오래전에 뭉개지고 새로운 건물이 들어섰다. 누룽지와 숭늉 냄새가 사라진 골목엔 프렌치 커피를 손에 든 이방인들만 오간다. 발길

잦게 찾아온들 부모님 산소도 없건만, 매양 옴팡지게 휘어진 곳曲을 찾아온다. 모질고 독한 향수병鄕愁病은 악성종양만큼 가슴에 똬리를 틀고 앉았다. 어쩌면 평생을 앓으며 살아가야만 할 고질병인지도 모른다. 현대의학으론 완치될 수 없는 치유 불가의 만성질환일 것이다.

골목을 오가는 발길이 뜸하다. 아이들 울음소리가 끊긴 지 오래인 듯하다. 제기 차고 딱지치기하던 소년들은 다 어디로 갔을까. 그때의 소녀들은 아기 엄마가 되었다가 이젠 할머니가 되었겠지. 봄볕 내려앉은 평상 위엔 노인들의 한숨만 복합비료처럼 뿌려진다.

외출이 금지된 누렁이가 이팝나무에 목줄이 묶인 채 컹컹 짖는다. 워낙에 울어서 목이 다 쉰 듯하다. 짐승도 눈꽃을 맞으며 개구쟁이와 골목길을 뛰어다녔던 옛 시절이 그리운가 보다. 이방인을 만나니 그때가 생각나는 듯 꼬리를 살랑거린다. 목줄 묶인 게 어디 짐승뿐이었으랴. 가난했던 가장家長은 뼛골이 녹아나도록 일을 했다. 집시족처럼 떠돌고 싶어도 자식을 낳은 남자에겐 책임과 의무가 따랐다. 여자가 꽃을 가꾸었다면 밑거름이 채워주는 건 오롯이 남자의 몫이었다. 그게 아버지의 삶이었다.

마을을 한 바퀴 돌아 나온다. 담장 아래 풀꽃이 제 세상을 만난 듯 활짝 피었다. 발길이 드물게 오가는 골목에 꽃 등불을 환하게 밝히고 있다. 질경이는 밟혀도 다시 일어났고, 냉이는 무리를 지어 하얗게 피었다. 토끼풀은 꽃반지 끼고 소꿉놀이하던 소녀들처럼 소복소복 모여 앉아 서로 얼굴을 맞대고 키 재기 한다. 민들레는 솜사

탕 같은 털을 이고 어디로든 날아갈 꿈을 꾸고 있다. 그것 또한 나의 꿈이기도 했었다. 봄이 가기 전에 잠시나마 풀꽃과 눈 맞춤 한 것도 좋았다.

　이제 나만의 꽃밭으로 돌아갈 시간이다. 개망초가 피었던 산자락, 구절초가 하늘거리던 할머니 산소. 자운영이 흐드러지게 피었던 논배미. 고향을 떠나 살면서도 늘 풀꽃 피던 들녘이 그리웠다. 가슴이 그걸 기억하던 날 화원에 들러 패랭이꽃 화분을 하나 사 왔다. 지금쯤 베란다에서 목말라할 꽃에 물을 주어야 할 것 같다. 나는 또다시 도시로 내려가는 동해남부선 열차에 오른다.

## 아버지의 노래

저인망 어선을 선두로 배가 들어온다. 물가에 앉은 갈매기도 출랑거리는 물결에 꽁지깃을 담그던 물총새도 신바람 난 듯 떼 지어 날아오른다. 빨간 등대에 앉아 어부를 배웅했다가 하얀 등대를 돌며 귀항을 축하한다. 히공에다 날개 북을 두드리며 아양을 떤다. 바다 사나이와 바닷새, 그들만큼 절친한 친구도 없다. 더러더러 푯대에 앉아 단음절의 노래를 불러주며 멸치 한 토막씩 얻어먹는다. 고작 그걸 먹으려고 떼를 지어 요리 폴짝, 조리 폴짝 욱시글득시글 떼창으로 끼룩거린다.

뱃전엔 흘림걸그물이 켜켜이 쌓여있다. 어부는 적막했던 지난밤의 고요와 노동의 대가를 고스란히 건져왔다. 짬짬이 됫병 술 마셔가며 작업을 마치고 돌아왔다. 바다는 생활의 터전이었고, 육지는 하룻밤 머무는 여인숙에 불과했다. 검게 탄 얼굴은 생의 푯대를 바다 위에 꽂고 살아온 보증수표였다. 그런 남편을 위해 뭍의 아낙은 정육점에 들러 소 뼈다귀를 사 왔다. 뽀얗게 우려낸 국물에 두텁던 살을 추려 내 갖은 채소를 듬뿍 넣고 해장국을 끓였다. 골수까지 짜내며 적선한 우네의 생애가 어찌 어버이의 삶과 다르다고 말할 수 있을까. 비린내 풍기는 어판장 바닥에 엎드려 청춘을 보냈고, 바다와 더불어 존재하고 있었다. 장화뒤축이 닳아질 때마다 가난의 허물을 한 꺼풀씩 벗겨냈는지 그건 알 수 없다.

선창이 도떼기시장으로 변한다. 대한 해협에 닻을 내린 이국 청년이 향수에 젖어있다. 육신보다 무거운 장비를 입은 채 집어등 아래 쪼그리고 앉아 하늘을 올려다본다. 눈길이 가닿는 그 끝에는 어딘가에 두고 온 고향이 있을 게다. "그곳을 차마 꿈엔들 잊힐레야" 향수가 그리우면 바닷새는 하늘 위를 날기나 하지, 남자에겐 날개가 없다는 게 아쉽다. 한 여자의 남편이거나 아이들의 아버지로서 낯설고 물선 타국에 와서 골수를 짜내고 있는지도 모른다. 애써 우울한 심경을 감추는 듯하지만, 눈가가 촉촉한 걸 보아 그리움을 속일 수가 없다. 그를 위로하듯 갈매기가 주변을 맴돌며 노래를 불러주고 있다.

나의 아버지도 항구의 남자였다. 당신의 등뼈에 조롱박처럼 매달렸던 자식들을 먹여 살리느라 전 생애를 바다에 걸었었다. 일엽편주인 거룻배에 몸을 싣고 낙엽처럼 떠다녔다. 막걸리 몇 잔에 취하면 두레 밥상에 둘러앉은 까막까막한 눈망울을 들여다보았다. 빙시레 웃으며 짠물을 마셔도 단맛이 난다고 했다. 그 마음의 심해心海는 역설이었다. 그때의 아버지 나이를 훌쩍 넘고서야 '노인과 바다'의 관계를 깨닫는다. 청새치와 사투를 벌였던 노인은 아버지였고, 비상을 꿈꾸는 갈매기 조나단은 바로 나였다는 사실이다. 그렇게 우리 부녀父女는 오래도록 바다 곁에서 살았다.

해수가 슬렁슬렁 빠지고 멸치만 그물망에 갇혔다. 뭍에 오른 매끈한 몸매에 코발트색 연미복이 생애 가장 눈부시게 반짝이는 날이다. 마지막 삶이 절절 끓는 가마솥의 해수海水란 걸 알 리 없다. 파르스름했던 피부는 자외선을 견뎌내며 꾸덕꾸덕 말라간다. 풍장의 후유증을 앓고 나면 밥상 순례에 오른다.

테트라포드에 앉아 해녀들의 물질을 바라본다. 바다 일로 생계를 이어가는 사람들이 여기 또 있었다. 허리에다 납덩이를 채우고 바닷속으로 첨벙첨벙 뛰어내렸다. 존재를 알리는 부표만 둥실 띄워놓고 숨바꼭질하듯 사라졌다. 물속으로 수차례 거꾸로 내리꽂히며 하늘을 향해 발바닥 문신을 찍는다.

바다는 해녀를 수초 속에 숨긴 채 새침데기처럼 조용하다. 수경에 비친 바다 풍경은 어떠할까. 떼로 몰려다니는 용치 노래미는 화려하고, 바위틈에 숨은 문어는 위장술이 뛰어나 무시로 색깔을 바꾼다고 했다. 바닷속이 궁금해 물어보면 상근해녀가 단풍 든 뒷동산처럼 아름답다고 했다. 그림 그리는 재주라도 가졌으면 도화지에 수채화를 그리고 싶었다.

　해녀들이 자묵자묵 물질을 한다. '호잇 호잇' 숨비소리를 뱉으며 물오리 떼처럼 검은 머리를 내밀며 올라온다. 묘기 부리는 아쿠아리움 속의 돌고래처럼 날렵하다. 숨비소리의 절규는 동백숲 속의 휘파람새의 울음을 닮았다. 심장에 밴 꽃물을 뱉어내듯 붉디붉게 토해낸다. 해녀들을 내려준 선박은 낮달만큼 바다 위에 한가롭게 떠 있다. 선장은 주낙을 하거나 낮잠을 즐기는지 기척이 없다. 촐싹대는 파도만 모자반 가닥을 바위에 착착 감아올린다.

　해녀가 물질을 끝내고 이물로 오른다. 저승에서 벌어 이승 사람을 먹여 살리는 게 해녀라는 직업이라고 한다. 심해가 저승이었다면 뭍은 이승이었다. 삶과 주검 사이를 헤매다 무사히 돌아왔다. 무간지옥을 체험하고 망사리가 묵직하도록 해산물을 캐왔다. 노다지 캐내듯 애면글면 채취해온 걸 등대 아래 펼쳐놓는다. 상인들은 흥정하고 관광객은 사진을 찍느라 분주하다. 멍게, 해삼, 전복이 팔려나간다. 덤으로 얹어주는 바다 향이 저녁 밥상을 푸짐하게 차려줄 것이다. 목숨을 담보로 억척스럽게 자식들을 키워낸 어머니의 생애는 위대했다.

　등대를 지나 선창을 한 바퀴 돌아 나온다. 햇살 받은 멸치 떼에 눈이 부신다. 선두船頭의 구령에 맞춰 어부가 그물을 털어낸다. 그 옛날 아버지의 목소리를 듣는 듯하다. 구성진 가락에 발길을 묶은 채 구경삼아 멀찌감치 나앉았다. 허공으로 흩날리는 멸치가 무릎

위에 툭툭 얹힌다. 마음속의 욕심도 저렇게 털어낼 수 있으면 얼마나 좋을까.

"내 딸 죽고/ 내 사위야/ 에이 야자에야자
울고 갈 길/ 네 왜 왔나/에이 야자에야자"

등이 휘어진 아버지가 그물을 턴다. 은빛 멸치도 훌훌 날리고 봄빛도 털어낸다. 멸치 떼가 주렴처럼 매달려 꼬리만 달랑댄다. 올가미를 벗을 수 있는 멸치군단이 상수리 잎처럼 떨어진다. 가난을 멍에처럼 짊어진 아버지 얼굴에 비늘 스티커가 사막의 모래처럼 달라붙는다. 수없이 붙어서 별이 되어 반짝거린다. 생선 비늘로 짙게 화장을 하고서도 싱겁게 웃었다. 만선의 깃발을 꽂고 올 때는 더 그랬다. 그 시절이 아버지에겐 가장 빛났던 호시절이었을까. 배고픈 길고양이가 앙칼지게 울어댄다. 아버지를 기다렸던 어린 소녀처럼…

아버지가 남도 소리꾼 흉내를 내고 있다. 어찌 판소리 명창의 목소리를 따라가랴만. 사서오경은 읽지 못해도 바닷속은 훤히 알았다. 숨은 여를 에돌아 어디쯤 자리그물을 놓고, 수심에 따라 어류군단이 있다는 걸 눈감고도 알았다. 그렇게 인생을 거지반 바다에다 목숨을 저당 잡히고 살았다. 아버지가 선창船廠이 울리도록 노동요를 선창先唱하면 선원들이 구령에 맞춰 추임새를 넣었다.

"이왕에사/ 왔거들랑/ 에이 야자에야자

발치 잠이나/ 자고 가소/ 에이 야자에야자"

　체격이 왜소했던 아버지는 멸치의 대변자였다. 몸피는 작아도 우리 몸에 지지대 역할을 해주니 얕잡아 보지 말라고 했다. 젓갈로 담근 김치는 끼니때마다 밥상에 올라왔다. 대멸로 우려낸 육수는 자식들 혼사 때 마을 사람들에게 잔칫집 국수를 대접했다. 뿌리부터 뱃사람이었던 아버지는 정자관보다 얼굴을 감싸주는 개털 모자를 주로 썼다. 뼈대 있다는 어종은 잡았지만, 끝내 뼈대 있는 가문은 만들지 못했다.

　아버지는 큰댁의 머슴이었다. 그런 아버지를 두었기에 우리 형제들은 제대로 공부를 할 수 없었다. 곰방대를 물고 다리를 건너오던 큰아버지는 남성 우월주의자였다. 양조장은 섶다리를 건너야만 했다. 술 배달꾼은 언제나 내 몫이었다. 현실을 탈피하고 싶었던 사춘기 소녀는 주전자 주둥이에 입을 맞추기도 했다. 보기 싫은 단골손님처럼 보리밥에 반찬이라곤 멸치가 전부였던 양은 도시락은 열기도 싫었다. 암탉이 헛간에서 낳은 달걀은 오일장으로 나가 쌀이 되어 돌아왔다. 하얀 이밥은 명절 때나 구경했다. 신세를 한탄하던 아버지는 양망하다 술기가 오르면 바다를 향해 꺼이꺼이 울었다. 한 맺힌 절규였다.

"여보 장모님/ 그 말씀 마요/ 에이 야자에야자
발치 잠이/ 웬 말이요/ 에이 야자에야자"

아버지는 파도를 타던 곡예사였다. 바다라는 거대한 바둑판 위에서 어름사니처럼 경중대며 한 많은 삶을 살다 갔다. 아버지에게 바다는 하룻밤 호접지몽胡蝶之夢이었을까. 선창船艙은 예나 지금이나 변함이 없다. 여전히 갈매기는 날고 어부들은 바다로 나갔다 돌아온다. 고기 잡던 어부와 철없던 소녀의 추억만 남긴 채 그 자리에 맴돌고 있다.

"꿈이로다. 꿈이로다. 모두가 꿈이로다."

돌아서는 등 뒤에 아버지의 노래가 거머리처럼 종아리를 파고들었다.

## 샤먼(shaman)의 춤

　　바라哱囉를 친다. '쨍그랑 쨍! 쨍그랑 챙'. 여운을 흘리는 울림의 소리가 메아리로 되돌아온다. 놋쇠에서 어찌 저리도 청아한 소리가 날까. 양문형 꽃살문처럼 여닫힌다. 제례를 알리는 팡파르치곤 충격적이다. 하심下心일까. 마음의 음파에 잔물결이 일렁인다. 악기의 울림이 격정적일 때마다 강신무降神巫의 춤사위가 꼬리연처럼 경중댄다. 서로 맞잡고 하늘에라도 오를 듯 조화造花마저 덩달아 널을 뛴다.
　　샤먼의 춤을 부추기듯 시나위 가락이 단짝으로 어우러진다. 소리의 혼합이 메아리칠 때 바라춤이 절정으로 치닫는다. 한 아름의 불두화가 고깔에서 달랑댄다. 몸에 걸친 의상 또한 소리만큼 화려하다. 바람을 일으키는 가사 장삼이 노랑홍모시범나비 날갯짓하듯 나풀거린다. 소리의 기별을 받고 홍련紅蓮에 내려앉는 혼령은 날개가 가벼운 나비일까. 수다스러운 새일까.

놋쇠가 유장鍮匠의 손을 거쳐 바라로 태어나 영혼을 위로한다. 인간이 신을 영접하여 영혼을 불러 내리는 지노귀 굿판이었다. 일란성 쌍둥이처럼 붙어 있어야만 서로 아름다운 하모니를 낼 수 있다. 타악기 연주가 짜그락거리는 듯해도 소리의 어울림은 명징하다. 시그널 뮤직이 클래식만 있는 게 아니었다. 의전儀典 의식치곤 조금은 화려하고 장엄하다. 그 위로의 향연에 바라 소리는 절대군주의 명령처럼 들린다. 빼놓을 수 없는 고수의 북소리 추임새마저 아마존 슈와르 부족을 닮았다.

나는 버스에서 내려 우두커니 섰다. 온갖 시나위 장단이 파도 소리에 실려 온다. 고향에 왔건만 갈 곳 없이 떠도는 유랑자 신세 같았다. 바닷바람이 전해준 비린내와 우렁이를 잡았던 농로의 흙내음도 익숙지 않았다. 꿈길에서 달려왔고, 눈을 감아도 어른거리던 곳이었건만 생소하다. 소리의 정체를 쫓아 기억 속을 방황하다 불현듯 떠올랐다. 백합 조개를 캐내며 멱을 감았던 그 바닷가에서 바라 소리가 울린다는 걸 알았다.

백사장에 굿청이 차려졌다. 오색종이로 화려하게 치장해놓은 종이꽃이 노끈에 매달려 어름사니처럼 춤을 춘다. 새우튀김을 얻어먹으려던 갈매기가 놀라 푸드덕 날아오른다. 헛제삿밥을 맛보려다 발걸음에 놀란 붉은 다리 농게가 돌구멍으로 몸을 감춘다. 화랭이,

양주이인 악사들이 아쟁을 켜고 피리를 분다. 굿 구경나온 노인들이 양 볼이 들어가도록 엿을 졸졸 빨고 앉았다.

  나는 사람들 틈을 비집고 굿당으로 들어섰다. 바라 소리의 부름을 받고 만찬장에 초대받은 영혼이 있었다. 영정影幀으로 보아하니 아직은 먼 길을 떠나기엔 이른 나이였다. 그를 위로하는 진혼굿이라면 나 역시 지극정성으로 예禮를 갖추어 마땅하다.

  샤먼이 푸너리춤에 용선가龍船歌를 보탠다. 국가무형문화재 제82-1호인 동해안 별신 굿판이 벌어졌다. 어민들의 안녕과 풍요를 기약하는, 현존하는 굿 중에서 으뜸으로 꼽히며 내려온다. 구성진 목소리로 소문났던 1세대 김 옹이 타계하고 세습무로 대물림받은 보유자와 그의 문하생들이 대신한다. 그들은 지노귀굿을 풀어내기 전에 무형문화재 제50호인 바라춤으로 불교예술의 진수를 보여주고 있었다. 무악에 사용하던 여러 악기 중에 유독 바라의 울림이 매혹적이었다.

  샤머니즘이 영적인 세계라는 걸 무엇으로 증명할까. 재단 위에는 구미 당기는 온갖 음식들이 푸짐하게 차려졌다. 사내아이 둘이 코를 흘리며 군침을 흘리고 있다. 저런 녀석들을 두고 떠난 고인이 원망스럽고 야속하다. 무지개 색깔 과자처럼 아름답고 맛난 추억을 남겨 주지도 못한 위인이 무슨 염치로 혼자만의 만찬을 즐긴단 말인가. 그 무슨 특혜인가. "사랑은 내리고 이별은 태우고" 망자는 급행열차를 타고 흔적 없이 떠나버렸는데 어쩌자고 생짜로 아이들만 걸신들게 만드는가.

　백사장에서 진혼제가 거행되고 있었다. 소복을 한 여인이 오늘 신내림을 받는 과정이다. 눈물샘은 진즉에 말라버렸다. 수중고혼水中孤魂이 된 혼령이 여인의 몸에 빙의로 옮아왔다. 초례청에 마주 서서 백년해로를 기약했던 맹세를 그렇게라도 지키고 싶었을까. 세상 떠나고서도 그녀의 몸에 영혼을 싣길 원했다. 망자의 넋을 부르는 초혼招魂의 소리에 애간장이 끓는다.

　샤먼이 바라를 치며 영혼을 맞이한다. 쾌자 한 자락에 파도를 잠재우고, 여인은 치마폭에 청상과부의 절개를 담는다. 뱃일로 먹고사는 사람들의 운명은 바다의 손에 달렸다. 다시는 바다로 나가 돌아오지 않는 남편을 기다리는 뭍의 아낙이 생기지 않기를, 바다를 향해 죄인처럼 엎드렸다.

　굿판에는 각기 다른 도구들이 한소리를 내며 어우러진다. 타악기 사중창 소리가 불협화음인 듯 들리지만, 소리의 어울림에는 하나 같이 장송곡이 서려 있다. 영혼을 위로한 음악은 어쩌자고 또 저렇게 슬픈 소리만 낼까. 바라의 울림은 불귀不歸를 깨우고 사람들의 울음소리가 파도 소리에 묻힌다.

　샤먼이 신의 영혼과 인간의 심정을 연결한다. 길 가름과 길 닦음으로 망자가 한을 풀고 안식할 수 있도록 의식의 절차를 치른다. 샤머니즘이 영적인 세계라는 걸 무엇으로 증명해볼까만, 그녀의 몸을 빌려 혼령이 내려앉았다고 한다. 서걱대는 신우대로 어머니

앞섶을 살갑게 파고들었다 동생인 내 어깨를 쓰다듬었다. 참았던 울음이 폭발한다. 댓잎이 불효자가 응석을 부리듯 간들거린다. 곡소리와 울음소리가 파도에 뒤섞이고 여기저기서 훌쩍대는 소리가 들린다.

저 사람은 누구일까. 바라춤에 매료되어 넋을 빼고 섰다. 끊임없이 카메라 셔터를 누르고 번갯불 치듯 플래시가 터진다. 렌즈에서 눈을 뗐을 때 그의 눈동자가 쪽빛 바다를 닮았다는 걸 알았다. 굿판에서 외국인을 만난다는 건 의외였다. 그는 시나리오의 극본처럼 구절마다 넘어가는 대목을 놓치지 않고 기록에 담았다. 보존의 가치가 충분하지만 그건 극히 일부에 지나지 않는 무속신앙이다. 우리의 무형의 예술이 blue eye에 어떻게 비쳤을까. 기독교가 보편화된 서양인이 바라본 동양의 샤머니즘과 샤먼Shaman은 어떤 의미로 비쳤을까. 그는 진혼제가 끝나는 사흘 내내 우리 집에서 기숙했다. 말이 통하지 않아 동양의 무형문화재에 대해 자세한 설명을 해줄 수 없었던 게 아쉬웠다.

오방색 휘장이 펄럭일 때마다 굿판은 열두 고비를 넘어간다. 무명천과 삼베로 몸을 가르는 의식을 치른다. 인도의 길은 이승과 저승을 확연히 갈라놓는다. 거무춤으로 살아생전의 인연을 끊고, 어포춤으로 용왕신을 달랜다. 이제 모두가 떠나야 하고 보내야 할 시간이 되었다. 더는 서로에게 머물 수 있는 시간은 주어지지 않는다. 버선발을 경중대는 샤먼의 발뒤꿈치가 해원굿을 막바지로 이끌었다. 그녀는 너무 일찍 세상을 버린 오라비를 위해 진혼굿을 했었다.

드디어 샤먼이 망자의 넋을 받아 맺힌 한을 풀어냈다. 하늘을 향해 문을 열었던 바라 소리가 '챙'하고 닫힌다. 샤먼이 술잔과 칼을 들고 마지막 무가인 수부를 부른다. 모든 굿이 서서히 멈춘다. 주인공은 정말 가볍게 훨훨 날아갔을까. 나는 세습무世襲巫를 바라보는 내내 마음이 착잡했다. 바라춤을 끝내고 샤먼이 반쯤 가려진 고깔을 벗었다. 비로소 그녀의 얼굴을 가늠할 수 있었다. 낯이 익다. 인중 부근에 검은 점이 도드라지게 박힌, 분명 아는 얼굴인 명희였다.

연극무대처럼 커튼이 내려질 때야 비로소 깨달았다. 기억 속에 존재한 저 얼굴 앞에서 무슨 말로 인사를 나누어야 하나. 선뜻 아는 체할 수가 없었다. 그 수고로움에 기실 천만번의 절을 해야 마땅했거늘 그마저도 시줏돈 몇 푼으로 알량한 자존심을 숨기고 말았다. 우린 진혼제를 마무리하고 돌아설 때까지 눈길만 서로 주고받았을 뿐 끝내 아무 말도 나누지 못했다. 믿기지 않았지만 믿을 수밖에 없었다.

그녀는 우리가 이어가야 할 문화유산을 보존하고 있었다. 별신굿으로 어민들의 풍요와 안녕을 기원했고, 지노귀굿으로 망자亡者들의 영혼을 위로해주었다. 피안彼岸과 차안此岸의 세계를 넘나들었다. 살아있는 사람과 이미 죽음이 되어버린 이들과 보이지 않는 가

교역할을 해주었다. 세습무가世襲巫家 집안이라고 멸시와 천대를 받았던 아이가, 옹골찬 만신이 되어 그 맥을 이어가고 있었다. 무대가 닫히고 그녀는 또 어느 곳의 굿판을 향해 발길을 돌렸고, 나는 남쪽으로 내려오는 완행버스에 올랐다.

샤먼의 춤은 가끔 나를 동해안 별신굿 판으로 데려간다.

---

* 샤먼(shaman) : 죽은 자의 영혼을 저세상으로 인도하는 역할을 하는 사람
* 용선가(龍船歌) : 죽은 사람을 용선에 태워서 극락으로 가기를 기원하며 부르는 무가
* 초혼(招魂) : 죽은 이의 혼을 소리쳐 세 번 부르는 일
* 거무춤 : 검을 쥐고 추는 춤
* 어포춤 : 명태와 오징어 따위를 들고 추는 춤
* 수부 : 별신굿에서 마지막으로 부르는 무가

# 그 연가의 비망록

　　XX는 생명을 키우는 유일무이한 염색체였다. XY보다 자애로운 눈을 가진 게 특색이었다. 여자라는 DNA 유전체는 출산의 고통이 시작될 때부터 없어진다. 대신 가장 강인한 Mother만 남는다. 세상의 모든 어머니는 위대한 업적을 남긴다.

　　"남자들도 견디기 힘든 조선소가 첫 직장이었다. 그때 내 나이가 서른다섯쯤이었다. 그 일에 매달려 새벽에 나갔다 밤늦게 돌아왔다. 막내에게 달걀옷을 입혀 소시지를 구워주면 옷깃을 잡고 매달리던 응석도 단박에 떨어졌다. 사춘기를 겪던 아들은 늘 용돈이 부족하다며 투덜댔다. 하룻밤 철야 작업 수당이면 그 마음을 달래주기에, 충분했다. 남편이 잠수병에 걸려 육신을 쓸 수가 없었다. 나도 맏이로 태어나 희생을 강요당했으면서도 맏딸은 살림 밑천이라며 딸에게 똑같은 올가미를 씌웠다. 형편이 어려워 상급학교도 보내지 못하고 봉제 공장 보조원으로 내몰았다. 사거리에서 손을 흔들던 그때야 딸아이 손등이 부르튼 걸 보았다. 솔라닌 독소가 밴 감자를 베어먹은 듯 가슴이 아릿해 눈물이 나더라. 지금도 그 생각만 하면 가슴이 미어진다."

나는 언니가 입원한 요양병원 철제 침대 모서리에 걸터앉아 험난하게 살아온 한 여자의 고행길 같았던 과거사를 듣는다. "학교는 들어간 일이 없어 글을 깨치지 못했다. 다행히 내 머리가 영리하여 동생들 어깨너머로 몇 자 익혔다. 글을 제대로 모르니 가슴에 맺힌 한을 풀어낼 방법이 없었다." 언니는 독학으로 학문을 익힌 동생을 앞혀 놓고 검사 판사 앞인 양 지나온 삶을 구술로 술술 풀어낸다. 나는 불에 달궈진 인두로 지지듯 내 가슴속에 낱낱이 새겨 넣는다.

"자식들을 키우려고 월급이 많다는 소리를 듣고 조선소에 들어갔다. 내 또래쯤 보이는 여자 셋이 함께 면접을 보고 입사 동기가 되었다. 먹고살려고 일자리를 찾아왔으니 무슨 일인들 못 하겠나. 용접일은 수십 개의 조각난 쇠를 잇대어 굽고 지지는 일이었다. 가난도 조각보처럼 꿰매며 살았다. 그해 더위는 유난스레 더웠다. 햇볕에 달궈진 철판 온도가 55도쯤 나갔다. 달걀을 깨트려놓으면 반숙이 될 것 같다는 농담까지 주고받았다. 등 뒤에 업히던 뙤약볕에 나앉아 용접하다 보면 얼굴이 홍시처럼 익었다. 담등꽃처럼 피어

오르던 땀띠에 허물을 몇 번 벗고 나면 가을이 왔다.

쇠를 지질 때마다 불꽃이 튀밥처럼 튀어 올랐다. 쇠의 파편은 허공에 뜬 채 잠시 별이 되었다가 유성처럼 떨어졌다. 떨어진 불똥에 맞아 작업복마다 구멍이 뚫렸다. 안전화에 박힌 구멍은 불꽃이 남긴 낙관이었다. 언제쯤 용접 불꽃처럼 팔자가 확 피려나. 선박의 수주물량이 많아 시간 외 일을 더 할 수 있다면 다음 달 생활비는 여유가 있을 듯했다. 그게 노동자인 어머니가 자식에게 해줄 수 있는 의무감이라고 생각했다. 셋방살이 시절부터 가난도 쇳조각처럼 조각조각 땜질하며 살았다. 수만 개의 쇳조각을 잇대어 완성된 선박 한 척을 보내고 나면 몇 개월이 후딱 지나갔다.

온종일 용접일에 시달리고 나면 목에서 쇳소리가 났다. 그런 날은 삼겹살로 목 안에 낀 먼지를 벗겨내는 게 유일한 위안이었다. 남자들은 술을 마셨고 여자들은 정육점을 찾았다. 우리 손을 거쳐 나간 선박만 해도 수십 척이었다. 자동차 운반선은 한 번도 가보지 못한 나라로 오색테이프를 날리며 달려갔다. 우리에게 여행은 사치였다. 작업복을 평상복처럼 입고 다녀도 부끄럽지 않았다. 그게 보증수표로 증명되어 미전米廛에 외상값이 밀려도 독촉하지 않았다.

젊어 한때 우린들 달궈진 쇠처럼 뜨겁게 사랑을 한 적이 없었겠는가. 남편 복은 없어도 여자 셋은 궁합이 잘 맞았다. 깡깡이 마무리되면 끝남이가 화장하듯 선박에 페인트를 칠했다. 고글로 눈을 가린 채 복면과 두건으로 완전무장을 했으니 숨이 막힐 지경이었지. 자식을 위해서라면 도둑질만 아니면 무엇이든 할 수 있었다. 그 친구는 말이야, 성격이 좋았다. 줄줄이 딸만 낳으니 제발 그만 낳으라고 아버지가 술김에 지어준 이름이 끝남이었다더라. 그 시대가 그러했거늘 가난했던 부모를 원망하면 무슨 소용이 있겠나." 언니는 숨이 찬 듯 긴 한숨을 토해냈다. 문득 친구들과의 추억이 그리운지 아픔을 잠시 잊은 듯 한 번 크게 웃었다.

"온종일 조선소에서 시달리고 나면 목에서 쇳소리가 났다. 그런 날은 삼겹살로 목 안에 낀 먼지를 벗겨내는 게 유일한 위안이었다. 남자들은 술을 마셨고 여자들은 정육점을 찾았다. 우리 손을 거쳐 나간 선박만 해도 수십 척이었다. 자동차 운반선은 한 번도 가보지 못한 나라로 오색테이프를 날리며 달려갔다. 우리에게 여행은 사치였다. 회색 작업복을 평상복처럼 입고 다녀도 부끄럽지 않았다. 그게 보증수표로 증명되어 미전米廛에 외상값이 밀려도 독촉하지 않았다.

조선소 일은 쇠처럼 거칠었다. 반나절이면 얼굴이 달궈진 쇠처럼 익어있었다. 달콤하고 연한 배 같았던 성격도 쇠막대기처럼 단단해야만 무적함대 같은 사내들을 대적할 수 있었다. '생존의 법칙'은 밍크의 털가죽보다 하이에나의 이빨을 드러내게 했다. 선내에 들어가 페인트를 칠하는 날에는 술에 취한 듯, 프로포폴을 맞은 듯 정신이 몽롱했다.

사글셋방에 살면서 먹지도 않고 입지도 않고 아껴서 적금을 넣어 전셋집으로 이사를 했다. 그날은 셋이 족발을 사놓고 잔치했지. 지긋지긋한 셋방살이를 면했다며 모처럼 술 한 잔 마시고 기분 내었다. 거나하게 취한 채 빌딩 끝에 걸린 초승달을 바라보며 젓가락 두드리며 서러움을 토해냈다. 우리 셋은 쇠처럼 단단하게 뭉친 채 그렇게 자식들을 키워냈다. 그 기간이 무려 30년 세월이 훌쩍 넘었다. 자식들 잘 키워 호강할 즈음 연골이 닳아 지팡이가 아니면 걷지를 못했지. 이제는 살만하다고 건방을 떨더니 둘 다 서둘러 떠나버렸다."

이름 하야 '깡깡 아줌마'였다. 이젠 역사박물관 한 귀퉁이에 걸린 흑백사진 속에 남아있을 뿐이다. "내가 얼마를 더 살려고 이런 고통을 참고 견뎌야 하나. 나 집으로 돌아가고 싶다. 내 집에 가서 편안하게 지내다 가고 싶다." 언니도 울고 나도 울었다. 간호사가 눈치도 없이 할매! 약 먹으라고 닦달했다. 마음대로 갈 수 없는 곳은 결코 내 집이 아니었다. 약물에 취해 몽롱했던 정신이 돌아오면 언니는 또다시 구술을 이어갔고 나는 마음을 두어 페이지를 넘기며 한 여자의 삶을 기록했다. 진폐증이 무언지, 그게 직업병인 산업재해란 것도 몰랐다. 잔기침이 자주 나온다며 분말 가루약을 밥 먹듯 털어 넣었다. 결국엔 폐 질환으로 요양병원에서 지내다 한이 많은 삶을 갈무리했다.

그녀들이 새뜻하게 수리해준 트롤선을 타고 라스팔마스 기지로 돈 벌러 갔던 어부들은 다 어디로 갔을까. 등 굽은 노인이 골목 어

귀에 앉아 막걸리병을 거꾸로 흔들고 있다. 통선을 타고 자갈치 시장을 오가며 생선장사를 했던 그 여인과 내 얼굴이 닮았던가. "한 잔하고 가소"라는 목소리에 추억을 담고 있다. 젊어 한때 봉래동 홍등가를 오가며 걸쭉한 농담을 주고받았을 패기는 온데간데없다. 시답잖은 농지거리에 후레자식이라고 나무랐던 박 씨 어른도 가고 없다. 그렇게 어울렸던 친구도 하나둘 떠나갔다. 젖은 낙엽처럼 혼자 야외용 벤치에 눌러앉아 술을 마신다. 부두에서 흔하게 볼 수 있는 낯선 외국 선원들 몇이 자기네 나라말로 떠들며 지나간다. 동무 삼아 그 곁에 앉아 술추렴이라도 해주었으면 좋으련만, 바닷물에 비친 저녁노을이 너무 붉어 애써 나는 외면한다.

나이 든 여자가 쇠망치로 두들겨 붉은 녹을 벗겨낸다. 목숨을 밧줄에 의지한 채 선박에 매달려 그네를 탄다. 간당간당 바람에 흔들거릴 때마다 발끝으로 철판 벽에 브레이크를 밟는다. 건너편 자갈치 시장이 활기찬 삶들로 왁자지껄하다. 고등어 운반선이 들어온 모양이다.

"엊그제는 젊은 여자가 이 일을 배우려고 들어왔더라. 모두가 편한 직업을 원하는데, 어째 그런 힘든 일을 하려고 마음먹었는지 기특하더라. 내 젊었던 시절처럼 삶이 녹록지 않은 것 같아 마음이 짠했다. 아주 힘도 좋고 살갑고 예뻐서 내가 가진 기술을 남김없이 가르쳐 주고 싶었다. 이제 내 삶은 종착지에 가까웠고, 젊은이는 한창 단거리를 해야 할 시기로 보였다. 요즈음은 기구들이 좋아 일하기가 한결 수월해졌다. 보안경을 착용하고 망치로 하던 게 그라인더가 대신해주니 열심히 살라며 다독여 주었다."

마지막 '깡깡 아지매' 세대로 기억될 복순 할머니의 하소연을 들으며 깡깡이 마을 그 골목을 돌아서 나온다. '차마 그 일만큼은 못하겠더라.'라던 언니의 목소리가 이명처럼 윙윙댄다.

오늘은 언니의 기제忌祭이다. 나는 언니의 흔적을 찾아간다. 붉은 녹을 벗겨내다 불꽃처럼 산화해간 영혼을 위해 헌배獻杯한다. 불우하게 태어나 가난 속에 고생만 하다 떠난 그 시대의 모든 맏딸을 위하여 바다를 향해 퇴주잔을 흩뿌린다. 형제는 한 나무에서 뻗어 나간 가지라고 하던가? 오는 건 순서가 있지만 가는 건 순서가 없다고 하듯이 한 사람씩 베어질 때마다 가슴이 모질게 톱질 당한다. 베개를 베고 누우면 언니가 두드리던 쇠망치 소리가 귓가에 맴돈다. 깡! 깡! 깡. 언제 들어도 그 연가의 비망록은 슬펐다.

---

\* 깡깡이 마을: 부산시 영도구 대평동

## 해조음 음악회

 바다가 오선지를 내민다. 음자리표를 그리며 파도가 달려온다. 해조음 음악회는 밤낮없이 열린다. 잔잔한 물결 위에 발라드풍의 선율이 흐르는 듯하다. 부딪치며 짜그락대는 자갈돌의 화음이 매우 율동적이다. 동이 틀 무렵부터 조연으로 갈매기 떼가 참가했다. 부리에 붉은 립스틱을 칠하고 바위에 얌전하게 올라앉았다. 바닷물로 새뜻하게 다림질한 잿빛 연미복을 차려입고 기립박수를 보내듯 요리 팔짝, 조리 팔짝. 잿빛 날개를 나풀거린다.
 널따란 자갈밭 공연장은 누구나 무료입장이다. 진작 출연한 주연배우인 아낙이 물미역을 널고 있다. 그녀는 무성 영화의 한 장면처럼 대사臺詞도 없이 소품인 미역으로 행위예술만 한다. 파파로티의 노래는 몰라도 '섬 집 아기' 동요쯤은 잘 부른다. 갈매기가 '끼룩

끼룩' 떼창으로 베이스를 넣는다. 바다를 찾아온 방청객이 하나둘 모여든다. 도시인들은 바다를 향해 휘파람을 불거나 환호성을 지른다. 무료로 개방된 해조음 음악회는 어촌의 풍경과 어울려 평화롭게 진행된다.

해녀가 던져놓은 부표가 저만치 둥실 떠 있다. 싱크로라이즈 하듯 물속을 오르내리며 분위기를 띄운다. 가슴에 맺힌 한恨을 숨비소리로 토해낸다. 입출항 선박이 뱃고동을 울리며 음악회는 절정으로 치닫는다.

해녀가 망사리 가득 물미역을 캐왔다. 저승에서 벌어서 이승의 사람을 먹여 살린다는, 죽음을 안고 살아가는 고된 직업이다. 어둠의 장막을 친 해초 숲을 헤치며 캐낸 미역을 소형어선이 뭍으로 운반해온다. 미역 봉분이 자갈 더미 위에 임비곰비 쌓여 조가비 무덤 같다. 심해에서 훌쩍 자라 검은빛이 난다. 창포물에 머리를 감은 규방 규수의 머릿결처럼 매초롬하다. 쪽 찐 머리를 틀어 올려 비녀를 꽂은 듯 오글오글한 미역귀까지 매달고 있다.

아낙이 단발하듯 미역귀를 싹둑 잘라낸다. 장대 같은 건 내리닫이로 펼치고, 짧은 건 이음새를 덧대 틈을 메운다. 살아온 삶도 그러했을 것이다. 볕이 들면 웃었고, 그늘이 지면 울었을 것이다. 손등에 소금 꽃이 보얗게 피었다. 바다와 함께한 삶의 이력이 검게 탄 얼굴에 겹겹이 주름졌다.

자갈마당이 온통 미역밭이다. 바람과 햇살에 성글게 말라간다.

미역을 널고 있는 아낙의 뒷등에 어머니의 그림자가 와락 업힌다. 돌미역을 캐내던 오월에는 늘 그랬다. 학교에서 돌아오면 예의 바닷가로 달려갔다. 어머니는 미역귀를 눈깔사탕인 양 건넸다. 월사금 타령을 할 내 입막음용이란 빤히 알고 있었다. 미끈거리며 입천장에 달라붙는 맛은 들쩍지근했다. 그 점액질이 미역이 품고 있는 씨앗이란 걸 어른이 되고 나서야 알았다.

그 맛이 그리워 아낙의 곁에서 알짱거린다. 저기요! 하나 얻어먹을 수 있느냐고? 지나가는 말로 의중을 떠보았다. 빈말이 아니라, 정말 먹고 싶었다. 아낙은 서슴지 않고 뭉툭 꺾어주었다. 한입 가득 베어 물고 우적우적 씹는다. 이빨마다 페인트처럼 끈적끈적한 점액질이 들러붙었다. 울컥, 가슴이 그 떫은맛을 오롯이 기억하고 있었다.

마른미역을 불려 미역국을 끓인다. 오늘은 어머니가 가르쳐준 방식으로 해볼 참이다. 마침, 노상에 앉아 생선을 팔던 노인에게서 게르치 한 마리를 사 왔다. 여든에 가까운 어른은 젊어서부터 해왔던 일이라, 새벽이면 몸부터 반응한단다. 평생을 자식에게 헌신한 죄로 부도 처리된 보증수표가 아니었을까. 아직은 움직일 수 있어 놀기 삼아 바다로 나간다고 한다. 가난이 몸에 밴 습관일 텐데… 힘든 일을 어찌 신선놀음에 비할 수 있으랴. 얼굴이 바닷바람에 그을려 새까맸다. 화장하고도 자외선 운운하며 선글라스로 얼굴까지 가린 내 모습이 부끄러웠다.

물건값은 합쳐봐야 얼마 되지 않았다. 작으나마 할아버지 막걸릿값에, 할머니 파스 값에 보태 쓴단다. 안 주셔도 된다고 손사래를 쳐도 우럭 한 마리를 덤으로 얹어주었다. 에누리하려던 내 입을 조개처럼 딱 닫게 했다.

여자는 왜 늙으면 사소한 일에도 어머니를 떠올릴까. 비린내 풍기는 옷자락에서 어머니의 냄새가 전해졌다. 어부에게 시집온 어머니도 새댁시절부터 저잣거리에 앉아 생선을 팔았다. 일본식 건물이 다닥다닥 붙어있던 골목엔 가부키 화장을 한 여인들이 오갔다. 동동구루무 바른 어머니 얼굴에서 촌티가 풀풀 났다. 생선 비늘이 말라붙은 손으로 그들의 치맛자락을 움켜잡았다. 하얗고 보드라웠던 손이 어머니 손을 벌레처럼 털어냈다. 몰래 숨어서 그 모습을 허다하게 지켜보았다. 그런 날은 석 달째 밀린 월사금 달라는 소리를 차마 하지 못했다.

열네 살 무렵에 내 손으로 처음으로 돈을 벌어보았다. 태풍이 해일을 동반해 해안을 집어삼켰다. 정박했던 배들이 부서지고 사람들이 물난리를 겪었다. 아이러니하게 오히려 바다는 나에게 곳간 열쇠를 쥐여 주었다. 파도에 떠밀려온 해초 더미가 백사장에 산처럼 쌓였다. 진종일 잡티 속에 파묻혀 우뭇가사리와 미역을 골라냈다. 깨끗하게 말려두면 수집 상인이 거두러 왔다. 유독 내 물건만큼은 값을 후하게 쳐주었다. 그것만큼은 오롯이 내 돈이었다. 그걸로 강의록을 사고 독학으로 학문을 익혔다. 결국, 바다가 내 눈을 밝혀준 등대였다.

　잠시 너럭바위에 걸터앉는다. 파도에 쓸리는 모자반 사이로 자잘한 치어가 그네를 탄다. 꼬리를 흔드는 모습이 손녀의 재롱을 보는 것 같다. 물고기 세계는 어미보다 아비의 책임이 막중하다는 걸 다큐멘터리에서 본 적이 있다. 세줄 베도라치는 빈 고둥 껍데기를 신혼집으로 마련했다. 빛깔 고운 자태를 뽐내며 꼬리로 춤을 추며 암컷을 유혹했다. 수컷의 열렬한 구애에 넘어간 암컷은 수많은 자식을 낳았다. 임무는 거기까지였다. 산란이 끝나면 수컷은 암컷을 쫓아냈다. 산후휴가에 대한 포상이었더라면 부정의 사랑이 존경스러웠을 텐데, 씨받이로 이용당하다 소박맞은 아낙 같았다.
　생태계마다 성향이 다르겠지만 수컷 베도라치는 새끼들이 부화할 때까지 완벽하게 부양을 책임졌다. 불지 불식 간에 들이닥칠 침입자들은 수시로 새끼들을 위협했다. 수컷은 수문장처럼 동굴 입구를 지키며 새끼가 자랄 때까지 지켜주었다. 자식들을 굶기지 않으려고 자신의 꿈을 버렸던 우리네 아버지처럼 책임과 임무를 다했다.
　둥지를 떠난 암컷은 새끼들과 영영 이별이었다. 양육권조차도 박탈당했던 암컷의 현실은 실로 비극적이었다. 어미는 처절한 순장殉葬을 당했다. 목숨이 끊어지기도 전에 문어의 빨판에 걸려들어 생을 마감했다. 육신은 녹아나고 앙상해진 뼈는 파도에 쓸려 사라졌다. 새끼의 독립을 위한 암컷의 최후는 비참했다.

미역을 품고 키웠던 바위는 어머니 마음이었다. 거친 물살에 씨앗이 떨어지지 않도록 단단하게 붙잡아 주었다. 먼저 자란 미역이 베어지고 나면 바위는 뿌리를 지키며 다음 해를 기다린다. 고택을 지키며 가문을 이어가는 종갓집 고부를 보는 듯했다. 고물거리는 치어는 바위에 붙은 먹이를 뜯어 먹고 미역 숲에서 살을 찌웠다. 한갓 미물마저 그러하거늘 어머니 사랑이야 오죽할까.

미역이 우글우글 끓을 무렵 듬성듬성 썰어 둔 게르치를 넣는다. 미역국에서 뽀얀 국물이 우러난다. 초유처럼 노르스름한 기름이 동동 뜬다. 소금 간을 하지 않아도 짭조름했다. 후딱, 한 그릇 남짓 비우고 나니 이마에 땀이 흐른다. 삼십 년을 받아먹었던 미역국을 어머니를 위해 나는 몇 번이나 끓여 드렸던가? 땀방울이라고 여겼던 게 실은 불효의 눈물이었다.

어머니가 된다는 것은 미역이 염분을 토해내며 마르는 과정과 흡사했다. 바스러질 때까지 자신을 말린다는 걸 자식 낳아 키우면서 깨달았다. 부모는 결코 자신을 위해 살지 않는다는 것을… 그렇게 하면 천벌이라도 받는 줄 알았다. 남자는 아들을 키워봐야 아버지 심정을 알 것이고, 여자는 순산의 고통을 겪은 뒤에야 온전히 어머니를 알게 되었다.

"엄마가 섬 그늘에 굴 따러 가면…"

손녀에게 해조음 자장가를 들려주며 토닥토닥 낮잠을 재운다. 딸에서 딸에게로 대물림 되는 미역국은 어머니만의 고유한 전매특

허였다. 불꽃으로 지진 프랑스 요리일지일지언정 투박한 어머니 손끝에서 우려내는 맛만 하랴. 바다 곁에만 서면 어머니가 끓여주던 미역국이 그립다.

## 연妍과 선鮮을 잇다

　귀 하나에 침을 무기로 가졌다. 귀는 뚫려 있고 침은 찌르기 좋게 생겼다. 액세서리로 치장하지 않아도 본시부터 매끈한 몸매로 태어났다. 반짝거리는 피부는 완벽하지만, 한쪽 귀만 붙은 걸 장기臟器라고 말하기엔 어딘가 기형적으로 보인다. 그렇다고 힘이 약할 거로 생각하면 큰 오산이다. 아이들은 간호사 손만 보아도 혼비백산을 하고, 어른들도 인상을 찡그리며 어깨를 움찔한다. 보기보다 상당히 무서운 무기임이 틀림없다. 그것은 인류역사상 인간의 질병을 예방하는 일에 위대한 업적을 남긴다.
　신체 구조상 입과 귀가 외짝이지만 여간해서 매듭을 묶지 않는다. 오히려 귀만 있고 새실 떠는 입은 없으니 가히 존경스럽다. 하고 버리는 말이라고 함부로 해대면 바늘로 입을 꿰매버리겠다는 으름장까지 놓게 만든다. 두 귀로 듣고 세 치 혀로 나불대는 수다쟁이들에게 따끔한 침 한 방은 특효약이다.

가녀린 것이 출격할 때마다 함께하는 단짝이 있다. 떼려야 뗄 수 없는 죽마고우 같은 관계이다. 명주실 바느질 실, 오방색실 등등. 두 가지가 서로 세트를 갖춰져야만 주어진 본연의 구실을 할 수 있다. 찢어진 건 꿰매주고 구멍 난 건 다른 천을 잇대어 조화로운 사이로 맺어준다. 바늘은 침을 무기로 가진 만큼 성격 또한 여간 까다롭지 않다. 외짝 귀에다 실을 끼우려면 지극정성은 물론 상당한 애로점까지 따른다. 실 끝에 침을 바르고 손가락으로 비벼 꼬아야만 간신히 끼울 수 있다. 시력이 나쁜 이들은 돋보기를 끼고도 번번이 헛손질하기 마련이다.

햇볕이 좋아 툇마루에 나앉았다. 반짇고리를 곁에 두고 바느질 삼매경에 빠진다. 자투리 천을 잇대어 두레 밥상보를 만든다. 반찬 투정을 부렸던 애들도, 노동하다 들어온 가장도 꽃무늬 밥상보를 들추며 차려진 밥상에 군침을 흘렸다. 청국장찌개에 알맞게 익은 섞박지를 맛나게 씹으며 웃음꽃을 피운다. 서로에게 틈이 지고 조각 난 인연들을 이어준 게 비늘과 실이었다.

뾰족한 바늘 끝이 닫힌 마음과 마음을 열게 해준다. 연妍은 닿고 선鮮은 베풂이리라. 반짇고리는 시집가는 딸에게 친정어머니가 반드시 챙겨주는 혼수품이다. 그 속에는 바느질에 필요한 실, 골무 등 하나라도 소홀함이 없이 차곡차곡 채워 보낸다. 시집살이가 바늘

방석 같아도 여자는 참고 견디는 게 미덕이라고 일러 주었다. 음식과 바느질 솜씨가 야무지면 사랑받을 거라며 모질게 훈련을 시켰다. 친정어머니의 가르침을 본받은 여자는 손끝이 닳도록 바느질을 배웠다.

바늘은 종갓집 대가족처럼 식구가 많다. 굵고 가느다란 게 섞여 스물네 개로 맞춰 한 쌈을 이룬다. 솜씨 좋은 남자 재봉사도 있지만, 아녀자의 필수전용 도구이다. 당장 버려도 아깝지 않은 헌 신발짝과는 급수부터가 다르다. 쓰임새에 따라 사용되는 생활용품이라 가정마다 상비약처럼 갖춰져 있을 것이다. 비록 귀 하나를 가졌지만 의미심장한 속담까지 담고 있다. 아무리 바빠도 그것의 허리에 실을 묶어서 쓸 수 없다는 것이다. 무엇이든 속전속결로 해결하려는 현대인에게 느림의 미학을 전하는 길라잡이다.

휘어진 골목길이 겨울밤처럼 길었다. 비가 그치면 지렁이가 기어 나오던 골목에 저녁이면 하나둘 호롱불이 켜졌다. 어머니는 그 아래 무릎을 세우고 앉아 구멍 난 양말을 꿰매었다. 온종일 농사일에 시달리다 온전히 바느질할 수 있는 시간이었다. 내가 입은 내의는 무릎에 구멍이 뚫리고 소매 깃은 낡아 나달나달했다. 그쯤 되면 바늘이 나설 차례였다. 올케는 시누이를 마음을 달래주려고 기발한 묘안을 짜냈다. 자투리 천으로 토끼 모양을 본떠 멋을 내주었다. 팔꿈치와 무릎받이에는 동물농장처럼 온갖 그림이 등장했다. 바늘은 연線을 이어주고 선善을 행하게 했다.

예전 여인들은 시어른들의 한복을 손으로 직접 지어내야만 했다. 며느리는 시어머니 곁에 앉아 종갓집 풍습과 가풍을 전수 한다. 눈썰미가 없으면 바지저고리를 짓는 건 곤욕이다. 잘못 뒤집으면 팔다리가 문어발처럼 몇 가닥이 나와 버린다. 한복의 멋을 살리는 데는 예전부터 바늘 솜씨가 좋아야만 흉잡히지 않았다.

날씨 좋은 봄날은 집집이 겨우내 덮었던 솜이불빨래를 했다. 마당에 멍석을 펴놓고 홑청을 시쳤다. 실 끝에 침을 묻혀가며 치성을 드린 듯 돗바늘 귀에 끼웠다. 혹여 손가락에 바늘이 파고들세라 검지에 골무를 끼고 시침질을 했다. 조선 솜을 두둑이 넣어 묵직해진 속통은 안팎으로 떠주지 않으면 뭉치거나 포장지처럼 펄럭거렸다. '동짓달 기나긴 밤'을 형제들은 그 이불 밑에서 발을 모으고 밀고 당기며 바늘 한 쌈처럼 붙어 지냈다. 혼사를 준비하던 맏언니는 ㉕번 프랑스 자수 실로 한 땀 한 땀 십자수를 놓았다. 베개 모서리엔 봉황을 수놓고 횃댓보에 다복솔을 새겼다. 봉황이 새겨진 베개를 베고 행복한 꿈을 꾸며 살았을까. 내 기억에는 고생만 하다 돌아가신 듯싶다.

오랜 세월이 흐른 뒤, 다시금 그곳을 찾아간다. 그 골목엔 양반과 평민이, 기와집과 초가집 처마처럼 서로 연과 선을 이으며 살았다. 바늘방석에 앉았던 종갓집 규수들의 일상을 담 너머로 슬쩍슬쩍 들여다본다. 앞마당에 빨랫줄이 처지고 바지랑대가 이불 홑청을 떠받들고 있다. 풀 먹인 이불이 빳빳이 올을 세우고 봄바람에 나부 댄다. 고부간에 이불자락을 서로 맞당겨 주름을 펴고 발로 자근자 근 밟던 환영幻影이 보인다. 대청마루에 놓인 다듬잇돌을 사이로 무 릎맞춤을 하고 앉아 방망이질한다. '토닥토닥' 장단 맞추던 소리가 골목길에 울려 퍼지는 듯하다.

주름이 완만하게 펴진 모시 두루마기는 손질이 까다로웠다. 아 궁이에서 꺼낸 참나무 숯불을 화로에 담고 인두를 꽂았다. 시름시 름 앓아가는 불을 인두로 자근자근 잠을 재웠다. 바늘로 시침질을 하고 앞으로 돌려 인두로 지그시 눌려주면 동정과 저고리 앞섶 모 양이 인두 끝처럼 살아났다. 한복이 갖춰지면 이젠 버섯 코를 세울 차례다. 바늘 끝으로 끌어 올리면 버선코가 오뚝하게 살아났다. 가 끔 바느질할 때면 되돌아볼 추억이 있다는 게 그리움을 삭히는 특 효약이 된다.

'한국의 미'를 살려주는 조각보를 만드는 과정은 아름답다. 잘라 낸 조각 천도 허투루 버리지 않고 조각조각 잇대어가며 예술품을 만들었다. 그 어느 나라도 모방할 수 없는, 장인정신이 오롯이 배어 나는 우리 고유의 민속품이다. 고전을 살려 현대 감각에 맞춰 전통 미를 살려낸 멋스러움은 한복과도 잘 어울린다. 호박 단추를 단 마 고자 하며 허리춤에 차는 색동주머니까지, 어느 나라에서 바늘 하 나로 그처럼 아름다운 민속예술을 만드는 조상은 눈 닦고 보아도 없다. 한옥 처마 밑에서 바느질과 예절을 배우며 김치를 담갔던 보기 드문 문화적 매력이다. 그게 좋아 세계인들이 우리나라를 숭배하는지도 모른다. 이만하면 조선 여인의 솜씨는 세계 어느 곳에 내놔도 손색이 없는 가히 국보급이지 않은가?

　연姸이 끝나는 곳에 선善이 있다. 아무리 편리한 세상이라도 꼭 바늘로 할 게 있다. "필요가 사라지면 도구는 유물이 된다."는 말이 있지만, 풍경은 사라져도 그리움이 쌓인 사연은 좀처럼 사라지지 않는다. 허벅지를 바늘로 찌르면서 청상靑孀의 절개를 지켰던 여인들에게 바늘은 꺼지지 않는 꿋꿋한 심지가 되어 주었다. 조선 여인들은 바늘로 연姸과 선善을 잇고, 역사처럼 대물림해가며 손에서 바느질을 놓지 않을 것이다.

## 조화도 향기를 피운다

　극명하게 대조된다. 동지인 듯 원수인 듯 생화生花와 조화造花가 맞바로 하고 있다. 가짜의 탈을 쓰고 진짜인 양 사람을 꾀는 세상이니 꽃인들 예외이랴. 근시인 외짝 눈으로 보면 생화가 가짜 같고 조화가 외래 진짜처럼 보인다. 모양을 본뜨고 모방의 색감을 입혔으니 가히 환상적이다. 죽은 거짓이 생동감이 살아있는 것과 잽이 되겠냐만, 눈을 현혹하는 화려함에 매료되어 향정신성 의약품을 복용한 듯 의식마저 흐릿해진다.
　그 가짜의 마력에 빠져 눈동자까지 단풍이 들었다. 붉게 밴 물감을 헹궈내려고 화원으로 들어갔다. 사계절과 무관하게 사방천지가 만화방창 한 봄날이었다. 푸른 잎새가 품어내는 안토시안에 눈을 말끔히 씻어낸다. 붉은 꽃은 꽃대를 곧추세우고 남극의 햇살인 양

정열을 태운다. 프랑스식 레스토랑 식탁 위나 남미의 해안마을에서나 자랐을 법한 생소하고 낯선 꽃들도 보인다.

생화와 조화는 쓰임새에 따라 본분이 다르다. 생화는 흙에서만 살지만, 조화는 물 없이도 잘 산다. 정원에 앉은 꽃은 나들이 나온 사람들의 발길을 끌어 귀염을 독차지한다. 난장에서 이주해 베란다까지 들앉아 집안을 꽃향기로 가득 채운다. 단순히 그 역할만 하는 게 아니다. 사랑하는 사람의 가슴에 꽃다발로 안겨 달콤한 사랑 고백을 몰래 엿듣기도 한다. 결혼식장에서는 꽃비 되어 피나래를 장식하고 5월에는 불효자도 효도케 하는 위대한 업적을 쌓는다.

조화의 측면에서 보면 갖가지 부귀영화를 누리는 생화가 부럽기도 하겠다. 화려함으로 증명하면 뒤질 게 없지만, 생화를 흉내 낸 모조품에 불과하니 애통할 일이다. 꽃을 보면 날아가던 나비도 앉고 여왕벌도 윙윙대거늘 무취이니 그 서러움이 오죽하랴. 쓰임새마저 허접스럽게 취급당하니 울화병이 치받을 만하다. 극진하게 대우를 받는다 해야 망령을 위로하려 무덤 앞에 놓인다. 상석 위의 꽃병에 꽂히면 호강이요, 흙밭에 꽂히면 아카시아 뿌리에 휘감겨 바스러진다. 한식寒食 지나면 거들떠보는 이 없는 산속에서 눈보라와 비바람에 시달려 꽃잎은 날아가고 뼈대만 앙상하게 남는다. 그래도 재미나는 게 두 가지쯤은 있을 법하다. 고인을 찾아와서 뿌리는 술 세례받거나 욕실에 치렁치렁 매달려 나신裸身을 훔쳐보는 영광을 누리기도 한다.

길을 걷다 구경거리가 있어 가판대에 붙어선다. 색색의 화공 약품으로 날염 된 곱디고운 가화를 수놓은 꽃무늬 옷이 거리를 밝히고 있었다. 갈참나무에 난삽한 연서를 휘갈긴 듯, 해독 불가한 고대의 아랍어를 새긴 듯 난장에 무더기로 피었다. 북녘의 백록담 주변에 흐드러지게 피었던 자운영도 있고, 남녘땅 강주마을 축제에서 보았던 큼직큼직한 해바라기까지 다양하다.

가판대 주인은 진즉에 가화가 새겨진 옷 한 벌을 입고 수선을 떨고 있다. 각설이처럼 넉살 좋게 해학적이며 유머러스하게 호객행위를 한다. 요란한 그의 입담에 눈과 귀가 녹아난다. 가판대엔 나만 붙어 선 게 아니라 외국인도 있었다. 화려한 색상에 매료가 되었을까. 아니면 가화에서 자기네 나라에서 키웠던 생화를 만나서였을까. 막 농사일을 하다 뛰어나온 듯 먼지를 툴툴 털며 꽃무늬 옷을 뒤적이고 있다. 아직은 꽃다울 나이라서 아무것이든 잘 어울릴 것 같았다.

어디 꽃만 그르랴. 사람 사는 세상도 마찬가지나. 생판 모르는 곳에서 완전한 꽃을 피우기란 쉽지 않을 것이다. 자국민 인구는 줄어들고 타국민은 늘어나는 현실이니 폐교가 늘어난다. 오천 년 역사의 터전 위에 다국적 이방인들이 찾아와 그 세력을 넓혀간다. 그들은 생판 모르는 나라에서 생화로 살아가려고 부단히 노력한다.

아마도 동남아에서 왔을 법한 네댓 명의 여자들이 가판대에 둘러선 채 옷을 고르고 있다. 자기네 나라에서 마른 조화로 사느니 생화로 살고 싶어 민들레 홀씨처럼 날아왔다. 비닐하우스에서 짐승처럼 웅크리고 살기도 하고 열악한 작업장에서 목숨을 잃는 노동자도 있다. 험한 일을 하지 않으려는 우리나라 청년들을 대신해주니 막대한 인력자원임이 틀림없다. 남의 땅에서 뿌리를 내리고 꽃을 피운다는 게 여북 힘들겠나. 그 소중함의 가치를 인정해야만 한다. 그걸 외면한 채 업신여기거나 허접스러운 조화쯤으로 취급해서는 안 된다.

그 설움이 장미의 가시처럼 심장을 파고들어도 그들은 질경이처럼 인내하며 견뎌낸다. 생화가 땅속에서 뿌리내리며 영토를 넓혀가듯 그들 또한 노동의 대가가 씨앗이 되어 단단한 열매를 맺을 것이다. 언젠가 울면서 떠나온 자기의 영토에 꽃을 심을 각오를 회다짐 하듯 다진다. 노동 현장에서 땀방울을 흘리는 모습을 볼라치면 애잔함이 느껴진다. 비록 태생은 다를지라도 우리 땅에 살면 우리의 국화國花인 무궁화가 되는 것이다.

마음먹은 김에 나도 하나 고를까 하고 틈새를 비집고 들었다. 또래로 보이는 늙은이들이 늙을수록 화려한 색상이 본때 난다며 이게 좋네, 저게 좋네. 해가며 서로 술잔 권하듯 한다. 값을 물으니 오천 원이라고 했다. 고급스러운 과자 한 봉짓값에도 못 미치는 가격이다. 늙은이 지갑 사정과 딱 맞았다. 이것저것 뒤적이다 눈에 들어오는 게 있었다. 구절초가 흐드러지게 핀 홑바지였다. 수선화도 있고 양귀비도 있었건만 유독 그 꽃에 눈길이 갔다. 강인한 생명력으로 치면 그만한 게 없다. 백세시대에 수병장수 비결과 딱 맞아 떨어지는 꽃이었다.

그 꽃은 척박한 산기슭, 메마른 묘지 주변에 무리 지어 피어난다. 벌초할 부모님 무덤도 없으면서 언뜻 어머니가 떠올랐던 것 같다. 진즉에 산소라도 마련했더라면 소원하게 멀어지는 형제끼리 모여 소풍 가듯 산소를 찾아갈 것이다. 상석 위에 조화를 올려 두고 도란도란 둘러앉아 생화 같은 옛날이야기를 활짝 피웠으면 얼마나 좋아했을까.

집에 와서 조화가 활짝 핀 몸뻬바지로 새뜻하게 갈아입었다. 알록달록한 게 새털만큼 가벼웠다. 집안을 쓸고 다니니 꽃향기가 폴폴 풍기는 듯했다. 답답한 아파트 실내에 이만한 꽃밭이 어디 있으랴. 천지간에 앉은 자리마다 꽃잎이 흩날렸다. 사철 내내 시들지 않고 향을 피우니 세상에 둘도 없는 내 몸의 꽃밭이었다.

무릎 꽃동산에 손녀를 앉혀두고 할미꽃 전설을 들려준다.

"옛날, 옛날에 할머니 한 분이 계셨는데 딸네 집을 찾아가다 추운 날씨에 그만 …"

"할머니는 찾아오지 마. 엄마랑 내가 찾아올게."

아이가 조화처럼 마른 내 얼굴을 생화로 피게 했다.

## 국경을 넘으며

 경계선이 없다. 초가도 영역을 표시하는 돌담이 있거늘 하물며 나라와 나라 사이에 장벽이 없다? 이건 서로 왕래해도 자유가 보장된다는 증거 아닌가. 그게 의아했던 건 나의 잠재된 의식 속에 깊게 뿌리박힌 관습이 작용한 탓이다. 그건 바로 지정학적으로 남한과 북한으로 확실하게 영역 표기가 된 나라에서 살고 있기 때문이었다. 정치이념이 다르므로 동서독처럼 연합이 되지 않는 한 남북의 대치 상황은 기약이 없다. 천지개벽이 없는 한 현재도 살고 있고 미래 또한 그렇게 살아갈 것이 자명해 보인다. '우리'라고 매양 앙숙처럼 지냈을까. 서로 관계가 좋았을 때 잠시 경계선을 허물었던 적도 있었다.

분단 50년 만에 남북 간 화해의 분위기 무르익던 시절이었다. 남쪽의 여행객들이 유람선을 타고 북쪽으로 건너갔다. 기암괴석으로 이루어진 관동 팔경의 해금강을 관람하며 푸른 소나무 위로 날아가는 바닷새의 멋진 비행을 보며 즐겼다. 만해 한용운이 아름답다고 극찬한 북녘의 명사십리 해수욕장 모래가 그토록 아름다웠던 모양이었을까. 먼발치서 잠깐 땅만 밟았으면 좋았으련만, 그 풍광에 취한 여성이 그만, 접근금지 구역으로 넘어가고 말았다. 그 잠깐의 실수로 안타깝게 목숨을 잃는 사건이 발생했다.

한 사람의 실수로 그 이후로부터 다시 경계선이 가로막히고 말았다. 언제쯤 가시로 된 철조망이 걷힐까. 어느 곳은 전쟁이 일어나 무고한 생명이 희생되고, 서로 다른 현실의 정치이념은 얽히고설켜서 한 치 앞을 내다볼 수 없다. 같은 하늘 아래서도 편이 갈라진 채 서로 으르릉대는 작금은 정치를 보면 혈압이 다 오른다. 나라 밖도 어수선한데 집안싸움에 쪽박 찰까 두렵다. 남의 나라를 둘러서 가지 않고 열차를 타고 백두산을 오르고 싶다. 천지연 폭포 주변에 핀 들꽃을 꺾어 부케를 만들고, 남북의 청춘들이 결혼식을 올리는 그런 장면을 상상해본다. 그게 유독 나만의 바람일까. 남의 나라를 여행하면서 장벽이 가로막힌 내 나라의 현실이 개탄스러웠다.

열차는 오스트리아 빈에서 출발하여 체코로 달려간다. 평야는 넓디넓었다. 들녘에 심어놓은 옥수숫대가 관광객을 환영하듯 늘어섰다. 북풍이 버쩍 마른 잎사귀를 깃발처럼 흔들었다. 서로 땅은 다르지만, 흙은 하나로 합쳐졌다. 땅속 깊이 서로 뿌리를 뻗어가며 손을 잡고 꼿꼿하게 서 있었다. 경계선을 터놓은 민족의 근성을 닮은 듯해 부러웠다. 한민족의 후세들 또한 그 어디에 내어놔도 기술이면 기술, 애국이면 애국. 저들보다 강하면 강했지, 약하지는 않을 것이다. 선대들은 말을 타고 독립을 위해 만주벌판을 달렸다. 후손들은 언제까지 상대의 가슴에다 총부리를 겨누며 살아야만 할까.

열차는 한나절을 달려 체코에 닿았다. 오래전부터 오고 싶었던 여행지였다. 하나 같이 빨간색 지붕이 눈에 들어왔다. 유물로 남은 건축물 하며 역시 예술의 도시다웠다. 역사를 거슬러 오르면 동유럽과 서유럽은 어쩌면 동맹 관계였는지도 모른다. 거기에는 마리 앙투아네트라는 역사적 인물이 존재했다.

그녀는 어린 시절부터 자유분방하게 성장했다. 모국어인 비롯하여 프랑스어와 이탈리아 등 외국어와 음악과 댄스 등을 배웠다. 오스트리아라는 예술적 풍토에서 자란 그녀는 음악과 미술을 좋아했으며 악기 중에선 하프 연주에 소질을 보였다고 한다. 상냥하고 아름다운 소녀였던 마리 앙투아네트는 비엔나 궁정 음악회에 온 여섯 살 난 모차르트가 넘어지자 일으켜주었고 즉석에서 청혼을 받기도 하였다.

당시 오스트리아는 프로이센의 위협 때문에 전통적으로 불편한 관계였다. 프랑스와 유대 관계를 강화하기 위해서는 우호적인 동맹이 필요했다. 마리아 테레지아는 열다섯 번째 자녀인 마리를 프랑스의 왕태자 루이 16세와 정략결혼을 시킴으로써 이 동맹을 성사시키고자 했다. 마리는 열네 살의 나이에 베르사유 궁전에서 루이와의 결혼식을 치르고 프랑스의 왕세자빈 마리 앙투아네트가 되었다. 그의 남편이 된 루이는 내성적이고 무뚝뚝한 편이었다. 거기다 외모도 볼품이 없었다고 한다. 젊고 발랄한 마리 앙투아네트가 그런 그에게 쉽게 정을 붙이기는 힘들었다는 것이다.

두 사람은 그리 친밀한 편이 아니었다고 한다. 루이는 성생활 문제로 인하여 7년 동안이나 아이도 갖지 못했다. 마리 앙투아네트는 마음에 없는 결혼생활과 궁중 생활의 외로움을 몹시 견디기 어려웠다. 그걸 극복하기 위해 사치에 몰두했다. 자신이 총애하는 경박한 궁정 신하들의 작은 모임에 어울려 사교를 빠졌다. 밤마다 베르사유궁의 소궁인 프리트리아농에서 귀족들과 호화로운 파티를 열었다. 그녀는 끝내 단두대에 올라 생을 마감한다. 왕족으로서도, 한 사람의 여성으로서도 비극적인 삶을 살다 간 마리 앙투아네트. 그녀가 만약 좀 더 일찍 바깥세상을 접하고 어머니 마리아 테레지아에게서 정치를 배웠더라면 프랑의 역사가 달라지지 않았을까. (주경철의 '유럽 이야기' 발췌)

비겁한 협상은 나라를 지키기 위한 애국의 충정이었노라고 역사는 말하고 있다. 하지만 거기에는 개인의 안위를 위해 자식을 볼모로 잡혔던 여자들의 수난사가 있었다. 유독 정략결혼이 그 나라에만 있었을까. 마리 앙트아네트가 나라끼리 주고받는 협상 테이블에 올랐지만, 일본은 조선을 지배하려고 고종의 자식들마저 인질로 잡았다. 조선의 황녀 덕혜옹주는 일제의 지배하에 희생된 인물이었다.

고종황제가 환갑을 맞던 해, 덕수궁에서 여자아이의 울음소리가 들렸는데, 이 아이가 바로 고종이 뒤늦게 양귀인으로부터 얻은 고명딸, 덕혜옹주였다. 고종은 그녀를 위해 덕수궁 준명당에 다른 친구들과 어울릴 수 있도록 유치원을 만들었다. 심지어 덕수궁 내 처소인 함녕전으로 덕혜옹주를 데리고 가기도 했다. 이렇듯 덕혜옹주는 쓸쓸한 말년을 보내던 고종황제에게 한 줄기 삶의 낙이었다. 그녀는 잠시나마 행복한 유년 시절을 보냈다. 하지만 1919년 고종황제 승하 후 그녀의 운명은 완전히 뒤바뀌게 된다. 조선 황실의 흔적을 지우기 위해 노력했던 일제는 그녀를 강제로 일본에 유학 보냈다.

1931년에는 일본의 백작인 소다케유키와의 정략결혼까지 성사시켰다. 덕혜옹주는 당시 전 국민의 사랑을 독차지했던 '국민 여동생'으로 결혼했다는 소식이 전해지자 조선일보는 결혼식 사진 속 신랑의 얼굴을 지면에 실어 민심을 대변했다는 일화는 유명하다. 이후 덕혜옹주는 조현병에 걸려 정신병원에 입원했다. 남편과는 합의 이혼했으며, 딸 정혜를 잃었다. 가장 희생적인 삶을 살았던 비운의 공주는 일본말을 할 줄 몰랐다. 아니, 어쩌면 원수의 나라말을 배우고 싶지 않았던 지도 모른다. 설상가상 아이조차 없었다. 1945년 해방 이후에는 고국으로 돌아가기 위해 노력했으나 왕조가 부활하는 것을 두려워했던 이승만 정부에 막혀 입국하지 못했다. 결국, 그녀가 다시 대한민국의 땅을 밟은 것은 1962년으로, 이후 낙선재로 거처를 옮겨 살다가 1989년 일생을 마감했다. (한국 역사 자료 참고)

　역사 속의 두 여인의 삶은 대조적이었다. 한평생 사치를 즐기며 살았던 여인은 결국 단두대에 올라 처형당했다. 다른 사람은 역사의 격랑 속에서 비운의 삶을 살다 갔다. 그녀는 대한제국의 마지막 황녀! 덕혜옹주였다.

## 헌 집 줄게 새집 다오

텃밭을 일구다 집 한 채를 발견했다. 그것도 흙 속에 파묻힌 걸 발굴했으니 유물이나 마찬가지였지만, 유물치곤 허접해 보였다. 원형으로 설계된 지붕은 뫼비우스의 띠처럼 둥글둥글한 줄무늬가 새겨져 있었다. 긴 세월 동안 만고풍상을 겪은 듯 고태미古態美가 났다. 르네상스 시대의 희귀본 미술작품을 보는 듯 신기하긴 했다. 그와 모양새가 같은 건물은 풀숲에서도 흔하게 볼 수 있다. 그 집에 거주하는 주인장은 마음만 먹으면 요기조기 무시로 옮겨 다니기 쉬운 이동식 주택을 소유했다. 손가락으로 살짝만 눌러도 집 전체가 바싹 부서질 만큼 부실한 자재資材로 지어졌다. 그와 달리 흙 속에서 토벌해낸 집은 예외로 딱딱했다.

사람이든 동물이든 모름지기 지구상에 존재하려면 반드시 집이란 게 필요하다. 이를테면 주거住居는 안식처이자 종족 번식을 위한 최고의 공간이기 때문이다. 집 한 채를 마련하려면 각고의 노력이 필요하다. 집시처럼 떠돌아다닐 수 없는 사람은 일찍부터 직장 생활을 하고 월급을 쪼개 적금을 들었다. 셋방살이 설움을 겪으며 전셋집으로 옮겨가고 몇십 년이 지나서야 겨우 집 한 칸을 마련할 수 있다. 겨우 한숨 돌릴라치면 악덕건설업자나 얍삽한 중개인에게 잘못 걸려 모은 재산을 몽땅 사기를 당하기도 한다. 너무 억울하고 분해서 자신의 처지를 비관하여 삶을 끝내기도 한다. 집 없는 서러움을 당해본 사람만이 그 심정을 이해할 것이다.

건물을 건축하려면 여러 가지 행정절차를 거쳐야만 하는 사람들과 달리 짐승은 자유롭게 구애받지 않고 제멋대로 짓는다. 조류들의 주거는 겉으론 단순해 보이지만 자세히 보면 엄청 섬세하게 짓는다. 기초 공사 과정에 따라 사용하는 자재資材 또한 다르다. 새살림을 차리는 신혼부부를 위해 백양나무와 플라타너스가 기꺼이 자투리 공간을 내어준다. 까치는 공짜로 내어주는 나무 위에서 둥지를 틀고 재료를 물어다 촘촘히 울타리를 엮어 바람을 막는다. 알콩달콩 보금자리를 틀고 짝짓기로 알을 낳고 새끼를 기른다. 그 정겨운 모습이 좋아 사람들은 목을 젖히고 우듬지를 올려다본다.

몸피가 작은 딱따구리는 주둥이가 기술이다. 나무 둥치를 쪼아 구멍 집을 짓는다. 물가에 집을 짓는 물총새는 솜이나 가벼운 노끈을 풀어 사용했다. 새끼들이 걸어 다니기 쉽게 자갈을 헤집고 강기

숲에 짓는다. 문턱이 낮아 가끔 긴 혀를 날름거리며 구렁이가 주거 침입을 했지만, 지금은 그런 파충류마저 희귀종이 되었다. 종달새는 강변에 알을 낳고 하늘에서 망을 보며 지지배배 울며 지켜냈다. 까투리는 보리밭 고랑에 흙을 파고 알을 묻었다. 육아 돌봄이 귀찮고 성가셔서 다른 새의 둥지에다 몰래 자식을 버리는 뻐꾸기도 있다. 바닷속이라고 뭍과 다르랴. 남이 지어 놓은 고동 집에 홀랑 들어가는 얌체족인 가재도 있다. 이런 일련의 과정을 거쳐 식구끼리 오순도순 살다가 떠나고 나면 동그마니 빈 둥지만 남는다. 사람이 살았던 가택과 무엇이 다르랴. 빈둥지증후군을 앓는 내 처지와 흡사하다.

내가 흙 속에서 무력으로 토벌해낸 그 집의 족벌체제는 지구상에 무려 10만 종이 넘게 서식한다고 한다. 예민한 신경세포는 머리에 두 쌍의 촉각이 발달해 있다. 암수한몸의 자웅동체라 배우자도 필요 없다. 주로 장마철에 왕성하게 산란하며 혼자서 자식을 낳는다. 본시 타고나면서부터 집을 가지고 태어났다. 그러니 애를 써가며 알뜰살뜰 집을 지을 이유도 없다. 비좁아 터진 혼자만의 공간이니 남을 초대하지도 못한다. 이웃과의 단절은 곧 자기만의 평화였다. 온몸에 미끈미끈한 점액질로 화장을 했으니 들쑥날쑥하기도 좋다. 성가신 게 없으니 아주 복장 편하게 산다. 조상 때부터 대대손손 내려오면서 그런 집을 짓고 살아왔다. 밤을 낮 삼아 사방천지가 고요해지면 레이더를 세우고 살금살금 기어 나와 어린잎을 갉아 먹으며 포식을 한다.

　문패를 보아하니 딱히 세도가 당당한 별난 가문도 아니었다. 성씨는 '달'이고 이름은 '팽이'였다. 그들은 무리를 지어 환경조건이 좋은 곳만 골라가며 집성촌을 이루고 살았다. 본시 유랑민처럼 떠도는 걸 좋아하는 체질인 듯 번거롭게 챙겨 다닐 살림살이 도구도 없다. 그저 지붕 하나면 족한 미물이다. 이동이 수월하니 집을 통째로 등에 지고 여기저기 떠돌아다닌다. 이슬이 내린 풀 잎사귀에 간당간당 매달려 살기도 한다. 체질적으로 습기가 많고 그늘진 곳을 좋아하고, 야행성 기질도 타고나 밤이면 왕성하게 활동량이 늘어났다.

　달팽이네 집을 토벌해낸 땅에 김장거리 배추를 심었다. 영양제도 담뿍 뿌렸더니 한로寒露 즈음부터 쑥쑥 잘 자랐다. 맛깔나게 김치를 담글 생각에 갖은 정성을 쏟았다. 겨울밤에 삶은 고구마를 곁들어 먹을 생각을 하니 입안에 군침이 돌았다. 기대가 크면 실망이 따른다는 말이 명언이었다. 달팽이 부대의 습격으로 배추밭이 초토화가 되었다. 미물이라고 얕잡아 본 게 화근이었다. 하룻밤 사이에 단체로 배추밭을 습격했다. 채식주의자라, 잎사귀를 야금야금 갉아 먹으며 그것도 부족해 구멍을 숭숭 뚫어가며 무위도식했다. 그 바람에 지난해 김장이 쫄딱 망했다.

　올봄에 다시 땅을 일궜다. 호미 끝에 뭔가 걸렸다. '어라? 이것 보소. 달팽이 씨! 아니요? 그러잖아도 댁의 가문에 맺힌 게 많았소이다. 이참에 잘 되었소. 두 번 다시 당하지 않을 거니 그리 아쇼.' 앙갚음할 작정으로 달팽이 씨 집을 간당 들어 손바닥에 올렸다. 한쪽 눈을 찡그리고 대문 안을 기웃댔다. 한참을 기다려도 주인의 모습은 보이지 않았다. 지붕을 노크해도 감감무소식이었다. 사부작사부작 비질하는 소리조차도 들리지 않았다. 설마하니, 갭투자를 한 건 아닐 테고. 기척이 없으니 빈집인지, 출타 중인지 통 알 수가 없었다. 집으로 가져와 베란다에 두었다.

아침에 일어나 인사차 달팽이 씨 댁을 방문했다. 해가 중천인데 취침 중인지 기척이 없었다. 그럼 그렇지. 가출인가, 탈출인가. 빈집인 게 확실했다. 어둡고 습한 걸 좋아하는 주인은 집을 버린 채 이사를 간 듯했다. 나처럼 태어났던 곳이 그리워서 고향으로 돌아갔을까. 이참에 인터넷으로 특이한 지붕에 대해 검색하다 의외의 정보를 접했다. 섬에서 유일하게 생존하는 보호종이란 걸 알았다. 유품으로 소장할 가치가 있었다. 그러다 바닥에 끈적끈적한 점액질의 액체가 비행선을 긋고 지나간 흔적을 보았다. 달팽이 씨가 야삼경을 틈타 몰래 빠져나간 게 분명했다. 야생적인 체질이 사람이 사는 집에 갇혔으니 숨이 막혔던 모양이었다. 미물의 집이라고 하찮게 취급한 게 미안했다. 집 없이 떠돌다 거리에서 객사하지나 않을까, 미안한 마음이 들었다.

집이란 어떤 곳인가? 아침에 출타하면 저녁에는 반드시 귀가하는 곳이다. 우리 모두 결국엔 돌아간다. 아니, 돌아가야만 한다. 돌아갈 곳이 있다는 건 좋은 것이다. 우선 편안하게 마음을 내려놓고 쉴 수 있는 공간을 제공하기 때문이다. 작금에 덩크 족이란 신조어까지 생겨날 걸 보아 우린 혼자 사는 것에 너무 익숙해 있다. 그로 말미암아 인과 관계에서 오는 사회성 결여는 타인과의 단절을 초래하는 듯하다. 사람 사는 집은 밤낮없이 서로 얼굴을 비비고 살아야만 정이 드는 법이다. 그런 생각은 노년이 쓸쓸한 나만의 생각일까. 만약 그랬다간 '요새 그렇게 사는 집이 어디 있느냐고' 집단린치를 당할지도 모른다. 헌 집 줄게. 새집 다오. 요강에 오줌 싸며 한 방에서 복작대며 살았던 그 시절을 그리워하는 노파의 하소연을 누군가는 공감하겠지?

## 항구는 전당포다

배들이 항구로 귀항한다. 돛대에 매달았던 오방기를 펄럭이며 돌아온다. 선주는 정월 초순에 선원들의 안녕과 만선을 기원하며 풍어제를 지냈다. 어류 작황은 그렇다손 쳐도 선원 구하기가 가지나무에 수박 열리기만큼 어렵다고 한다. 선창을 오가는 열에 여덟은 외국이다. 그들은 이미 익숙한 듯 무슨 일이든 척척 해낸다. 안면 튼 사람들과 혀 짧은 우리말로 곧잘 인사도 나눈다. 바다 일이 고되고 힘들어도 그들이 꿈꾸는 희망과 행복을 그물 속에 풍어豐漁로 채우고 돌아왔다.

우리나라 청년들이 앉은자리 직업을 찾느라 머리 싸맬 때 타국의 청년들은 우리네 바다에다 청춘을 저당 잡혔다. 피부와 생김새가 다르고 말이 통하지 않지만 굳건하게 견뎌낸다. 입술이 부르트고 손바닥이 벗겨지도록 투망질에 매달린다. 거친 파도와 대적하면서 이물 돛대에 푸른 꿈을 내걸었다. 그것만이 가난한 부모님께 효도할 수 있는 유일한 방법이었다.

나이 들고 늙은 게 대수인가. 나는 노령 연금을 찾으러 은행 창구에서 그들을 만났다. 새까맣게 그은 얼굴에 짠물 묻은 손으로 환전하고, 그 돈을 받아들고 기뻐할 부모님 얼굴을 떠올리면 환하게 웃는다. 원양어선을 탔던 오빠도 저런 모습이었겠지. 파도 속에 묻혀버린 해묵은 일기장의 어느 한 페이지를 들추게 했다. 스페인 어느 항구에서 보내온 엽서에는 얼룩이 퍼져있었다. 바닷물이었는지, 눈물이었는지 그때는 몰랐다. 오빠가 보내온 돈으로 돼지 한 마리를 끌고 오면서 어머니가 환하게 웃었다. 돼지는 끝내 우리 집에 행복을 가져다주지 못했다. 돼지가 새끼를 낳기도 전에 오빠는 집으로 돌아오지 못했다. 암막 커튼을 친 듯 집안은 늘 암흑이었다. 나는 저 청년들이 힘들게 번 돈을 들고 웃으면서 고향으로 돌아가길 바란다.

항구에는 선박들의 귀항과 출항이 밀물과 썰물처럼 들고 난다. 새벽 댓바람의 공동어시장은 생동감이 넘쳐나서 좋다. 모든 게 바다로 인해 분주해진다. 중개인의 호각소리에 숫자가 표기된 모자를 고쳐 쓴 사람들이 하나둘 모여든다. 그때만큼은 사활이 걸린 승부수를 띄운다. 점퍼 속에 품었던 손가락 총구들이 불쑥불쑥 튀어나와 어가를 제시한다. 밀리면 안 되는 치열한 삶들이 매 순간 흥정으로 들고난다.

어판장에는 치열하게 살아가는 갯가 사람들이 있다. 삶이 무기력해지고 따분해지면 새벽에 열리는 어시장으로 나가보시길 권하고 싶다. 아직은 살아볼 만한 세상이기에 인생에서 가장 빛나는 시절이 바로 현재란 걸 여실하게 보여주고 있다. 사는 게 힘들어서 놓고 싶은 밧줄도, 이미 놓아버린 동아줄도 그곳에 가면 다시금 움켜잡게 만든다.

그물망 벼리가 여인의 옷고름처럼 풀어진다. 푸른 코발트 바닷물이 밴 고등어가 뭉텅 거리로 쏟아진다. 투명하고 맑은 눈알이 샛별처럼 반짝거린다. 까막까막한 눈동자를 굴리며 두레 밥상에 모여들었던 어린 시절의 형제들을 보는 것 같다. 짜디짠 자반고등어 한 토막을 입에 물고 각기 다른 꿈을 이물대에 내걸었다. 오빠는 양돈과 양계장을 하는 게 꿈이었다. 돼지를 키우고 닭을 백 마리쯤 기르고 싶다고 했다. 나는 삶은 달걀을 실컷 먹어 보는 게 소원이라고 했다. 꿈은 거지반 우물물로 채우고 헛배를 두드리며 끝이 났다.

고무장갑을 낀 아줌마들이 선별작업에 들어간다. 굵기와 크기에 따라 상자마다 나뉘어 등급이 매겨진다. 사람 사는 세상도 가끔은 그렇다. 타고나면서부터 부자도 있고, 지독한 가난을 겪는 사람도 있다.

살이 올라 몸피 굵은 건 뭍으로 나가 간잡이 손끝에서 염장에 재워진다. 덜 자란 고도리는 정어리와 뒤섞여 양식장 물고기 먹이가 된다. 그물망에 잡혀 온 고기가 고기의 먹잇감이 되어 광어가 되고 우럭으로 살찐다.

부둣가 한 귀퉁이에 함바식당이 있다. 할머니도 경매받은 고기 상자를 바닥에 통째로 쏟아붓는다. 부두를 떠도는 칼갈이 할아버지가 갈아준 무쇠 칼로 고등어 배를 척척 가른다. 이태 묵혀 간수를 뺀 천일염을 솔솔 뿌린다. 눈대중만으로도 간을 척척 조절한다. 등이 휘어진 할머니가 연탄불에 석쇠를 올리고 고등어를 굽는다. 그 일을 어지간히도 오래 한 듯 손끝마다 이력이 붙었다. 스치기만 해도 매캐한 일산화탄소가 콧속을 파고든다. 가격이 저렴해 고등어구이를 한 접시 주문한다. '할머니! 머리가 아프지 않으세요?'라고 물어보았다. 무슨 소리냐며 삶을 밝혀준 등댓불이었기에 오히려 고맙다고 한다.

노릇하게 구워진 고등어에 기름이 자르르 흐른다. 짜지도 싱겁지도 않고 맞춤 맞다. 한 생애에 저렇게 노릇노릇하게 삶을 구워본 적이 있었을까. 못다 한 생애였다면 타인의 삶을 대신 구워주는 일에 적선하는 듯하다. 무탈하게 항구로 되돌아온 어부들에게 할머니가 차려준 밥상은 맛깔스러운 어머니의 손맛이었다.

선창을 맴돌던 사람들이 하나둘 모여든다. 그만한 가격으로 바다를 마음껏 먹을 수 있어 단골이 된 듯하다. 막걸리 주전자를 내놓는 할머니 얼굴이 프란체스카 여사를 닮았다. 그녀가 평생을 헐벗은 사람들을 위해 일생을 보냈다면, 할머니는 반평생을 바다 사람들과 함께했다. 해풍 맞은 주름살을 굳이 숨길 이유도 없다. 그들의 주름은 값비싼 프라다 핸드백도, 샤넬 5 향수를 뿌리지 않아도 분명 명품주름이었다.

"노지露地에 저당 잡힌 사람들이 왜 이리 많나."
"얼른 와서 앉으소. 힘들어도 목숨이 붙어있응께, 살아야 하지 않겠능교?"

모든 게 드나드는 항구는 전당포였다. 뱃사람들의 해장술은 지루하게 이어졌다. 오촌 아재도 고등어 한 손 들고 돼지 국밥집에 앉았다. 주인 아지매 인심 한 번 후 하다. 해삼 두 토막 덤으로 내주며 긴 의자를 닦는다. 아제는 오늘도 순정純情 맡기고 막걸리 두 병 외상 긋는다. 뭍을 밟으면 멀미가 나서 마시고, 바다 위를 걸으면 사는 게 허무해서 마신다고 했다.

해가 뜨고 달이 기울어도 술은 뱃사람들에게 마이신이었다. 선창에 앉아 그물코를 꿰매던 아버지도 막걸리를 좋아했다. 술을 마시면 굽은 허리도 꼿꼿하게 일어서는 줄 알았다. 그러나 손가락 마디와 등뼈는 펴지지 않았다. 술에 취하면 한이 서린 듯한 노래를 불렀다. 뜻도 모르는 가사는 눈물 나게 했다. 이것이 바다로 생업을 이어가는 항구의 사람들이다.

등댓불이 발맞추는 사관생도처럼 각도 있게 돌고 있다. 밤낚시꾼들이 있는 모양이다. 서치라이트 불빛이 반딧불처럼 반짝거린다. 고등어는 밝은 곳을 좋아하니 유인책으로 적당하다. 고기야 어떻게든 요리조리 야라서 잡을 수 있지만, 인생살이 수심은 가늠치 못한다. 파고를 해치고 물 이랑을 넘다 보면 삶의 깊이도 바다만큼 삶이 깊이도 깊어질까.

밑천이 없어 꿈을 접었던 오빠는 낚시를 자주 갔다. 십 년이나 너머 터울 지던 여동생을 데리고 다녔다. 바다는 유일한 나의 놀이터였다. 갯지렁이를 파내거나 바위에 붙은 따개비를 뜯어내며 놀았다. 오빠는 낚시보다 바다를 바라보는 게 취미로 보였다. 물고기보다 세월을 낚는다는 말이 가슴에 닿을 만큼 여유로웠다. 그 속에는 무슨 풀지 못한 응어리 맺힌 꿈이 있었을까. 입질이 없으면 '노인과 바다'를 쓴 톨스토이 작가에 관한 이야기를 들려주었다. 다른 건 다 몰라도 노인은 청새치와 사투를 벌이던 장면은 흥미로웠다. 뼈만 앙상하게 남겨졌다던 물고기에 오빠는 어떤 꿈의 살을 붙이고 싶었을까.

노인은 자신의 모습을 통해 끊임없는 도전, 그리고 닥쳐진 상황에 믿음과 용기를 가지고 싸우라는 메시지를 남긴다. 이 부분에서 특별히 감명을 받았다며 한숨을 내쉬었다. 남자도 아닌 여동생에게 무슨 말로 유익한 고언苦言을 해주고 싶었을까. 집안은 지지리도 가난했고, 나는 상급학교로 진학을 포기했다.

오빠가 선원이 된 뒤로는 집안 형편이 조금씩 나아졌다. 초가를 버리고 양철지붕으로 이사를 했다. 어머니는 적산 땅을 찾아 더는 헤매지 않았다. 아버지 명의로 다섯 마지기 천수답에서 뒤주가 생겼다. 오빠가 바다를 떠돌아다니는 날이 길어질수록 우리 집 가난은 겨울 해만큼 짧았다. 바다가 오빠를 효자 자식으로 만들어주었다. 바다로 인해 서로의 꿈을 가졌던 날들이 우리 가족에겐 가장 행복했던 시절이었다.

---

\* 작품 제목은 박형권 시인의 "전당포는 항구다"에서 착안한 것임을 밝힙니다.

제2부

# 유배의 변

## 용궁동龍宮洞 석화백石畵伯 전상서

 석 화백! 오늘은 는개 비가 내리네그려. 이런 날씨는 바다로 출항하기에 안성맞춤이지요. 비를 맞으면 석 화백이 돌에 그려놓은 그림들이 화양연화처럼 피어나니 말입니다. 그 생각을 하니 첫사랑과 약속이라도 한 듯 마음이 설렙니다. 그나저나 바닷속 환경이 날로달로 변해간다지요? 동해안 명태와 오징어가 달아나고 백화현상에 바윗돌에 붙은 해조류가 삭아 난다니 기가 찰 노릇입니다. 나갈 채비를 서두르다 노트에 몇 자 적어놓은 푸념을 안부 삼아 소식을 전합니다.

 某月, 某時.
 바랑을 메고 바다로 나간다. 영락없는 탁발승이다. 영등신이 내려온다는 음력 이월 초하루. 조수간만의 차이가 심한 날이다. 바다로의 출정은 언제나 지독한 상사병에 시달린다. 짝사랑의 연서는 회신을 받지 못한 채 돌아올 때가 허다하다. 오늘은 용궁동 석 화백이 회신을 보내올까, 그런 기대를 하며 장화를 챙겨 신는다.

석 화백이 보낸 우편물은 파도가 싣고 온다. '차르륵 차르륵' 파도는 거듭해서 배달과 반품을 해간다. 오늘은 어떤 그림을 뭍으로 내보냈을까. 돌을 주워들고 석 화백이 그린 작품을 감상한다. 봄 풍경도 있고 가을 단풍에 설산도 그려 보냈다. 명작을 만날 때는 천상에라도 오른 듯 기분이 좋아진다. 석 화백은 파도가 깎아놓은 돌을 캠퍼스 삼아 우주의 삼라만상을 그려 넣었다. 뛰어난 작품에다 사람들은 가격을 매기고 흥정을 한다. 이중섭과 모네의 그림은 모작이라도 엄청난 고가에 매매되기도 한다. 짱돌 같은 물질의 탐욕을 몽돌처럼 매끈하게 깎아낼 수 있으면 얼마나 좋을까. 그 속도 모르고 용궁동 석 화백은 속없이 뭍으로 그림을 공짜로 보내준다.

자갈마당에 앉아 바다미술관을 관람한다. 저 멀리 유조선이 한가롭게 떠 있다. 끼룩대는 갈매기는 등대 위를 날고, 유람선은 동백섬을 돌아서 나온다. 갯바위 낚시꾼은 용치 노래미를 낚는지, 세월을 낚는지 감감무소식이다. 마음에 드는 돌은 있어도 그만, 없어도 그만이다. 천상의 무릉도원이 여기만치 좋은 곳이 어디 있으랴. 유유자적 선비가 된다.

어구를 손질하던 어부 곁으로 다가간다. 돌을 갈아 칼을 만들고 자연과 더불어 한갓지게 살아왔던 태곳적 인간 본연의 모습을 엿본다. 옷깃에서 비릿한 갯내가 풍긴다. 그 냄새가 역겹지 않은 건 후각이 그걸 기억하고 있었다. 잠시나마 잊고 지냈던 아버지의 추억을 더듬어 본다.

아버지에게 바다는 황금노다지를 캐내던 광산이었다. 쉴새 없이 투망질을 거듭해야만 그물에다 생선을 가둘 수 있었다. 젊어서는 먹고 살기 위해 어름사니처럼 바다 위를 떠돌았다. 그 일이 자식들 입에 밥을 넣어줄 수 있었던 유일한 곳간이었기에 대물림시킬 수밖에 없는 직업이었다. 종래 그 깊은 곳에다 아들 둘을 용궁에 묻어야만 했다. 아비를 잘못 만난 죄는 오롯이 자식이 뒤집어 섰다. 그 형벌은 너무 잔혹했다. 암흑이 내려앉은 골방에 웅크린 채 아버지는 하루에도 수만 번 자신의 가슴을 쥐어뜯었다.

노인을 뵈니 자식 잃고 말문 닫아버린 아버지의 실루엣이 어른거렸다. 가만가만 다가가 노인 곁에 앉는다. 노인은 여전히 침묵하며 그물코만 깁는다. 노인은 바다에 대해 어떤 추억을 긴직하고 있을까. 가난해서 자식들을 용상에 앉히지 못했어도 몹쓸 추억만큼은 없었으면 좋겠다.

언젠가부터 사람들이 돌을 집어가니 불법채취로 간주하여 행정처분이 내려졌다. 설마하니 노인이 나를 신고까지 할까. 은근히 곁눈질하며 장난을 걸듯 자갈돌을 주워 물수제비를 뜬다. 착, 착, 착. 세 뼘쯤 뜬 듯하다. 노인이 그제야 싱긋 웃었다. 마음에 여유가 생겼다. 내친김에 신발을 벗고 물속에 들어간다. 언뜻 돌 하나가 눈에 들어왔다. 뜻밖에 석 화백이 인물화를 그려 보냈다. 긴 머리를 풀어헤친 여인을 이내가 감싸고 돌았다. 제법 명확하다. 수중고혼에 묻힐 뻔한 여인을 구출해 제際를 올린 뒤 집으로 모셔왔다. 그 사이 노인은 자리를 뜨고 없었다.

석 화백! 이 문양을 좀 보시게. 누가 천상천하유아독존을 인간만의 특허품이라고 했는가? 천수 관음보살인 석 화백이 아니고서야 어찌 이토록 아름답게 그림을 그릴 수 있을까? 시르죽은 듯 늘어졌다가도 그것만 보면 절색 미인을 껴안은 듯 황홀경에 빠집니다. 사람들의 발길에 차이는 돌멩이에 산수경山水景을 그리시고, 필묵으로 일필휘지로 내리그은 수묵화는 가히 국보급이라 아니할 수 없네.

수풀에서 숨어 새끼를 품고 있는 짐승의 저 자애로운 눈을 좀 보시게나. 더는 부연 설명이 필요가 없네그려. 생명의 잉태는 신이 내린 축복이기에 석 화백이 돌에다 그런 그림을 그려놓지 않았을까. 부모가 자식을 낳아 양육하는 것과 짐승이 새끼를 키우는 것이 단지 책임감만은 아니지 않은가. 인간이 동물과 다른 이유는 사유思惟가 존재하기 때문이라는 생각이 든다. 은근히 경고성 메시지를 전하는 듯 오금이 저린다.

부모는 자식을 사랑으로 키우고, 자식은 부모가 늙으면 극진히 봉양하는 게 동양철학에 나오는 예禮의 기본이 아닐는지? 그렇지만 우리 현실이 어디 말처럼 그리 녹록하지 않다. 인문학이 죽었고 효사상이 사라졌다고 아우성이다. 그림자도 밟지 않는다는 그 많은 스승은 다 어디로 가셨는지. 더 가관인 건 효도마저 자작이라니, 기가 딱 찬다. 오죽하면 '불효자식 방지법'이 추진되고 있다. 내가 이렇게 흥분할 수밖에 이유는 한마디로 우리 사회의 모순된 게 정서적 문제에 상당한 결함 때문이라는 걸 강조하고 싶다. 속된 말로 짐승이 감히 인간 생명의 존엄성과 잽이나 된다고 생각들 하시는지? 인간은 짐승들이 갖지 않은 그 이상의 행동과 교육을 갖추고 있다고 감히 자부합니다.

석 화백!
　나는 말이요. 강기슭 어디쯤 너와 지붕을 얹고 삼대가 오순도순 사는 게 축복받은 삶이라 생각합니다. 휴일이면 가족끼리 바다와 강을 찾아 일상에 찌든 피로를 풀고, 준비해간 도시락을 먹으며 그게 행복이고, 아이들의 정서적 교육에도 상당한 도움이 될 것 같네요. 작은 소紹에는 버들치가 살고, 얼굴이 해끔한 손자들이 나래비로 앉아 소곤대는 모습은 가정의 화목이요, 미래로 가는 국가의 희망이 아닐까요?
　"눈과 귀는 항상 가장 아름다운 색과 소리를 즐기려 듣고, 입은 풀과 곡식을 먹어 기른 가축의 맛있는 고기를 먹고 싶어서 하였으므로 육체는 편안하고 안락한 생활을 원하고 마음은 권세와 능력으로 얻은 영화를 자랑하였다."

스스로 고립을 자초하는 현대인에게 노자의 도덕경은 과연 무엇을 의미하는가? 그나마 석 화백이 수석에다 그려놓은 한국화를 감상하노라면 엔도르핀이 저절로 솟아난다. 정서적 감흥은 사람의 심리를 안정되게 에너지를 제공해주지요.

초가에 대한 추억은 살아서 가난했던 부모님을 그리워하게 하고, 올망졸망 함께했던 형제를 떠올리게 한다. 매화석梅花石을 보면 봄이 온 걸 알고, 국화석菊花石을 보면 완행버스 타고 식모살이 떠나던 맏딸들의 울던 얼굴이 불현듯 떠오릅니다. 그런 날은 포장마차에 들어가 마음 맞는 벗이라도 불러 모아 술추렴을 벌이곤 하지요. 주인아주머니가 자매 같아 해산물 한 접시로 매상을 올려주기도 합니다. 기실 이 모든 건 정서적 결핍에서 오는 향수병이 아닌지.

某月, 某時.

수석이란 주고 실내에서 관상하는 한 개의 자연석으로 갖가지 자연미를 연상시켜, 마음을 산수풍물시山水風物詩의 세계로 젖어 들게 만든다. 수석의 이상적인 조건은 돌이 작아도 큰 경관을 표현함에 묘미가 있다. 석질의 모오스Mohs 경도계硬道計는 강도 5도 전후가 가장 이상적이라고 말한다. 그런 단단한 돌에다 석 화백님이 명품을 그려 넣었다고 생각하니 해석海石을 사랑하지 않고 배겨날 재간이 없다. 그러니까 문인 문객들 간에서 수석을 취미로 즐겼을 뿐 아니라, 신라 때 승전법사勝詮法師마저 괴이한 돌의 무리를 모아놓고 불경을 논의하고 강연했다는 기록이 있다.

변방에 들었던 승려들과 선인들이 심심찮게 그렸던 고서화에도 수석을 다룬 작품들을 볼 수 있다. 대원군도 기석奇石을 애완했다는 기록과 강진 바닷가 외진 곳에 귀향 갔던 추사 선생도 수석을 완상玩賞했다고 한다. 그 기록이 엄연히 남아있는 거로 보아 심오한 철학과 자기 수양을 겸비한 선비의 수련 과정의 취미임이 틀림없다. 가끔 자연을 자연 그대로 두지 않고 훼손하는 행위는 반드시 문제점으로 지적되는 건 사실이다.

나는 수석 중에서도 다양한 모양이 새겨진 문양석紋樣石을 좋아한다. 그건 단순한 원색보다 돌 표면에 현란하게 새겨진 색채의 매료되어 다소 나르시시즘에 도취하기도 한다. 거기에는 도시의 회색 문화에서 볼 수 없는 시골의 정다운 사계가 모티브 되어 옷자락을 잡아끌기 때문이다. 아무리 재주가 특출한 화공일지라도 용궁동 석 화백이 그려내는 황홀한 색채를 모방할 수 없다. 필사적으로 명암을 넣고 붓방아를 찧어도 자연이 그려내는 그림은 흉내를 낼 수 없다.

심해가 끓어올라 용암이 분출해 용머리 바위를 낳았다. 샤머니즘을 중요시하며 무속신앙을 믿었던 우리 민족은 서낭당 둘레에 돌담을 쌓고 치성을 드렸다. 백제 시대의 마애불상과 운주사의 와불에서도 돌과의 인연을 발견할 수 있다.

새봄에 첫 보름달이 뜨는 날 바닷물에 몸을 담그면 사랑이 이루어진다는 전설이 있다. 아프로디테 신이 태어났던 바닷물이 솟아

올라 돌은 섬이 되었다. 자연 속에 귀속된 삼라만상이 새겨진 일생일석—生—石의 수석을 만나기 위해 나는 오늘도 바다로 출항한다.

## 쇠, 꽃을 피우다

 불의 춤사위는 현란하다. 잡식성이라 무엇이든 집어삼켜야만 소기의 목적을 달성할 수 있다. 낭창거리는 불꼬리가 뱀의 혀처럼 날름댄다. 휘청거림을 보면 영락없는 취객의 몸짓이요, 꾼으로 치면 춤추는 스카이댄스였다. 다혈질이라 집어삼키는 버릇이 있어 어디서나 붙기 시작하면 속수무책 당하고 만다.
 쇳물이 끓고 있다. 물질의 본래 모습은 불로 태워야만 용해가 된다. 불쏘시개의 핵은 철광석이었다. 물질을 녹여 쇠를 만드는 게 불이 해야 할 임무였다. 활화산처럼 절정으로 치달아야만 결정체를 잉태할 수 있다.
 물질은 쇠로 태어나는 순간 원시적 생태를 깡그리 지운다. 과거를 녹여야만 미래를 향해 거듭날 수 있다. 집합체로 존재했을 때 아무엇도 만들어낼 수는 없었다. 지하자원으로 흙속에 파묻혀 있었으니 무슨 쓸모가 있었겠나. 세상 밖으로 나와 쇠로 탄생하는 순간, 객체로써 완벽하게 제구실을 해낸다.

불의 온도는 2600도이다. 불에서 녹은 쇳물이 뚝뚝 떨어진다. 나의 몸속까지 옮겨붙어 열꽃을 피워낸다. 불길을 조종하는 작업자의 작업복이 철갑을 두른 듯하다. 뜨거운 것의 본질에 선악이 있다는 걸 너무도 잘 안다.

불의 춤사위에 얼굴이 달아오른다. 뼈 마디마디를 뚫고 나온 땀방울이 용해로처럼 전신을 타고 흐른다. 백두산 천지 물이 백두대간을 타고 백록담에 고이듯, 늑골을 따라 흐른 땀방울이 작업화 속에 질퍽하게 고인다.

그 땀방울은 '저녁이 있는 행복한 삶'과 직결되었다. 쇳물은 그에게 인간의 의식주를 해결해주는 샘터였다. 생명수를 길어 올려 새싹을 키우고 노거수를 보살폈다. 미래를 향하는 아이들의 교육비로 충당했고, 서푼도 안 되는 용돈을 드려도 효자로 만들어주었다. 온종일 달구어진 그의 얼굴에 화근내를 빼주는 막걸릿값이기도 했다.

조상 제물 물려받지 못함을 탓할 이유가 없었다. 건강한 육체를 물려준 게 유산보다 값진 보물이었다. 열심히 일한 보람으로 아파트 융자금도 착실하게 갚아 나갈 수 있었다. 그 순간들이 행복해 힘든 줄 몰랐다. 그게 가족이란 공동체를 이끌어나가는 가장의 책임이었다.

쇳물을 떠내 거푸집에 옮겨 모형을 뜬다. 한순간이라도 실수는 용납되지 않는다. 자칫 엎질러버리면 무엇이든 베수비오 화산의 화석이 될지도 모른다. 불의 그림자와 함께 그도 춤을 추는 듯 보인다.

녹여진 쇳물이 용광로를 떠난다. 왔으면 떠나는 게 원칙이다. 뜨거운 건 차가운 걸 결코 이기지 못했다. 서로 앙숙 관계에서 둘도 없는 연인으로 변했다. 불은, 물에 약했고 물은 불로 데워졌다. 물질로 인해 불과 물은 서로에게 희석되어 '쇠'라는 고체 덩어리로 태어난다.

불을 떠난 쇳물이 거듭나기를 시작한다. 거대한 선박으로 건조되거나, 철근이 되어 건물을 떠받드는 기둥이 된다. 한 곳에서 생산되었지만 제각각 모양과 용도가 달랐다. 그 모든 공정을 거친 철광석은 주물공장에서 무쇠솥으로 거듭났다. 펑퍼짐한 엉덩이로 오일장에 눌러앉았다 농부의 눈에 띄었다.

가난한 농부네 가족은 식구가 많았다. 끼니를 지을 때마다 바르르 끓는 양은 솥은 밥물이 넘쳐났다. 오늘 아침 아내의 푸념을 타박한 게 농부는 못내 마음에 걸린다. 솥뚜껑을 들었다 놓았다를 반복하다 흥정을 하고 값을 조금 깎았다. 장가들던 날 아내를 업었던 그 날처럼 무쇠솥을 업고 왔다.

지게 가마를 타고 온 무쇠솥은 황토로 빚은 아궁이 위에 올라앉았다. 얼굴이 까맣고 눈이 큰 아이들이 주변으로 모여들었다. 들기름으로 윤을 낸 솥에 누룽지가 두껍게 눌어붙었다. 어머니는 놋숟가락으로 밑바닥을 너무 오래 긁어 한쪽이 비뚤어졌다. 그 속에서 삶긴 햇감자는 포슬포슬했고, 무청 시래기 된장국은 구수했다. 채반을 받치고 찐 송편에서 고소한 참기름 냄새가 났다. 할머니가 쪽문을 열고 숭늉이 구수하다며 모처럼 며느리 칭찬을 했다.

오늘따라 남편의 손바닥이 식은 쇠처럼 차갑다. 쇳물을 끓이다 돌아온 날만큼 뜨겁지 않았다. 그도 한때는 불로 쇠를 다루던 수련자였다. 주물이 튀어 사나흘쯤 눈을 뜨지 못했다. 젊어서 누군들 뜨겁던 시절이 있지 않았는가. 자식들 교육만큼은 강철처럼 시키더니 자신은 물렁 쇠가 되어버렸다.

철의 제국인 굴뚝에서 흰 연기가 피어오른다. 물미역처럼 풀어헤친 연기가 초가집 굴뚝 연기와 연리지처럼 스며든다. 그 무엇을 위해 뜨겁게 달구었다가 아낌없이 산화해 흩어진다. 나의 가슴이 기억하는 곳이고 쇠붙이가 태어난 고향이었다.

나는 손바닥을 부싯돌처럼 문질러 남편의 손을 움켜잡는다. 서로에게 온기를 느끼며 사립문이 뜯겨 나간 농가 앞에 섰다. 성큼, 들어선 마당엔 웃자란 잡초만 무성했다. 농부네 가족이 살았던 흔적이 언뜻 번뜻 떠오른다. 오르내림이 뜸한 축담은 물이끼가 끼어 새파랬다. 된장찌개 냄새가 풍기던 장지문은 빗장을 단단히 걸고 있다.

'거기 누구 왔능교?' 라는 어머니의 환청이 들리는 듯하다. 누구를 그토록 기다렸던가. 삶은 고구마는 소쿠리째 수제비와 나란히 부뚜막에 늘어놓았다. 범종은 안의 살을 깎으며 밖으로 우는 법이다. 품 안의 자식이라고 했던가. 딸자식은 어미와 한 편이 되지만, 아들은 다른 여자와 밀당을 해야만 가정이 평화롭단다. 어머니 역시 그렇게 생각했을 것이다. 명치끝에 밀기울이 걸린 듯 멍멍해진다. 나이가 들어가니 그리움만 게걸스럽게 쌓인다.

그 집은 사글세도 없이 길고양이만 살고 있었다. 빈집을 지켜주는 것만으로도 고마웠다. 감사의 뜻으로 비스킷을 내밀었더니 얼굴이 낯선 듯 달아났다. 도망가다 미심쩍은지 해까닥 뒤돌아보았다.

대청마루로 올라섰다. 떼어가지 않은 액자엔 파리똥이 앉아 까막까막했다. 벽지가 찢겨나간 벽엔 녹슨 대못이 박혀있다. 팔꿈치 헤지고 무릎에 구멍이 난 옷이 목매기 한 채 걸려 있었다. 색이 바랜 횃댓보는 본래의 모습만 희미하게 남았다. 곰솔 가지 위에 학이 앉았고 낮달이 떠 있었다.

가만가만 뒤란 장독대로 가 앉는다. 허리를 절반쯤 꺾어 넣고 지랑물을 떠내던 어머니 모습이 아련하다. 먹다 남은 김밥 꼬랑지를 고양이 먹이로 남겨두고 부엌으로 들어선다. 먼지 앉은 살강 위에 무쇠 칼이 놓여있다. 아이를 다섯쯤 낳은 시골 아낙의 허리둘레만큼이나 뭉뚝하다. 그 칼을 들었을 적에 어머니 팔뚝은 힘살이 올라 있었다. 날이 서지 않은 칼끝을 들여다보며 꼭 자발 없는 여자 같다고 투덜댔다. 아버지는 우물가에 앉아 숫돌로 날을 세워주었다. 번들거리는 칼로 어머니는 식구들의 먹을거리를 만들었다. 칼국수와 풋고추를 썰고, 칼자루 뒤축으로 마늘을 찧었다.

 칼을 보니 형제들 얼굴이 떠오른다. 다시금 옛집으로 돌아와 서로 날을 세우며 엉겨 붙어살고 싶다. 그건 바람일 뿐 군데군데 거미집만 보인다. 무쇠 칼을 버리고 떠났을 때 이미 돌아올 수 없는 곳으로 가버린 형제도 여럿이었다.

 그 시절, 무쇠는 칼로 태어나 가장 번쩍거리며 날을 세웠던 날들을 보냈다. 설령, 칼이 아니었을지언정 민초民草들과 함께했다. 허리 굽은 농부는 호미로 콩밭을 매고, 낫으로 논두렁을 깎았다. 쇠는 아직도 남극의 햇살처럼 뜨거웠던 그때의 열기를 품고 있는 듯하다. 다시는 오지 않을 생애 가장 화려했던 시절을 고스란히 기억하고 있는 것 같다.

 무쇠 칼을 들여다본다. 녹물이 흠뻑 배어들었다. 눈여겨보니 녹이 아니라 쇠가 흘린 그리움의 눈물 꽃이었다. 누군가의 따뜻한 손길을 기다리며 쇠, 꽃을 피우고 있었다. 농부네 가족이 복작대며 살았던 그때를 나만큼 못 잊는 듯 붉은 녹물 꽃을 켜켜이 피워냈다.

 무쇠 칼을 훌훌 털어 손가방에 넣는다. 내 곳간에 간직할 유물 하나를 발굴한 채 나는 유년의 발자국을 찍었던 골목을 뒤돌아서 나온다. 더듬어 본 돌담이 용광로처럼 뜨거웠다.

## 홀씨의 역작

 차라리 굽어서 아름다웠다. 임금의 행차에 읍소하는 충신처럼 허리와 팔다리를 구부리고 섰다. 아니다. 그 모습은 성스러운 경배敬拜였다. 기둥과 뿌리를 내리게 해준 땅을 향한 겸손의 향배向拜였다. 사철 푸른 기상은 사군자인들 부러우랴. 기념식에 빠질 수 없는 '남산 위에 저 소나무'였다. 애국가에 등재되었으니 그보다 값진 군주君主가 어디 있을까. 그 누구도 굽었다고 무시하지 않고 되레 위풍당당함을 존경한다.
 솔가지 호위를 받으며 솔바람 숲길을 내리닫이 걷는다. 무더기로 정이품 벼슬을 내려도 손색이 없을 듯하다. 사람 인人을 닮은 한옥의 맞배지붕처럼 서로 길을 사이에 두고 머리를 맞대고 섰다. 적송과 흑송이 혼례 치르듯 맞절하는 모습이 가히 위풍당당한 군자다운 풍채로다. 활엽수 닮은 화려한 단풍은 피우지 못해도 바늘 끝 같은 잎만으로도 충분히 존경을 받는다. 푸름을 간직한 절개는 수행의 길로 인도하는 구도자의 품새다.

어디든 굽힌다는 게 그리 쉬운 일인가. 소크라테스와 공자만 철학자가 아니라 그 길을 걸었던 선인들도 철학자였다. 수행자는 나무 등피에 묵언으로 법문을 한 문장씩 조각조각 새겨둔 것 같다. 손익계산을 놓고 정략적으로 유불리를 따지는 사람 사는 세상에서는 흔치 않은 일이다. 가진 자에게 굽실거리긴 쉬워도 걸인에게 인색한 게 인간 세계 아닌가? 노송은 굽은 채 천년을 살지언정 구차하지 않다. 노거수는 이 풍진 세상 살 만큼 살다가 떠날 때는 고사목이 되어 하얗게 풍장을 겪는다.

굽어진 나무는 땅을 향해 합장하고, 두 손 모으는 여승은 노송을 닮았다. 승복 자락 아래로 드러나는 흰색의 고무신이 순백하기 그지없다. 금줄을 치고 황토를 뿌려놓은 성전 같은 사찰에 때 묻은 발자국을 찍는다는 게 몹시도 부끄럽다.

'호거산 운문사'라는 현판이 걸린 범종루를 넘어선다. 경내境內는 섬세한 손길에 의해 정갈하게 가꾸어졌다. 사리 빗자루로 쓸어내 나뭇잎 하나 굴러다니지 않는다. 속세에 두고 온 마음이 이리도 깨끗하다면 얼마나 좋을까. 여자로서 비우고 채워가는 게 이만한 사찰이 어디 있으랴. 선방 댓돌 위에 놓인 하얀 고무신이 햇살을 가득 담고 있다. 마음도 고무신처럼 수세미로 바락바락 문질러 닦을 수 있으면 또 얼마나 좋을까. 핏줄로 맺었던 세속의 연緣을 끊어버린 고무신 위로 여래의 자비로움이 따습게 내려앉는다. 비구니는 흘러간 시절이 묵은 정으로 눌러앉으면 번뇌의 밤을 떨치지 못할 것이다.

여승방女僧房의 모태는 일연 스님이 삼국유사를 기록한 곳이다. 주변엔 적벽송이 아름답기로 유명하다. 신라 원광국사, 고려 원응국사를 비롯하여 우리나라 최고의 걸출한 스님들이 주석하셨던 역사적 도량이었다. 수많은 비구니를 배출하며 승가대학과 한문불전대학원, 선원 등을 갖춘 명실상부한 국내 최대의 여승방이다.

사찰의 경계선은 경북과 경남을 아우르고 있다. 경주 산내면, 영천의 북안면, 밀양 산내면과 울주 상북면과 맞닿아 있다. 이 고장에서 산 벚이 피면 까투리가 기별하고, 저 언덕에 아까시가 피면 산비둘기가 소식 알린다. 나무에도 명품이 있다면 운문사 처진 소나무를 손꼽지 않을 수 없다. 가지가 굽을수록 땅을 향해 내려간다는 것은 무슨 의미를 부여할까. 천 갈래 민 길래의 가지가 아래로 향하고 있다. 스님들의 독경 소리를 듣고 마음을 내려놓으니 가지가 아래로 내려앉았다는 말이 빈말이 아닌 듯싶다. 나무로써 그 위상은 최고의 품위를 유지하고 있다.

화두話頭를 던지듯 가슴에 화두火斗를 찍는다. 나무는 땅에 향배하고 나는 나무를 향해 경배한다. 처진 소나무의 비밀의 전설이 놀랍고도 재미난다. 심산유곡을 거닐다 풍광에 취한 고승이 소나무 가지를 슬쩍 꺾어 심었다고 전해진다. 나무도 흥이 많아 서화書畵를 즐겨 새겼던 조선 선비를 닮았을까. 매년 삼짇날을 기준으로 하여 열 두말의 막걸리를 마신다는 것만 보아도 어지간히 풍류를 즐길 줄 아는 나무임이 틀림없다.

여승의 해맑은 모습에서 아미타불의 미소를 만난다. 속세를 버리고 사바세계로 입소하던 날 어깨에 메고 온 바랑에 무엇을 담고 왔을까. 모든 걸 내려놓고 왔으니 마음마저 새털만큼 가벼웠을 것이다. 그와 달리 등이 휘어지도록 걸머지고 온 내 배낭에는 오욕칠정五慾七情을 가득 담고 있다. 모두 채우고 배설해버릴 허접스러운 쓰레기들로 가득 차 있다. 세 사람이 함께 걸어도 문수보살이 있다는 데, 보현보살의 수행 진리를 운문사에서나마 조금은 깨우치고 갔으면 좋겠다.

여래를 향하여 합장하는 여승의 잿빛 승복에서 은은한 향내가 풍긴다. 속세를 등지고 앉아 해탈을 갈구하는 올곧은 모습에 숙연해진다. 백팔 개의 염주 알을 굴리며 백팔 번뇌의 고통을 떨치고 있다. 인간사에서 벌어졌던 애욕을 끊고 도량에만 정진하겠다는 다짐이 매몰차 보인다. 여승의 올곧은 모습이 관자재보살이다. 입적하는 날까지 불심에 의존한 채 세속의 인연들과의 고리를 미련 없이 끊고 앉았다.

그 곁에 슬며시 무릎을 꿇고 앉으니 등신불을 마주한 듯 두렵다. 출가할 때의 여승은 세수世壽 몇이었는지 알 수 없다. 누구든 탐욕을

버리고 공을 닦으면 표정은 밝고 피부는 저리도 희고 고울까. 하안
거夏安居를 거치며 승려로서 구족계를 수계한 법랍의 어떻게 되는
지도 궁금하다. 귀밑에 나풀대는 솜털 같은 머리카락 하며 이마에
돋아난 여드름이 영락없는 사춘기 소녀의 모습이다. 어쩌면 방황
하던 그때부터 나는 누구인가? 라는 선승의 진리를 터득했을지도
모른다. 너무 일찍 철이 들어 세상사가 허무하고 부질없다는 걸 깨
달았을까.

 이 순간만큼은 딸 가진 어미의 심정이 된다. 곁눈질해가며 출가
한 연유에 대해 추론을 해본다. 무슨 연유로 세상을 등지고 불가에
귀의하게 되었을까? 부처님의 뜻을 따라야만 할 무슨 말 못 할 사
연이라도 있었을까? 여전히 수수께끼를 풀듯 어렵다. 여자로 태어
나 모정의 진국을 맛보지도 않았다. 아이를 키우는 재미도 솔솔 할
텐데… 평생 엄마! 라고 부르는 소리를 한 번도 들어보지도 못하겠
지. 어머니 되기를 거부한 것에는 분명 큰 뜻을 품고 있었을 것인즉
그 큰 속내를 품고 있음을 일개 평범한 아녀자가 알 리 만무하다.

 두 번째 비구니와 마주친 건 양서를 판매하는 별채였다. 나는 구
정물 속에서도 고운 꽃을 피운다는 연잎 차를 고르고 있었다. 오늘
만큼은 그 차를 마셔야만 작게나마 마음을 말갛게 가라앉힐 것 같
았다. 나와 달리 스님은 덖음 차를 찾는다. 아직도 센 불에 달달 볶
아야만 할 세속의 묵은 정이 남아있었을까. 곁을 스칠 때마다 승복
자락에 밴 향내가 옮아왔다. 그 향 내음이 너무 진해 나란히 붙어서
있을 만큼 배짱이 없었다. 나는 제 발 저린 도둑처럼 슬그머니 그곳

을 빠져나왔다.

　인생은 한갓 광대의 놀음에 비유하지 않던가? 잘 살든 못살든 결판지게 굿 한판을 벌이다 이승의 소풍을 끝내는 그 날이 언제일지 아무도 모른다. 안달복달하다 소나무 옹이처럼 단단해지면 속세의 번뇌를 벗어날까. 바람에 흔들리는 풍경 소리가 청아하다. 바리때 비우듯 마음을 씻는다.

## 유배의 변

　산을 넘고 바다를 건너서 봄바람이 달려온다. 개나리, 매화, 목련을 향해 어서어서 꽃을 피우라며 나뭇가지를 간질거린다. 바람은 첫사랑의 연서戀書를 전하러 온 집배원이었다. 종류도 다양하여 흑백의 양면성이 분명하게 엇갈린다. 할리우드 명배우의 치맛자락을 한순간에 말아 올려 버린 것은 하수구가 내뿜는 벼락바람이었다. 그 덕분에 여배우는 전설적 존재가 되었다. 바람든 무는 맛이 없고, 간에 헛바람 든 건달의 겉멋은 가용가치가 높지 않다.
　소소리 바람에 연인들의 사랑이 자라고 꽃바람은 나를 유배지로 내몰았다. 완행버스처럼 느리게 달리던 여객선에 몸을 실었다. 월수 곗돈 떼먹고 야반도주한 것도 아니었다. 스스로 살기 위해 자발적으로 찾아든 섬이었다. 망망대해에 홀로 뜬 거룻배에 몸을 실은 듯 유배지에서 생활은 귀양살이나 마찬가지였다. 한 번 들어오면 언제 되돌아갈지 기약이 없었다. 뭍을 오가는 여객선은 태풍이 내려지면 몇 날 며칠을 육지와 단절시켰다. 죄인이 따로 없었다. 딸을 기다리며 마지막 길을 떠나지 못하던 어머니의 임종도 지켜드리지 못했다. 물 이랑처럼 돌고 돌아 당도했을 때 어머니 모습은 이미 병풍 뒤에 가려있었다. 그렇게 가실 줄 알았으면 오래도록 유배지에다 발길을 붙잡아두었더라면 철천지한이 되지는 않았을 거다.

저마다 사연 없는 사람이 어디 있으랴. 그렇게 찾아든 남녘의 섬이 거제도였다. 나는 날마다 뒷동산에 올라 유배지로 내몰렸던 임금을 떠올렸다. 그도 나처럼 섬에 갇혀 뭍을 향한 그리움에 목놓아 울었을 것이다. 이곳의 봄바람은 동백꽃으로부터 시작되었다. 꽃은 응어리를 맺은 채 겨우내 속으로 붉은 꽃물을 들이며 견뎌낸다. 용오름 바람이 치솟아도 노란 꽃술을 매달고 살포시 꽃 문을 열고 나온다. 사방 천지 절벽마다 꽃으로 치장하고 팔색조와 정분을 나누었다. 그 누구에게도 결코, 배신당한 적 없건만 주검의 선택은 깔끔했다. 홑겹으로 떨어지는 게 아니라 저 스스로 목울대를 분질러 모질게 떨어졌다. 그 모양은 슬프지만 흉하지 않았다. 장렬하게 피었다 떨어지는 한순간의 낙화는 경이롭다 못해 애잔했다. 올곧게 피었다 그 모양 그대로 물기 마르지 않고 내려앉는 절개는 자존심 강한 청상과수青孀寡守의 모습이었다. 전생에 무슨 한 맺힌 삶을 살다간 영혼이 환생한 것일까. 정말 유배지에서 자결하는 거룩한 꽃이었다. 우리네 인생도 그처럼 고고하게 질 수만 있다면 주검이 참 깨끗할 것 같았다.

유배의 섬은 동서남북 어디를 가든 곳곳마다 아름다운 절경이 나타난다. 칠 백 리 해안선을 끼고 달리다 보면 몽돌로 유명한 학동 해수욕장이 나온다. 동백 숲이 병풍처럼 에워진 해안은 한 폭의 동양화를 연상케 한다. 갈곶(해금강)을 막 들어서면 높이 솟은 산과 푸른 파도가 어우러진 비경祕境을 만난다. 작은 섬인 신선대를 지척에 두고 여남은 가구의 민가가 오밀조밀 모여 있다. 마을은 개 짖는 소리마저 뜸한 조용하고 한적한 어촌이다. 마을 앞에 낮게 깔린 돌밭은 오색의 수석이 단청처럼 빛난다.

돌밭에 앉으면 세파에 찌든 온갖 번뇌를 잊게 만든다. 욕망의 전철에 올라탄 탐욕도, 열병처럼 앓았던 애증도, 망망대해에 뜬 일엽편주에 불과하다는 것을… 마을을 둘러싼 동백 숲에서 팔색조가 지저귄다. 송백松柏 같았던 선비가 그린 세한도 속에는 신선神仙이 노닐었을 법하다. 고승의 가르침을 따르다 보면 어느새 외눈의 부처가 되어 해탈의 경지에 들어 윤선도의 오우가五友歌를 읊조리게 한다.

"내 벗이 몇인가 하니 송죽과 수석이라
 동산에 달 오르니 이 더욱 반갑고야
 두어라 이 다섯밖에 또 더하여 무엇하리."

해송海松은 청백의 기상氣相이다. 모시 적삼 흩날리는 선비의 모습 같다. 죽竹은 늙을수록 속내를 깨끗이 비워간다. 살을 에는 엄동설한에도 잎을 떨어뜨리지 않는다. 무쇠라도 녹일 듯한 염천에도 푸른 잎을 그대로 간직하고 있다.

"나무도 아닌 것이 풀도 아닌 것이 곧기는 뉘기시며 속은 어이 비었는가. 저렇게 사시四時에 푸르니 그를 좋아하노라."

구멍 뚫린 꼿꼿한 대는 대금으로 탈바꿈되어 사람들의 심금을 울리고 마음 밭에 푸른 댓잎을 일렁이게 만든다. 물은 사나운 폭풍을 동반하면 걷잡을 수 없지만, 본래는 겸손하여 우쭐대지 않는다. 항상 자신을 낮추어 아래로만 흐른다. 엉겅퀴 같은 성격보다 물처럼 조용하게 흐르는 사람을 만나면 내 마음마저 호수가 된다.

석石은 충정을 다하여 임금을 모시는 충신이다. 거친 파도에 시달려도 묵묵히 침묵하며 의리를 지키는 든든한 죽마고우竹馬故友다. 내 곁에 송죽수석松竹水石을 닮은 벗이 곁에 있다면 월야月夜에 동산에 올라 권커니 잣거니 해가며 밤새도록 풍류를 즐겨도 좋은 유배지 섬이다.

거제도에서 유독 오벗五友을 만날 수 있는 곳이 '함목'이란 해변이다. 몽돌밭은 그리 길지 않다. 겉으로 보기에도 평범한 자갈돌에 불과하다. 그러나 자세히 눈여겨보면 저마다 돌에는 독특한 무늬가 새겨져 있다. 해석海石 문양을 총망라한 만물상이라 불러도 손색이 없다. 거기에는 도시의 회색 문화에서 볼 수 없는 정다운 시골의 사계四季가 나그네들의 옷자락을 잡아끈다. 그 모양은 신기할 만치

매혹적이다. 백해무익百害無益한 냉방기보다는 여름날, 이팝나무 그늘에 펴놓은 평상에 모로 누우면, 이마를 스쳐 가는 높새바람이야말로 낮잠을 즐기기에 그저 그만이다. 풍광에 취하다 보면 가히 거제도의 송도 비경이구나! 하고 무릎을 '탁' 칠 것이다.

유배의 섬을 돌아 "푸른 해원을 향해 달리는 노스텔지어의 손수건"을 흔들었던 푸른 말을 타고 온 시인의 발자취를 쫓아가 보시라. 그의 문학관에 들러 사랑하는 이에게 편지를 쓰는 것도 매력적이다. 삼방산 기슭에는 무신정변으로 몰락한 유배 온 고려 의종의 혼이 서려 있다. 모르긴 해도 그로 인해 이곳을 유배의 섬으로 부르는지도 모른다.

이제 말고삐를 돌려 하청면으로 내달린다. 그야말로 비가 온 뒤에 우후죽순으로 솟아오르는 맹종죽으로 유명한 대밭 산지가 나온다. 산자락에는 비겁한 장군이 숨어들었던 칠천량해전의 유적지를 볼 수 있다. 이수도 섬에는 삼시 세끼 제공하는 민박집도 입소문을 자자하게 타고 있다. 태풍에 떠내려간 부모님의 농토에 돌을 쌓아 그 터를 지키며 매미 성이란 관광지를 개발한 효자도 있다.

이제 옥포만으로 넘어오면 이순신 장군이 승전고를 울렸던 국내 굴지의 조선소가 나온다. 대망의 꿈을 안고 유배지로 찾아든 외국인들을 심심찮게 만난다. 그들도 나처럼 살기 위해 섬으로 찾아들었겠지만, 유배지의 역사를 알고 있기나 할까. 문화를 알려면 그 나라의 역사부터 교육받으면 좋을 것 같지만 어디 그게 쉬운 일인가.

이방인인 그들에게 애국심을 강요하지 못한다.

한 고개 넘어 장승포 수변 공원에 두 다리 뻗고 앉았다. 이곳은 밤바다가 환상적인 유토피아를 연출하며 절정으로 치닫는다. 등댓불과 한데 어울려 섬은 아름답게 빛나고, 나는 멋지게 유배 생활의 향연을 즐긴다. 방파제에 앉아 물빛에 취하다 보면 지끈거렸던 편두통도 한순간에 사라진다. 쉼터에 놓인 야외 테라스에서 즐기는 차 한 잔의 여유는 유배 생활을 호사스럽게 만든다. 자연산 횟감을 맛보는 것도 빼놓을 수 없는 별미다. 비록 변방의 섬에 유배되었지만, 바다로 인해 특별대우를 받고 산다. 이제 유배지와의 이별 약속은 유효기간도 유통날짜도 없다. 삼십 대의 청춘이 묻혀있기에 쉬이 발길을 돌리지 못한다. 어째? 거제도에서 포로 되어 유배 생활 한 번 해보실래요?

## 상생相生에 대한 소견서

　사찰의 들목 지기는 곰솔이었다. 거북이 등처럼 갈라 터진 소나무 수피樹皮에 오랜 세월의 연륜을 새기고 있다. 한눈에 보아도 굴곡진 세파를 견뎌낸 흔적이 역력하다. 터실터실하게 튼 외피와 다르게 올곧게 올라간 나무기둥에선 기품이 묻어난다. 활엽수 나무에선 느낄 수 없는 침엽수만의 고고함이 서려 있다. 부석사 무량수전처럼 멋과 품위가 풍겼다. 그곳의 배흘림기둥에 기대서듯 곰솔 등에 기댄다.
　나무껍질에 새긴 곰솔의 삶을 자연적 현상이라고 평가절하 하고 싶지 않았다. 생명을 가진 존재는 반드시 만고풍상을 겪는다는 것도 의미 없는 듯하다. '영원한 건 없다'지만 영원해 보였다. 더듬고 스쳐 간 역사의 흐름을 낙관처럼 나무에 찍혀있다. 조선의 근대사를 어디까지 새겼는지 알 수 없지만, 원진국사의 흔적만큼은 나이테 속에 기록해 두었을 것이다.

사찰 둘레는 생명을 순환하는 종種이 더불어 공존하는 공간이었다. 나무의 뿌리는 잎사귀를 낳아 키우며 숲으로 어우러졌다. 우거짐으로써 잡다한 생명체들과의 상생 관계를 맺었다. 묵은 잎이 떨어지면 새잎이 돋아난다는 진리의 원칙에서 '소멸과 생성'을 공유하고 있었다.

곰솔 둘레를 자박자박 내디딘다. 송목으로 만든 벤치에 앉은 노인도 보인다. 솔잎은 떨어져 불쏘시개가 되었고, 기둥은 누군가의 앉을 자리를 위해 베어졌다. 풍경화를 보는 듯 벤치와 노인이 조화롭게 어우러져 한갓지게 보인다. 한 생애를 살아온 서로의 삶이 골이 팬 곰솔의 주름진 모습과 대동소이하다.

늙으면 삶 또한 느려지는 법인가보다. 더디게 걷는 발걸음이 좀처럼 잎이 다시 돋지 않을 고목을 닮았다. 그와 다르게 사찰 주변을 산책하는 여인의 의상은 봄에 핀 복사꽃처럼 화사하다. 아이 손목을 잡은 손등이 박달나무로 깎은 방망이처럼 매끈하다. 단풍잎을 발견하고는 책갈피에 끼워둔 추억을 줍고 있는 걸까. 두 바퀴째 사찰 경내를 맴돌고 있다. 까르륵대는 아이 웃음소리가 꽃눈처럼 날린다. 사람과 숲, 대웅전 단청의 조화로움이 아름다워 보이는 볕 좋은 한낮의 풍경이다.

곰솔을 사이에 두고 갈림길이 나온다. 잠시 생의 갈림길에 선 듯하다. 한쪽은 사찰 경내로 향하고 다른 쪽은 등산로였다. 누구나 삶이 고행이라고 느낄 때 위안을 받고자 하는 게 인간 본연의 마음이다. 비로자나불 보살이 눈앞의 생生이 허공에 뜬 새털구름이라며 선문답을 내려주었다. 선승의 가르침은 눈에 보이지 않기에 행복한 생을 붙잡고자 사람들은 문수보살과 보현보살을 찾는다. 기회를 빌미로 살아온 지난날의 삶을 성찰하고자 경내로 발길을 돌렸다. 여태껏 서푼짜리도 안되는 이기심으로 뭉쳐진 내면과 씨름하며 살았다. 석가여래 부처님은 내놓으라고 윽박지른 적이 없는 데 얄팍한 시줏돈 몇 푼으로 흥정하려고 든다. 예끼 고약한지고.

그곳, 보경사에 나의 추억도 묻어두었다. 오래 묵혀 곰삭은 채 발효해버린 영혼의 안식처였다. 이십 리 길을 걸어서 소풍을 왔었던 그 기억 속에 열두 살 소녀가 보인다. 도시락 통속의 수저가 서로 부딪치며 요란하게 딸랑댔다. 흐트러짐 없이 줄 맞추어 걷던 아이들이 피리를 불며 풍선을 흔들었다. 예나 지금이나 곰솔은 그 자리에 뿌리를 내리고 있었을 텐데 나이가 들고서야 비밀의 공간에 들어서듯 비로소 눈 속에 들어온다.

햇볕은 나무에 엽록소 운동을 시켰다. 나무의 성장을 위해 흙은 뿌리를 내리게 했고 울울창창 가지를 뻗게 했다. 흙은 땅속 공간을 생명이 존재한 것에 무한정적으로 평수를 무상으로 제공했다. 지하로 내려갈수록 정맥 같은 나무뿌리는 보은으로 바람에 흔들리지 않게 나무기둥을 단단하고 튼실하게 잡아주었다. 가지가 뻗어 나가고 잎사귀가 푸름을 더할수록 역사의 흐름마저 변해갔다.

　바닥의 흙과 하늘의 볕은 나무엔 생명수였다. 해거리할 적마다 종種은 달라도 풀뿌리까지 상생 관계를 유지했다. 비바람만 아니면 서로 마찰을 일으킬 일 없이 세상에 다정했다. 외풍이 들이칠 때마다 소리를 내며 바람을 향해 저항했다. 태풍이 할퀴고 가면 풀 잎사귀는 드러누웠고 나무는 날갯죽지가 꺾였다. 자연의 순리에 순응하며 봄이 오면 다시 굳건하게 일어선다. 푸른 솔은 솔방울을 매달고 풀뿌리는 땅을 뚫고 나온다. 그렇게 역사의 길목에서 어우러져 상생을 이어나간다.

　곰솔은 오랜 시간 질곡의 시간을 보냈다. 가녀린 묘목이었을 적엔 스님의 불경 소리를 들으며 꼿꼿하게 자랐고 바람과 비를 맞으며 몸피를 불리며 중장년이 되었다. 그늘에서 가끔 밀회를 즐기는 연인들의 사랑도 곁눈질로 훔쳐보는 재미도 느꼈다. 노송이 되어가면서 휴양림으로 우거져 등산객들의 쉼터가 되어주었다. 나이테가 몸을 휘감고 돌 때마다 내면 울퉁불퉁한 옹이가 박혔고, 나뭇가지 아래로 날아든 풀씨와 너나들이로 어울려 숲으로 우거졌다.

　해가 지면 우듬지 끝에서 샛별이 놀다 갔다. 둘레둘레 이웃도 많았다. 두견이랑 철새들이 팽나무 가지에 이사를 와 둥지를 틀었다. 서로 문안 인사를 하며 나뭇가지 사이를 오가며 그네를 탔다. 수컷은 싸릿대를 물고 와 울타리를 얹고 상량식을 했다. 어미가 잔가지를 쪼개 얼개를 엮고 벽지를 발랐다. 바람결에 흩날리는 보풀인 털스웨터를 물고 와 이부자리를 깔았다. 격정적으로 엘가의 '사랑의 세레나데'를 부르며 애정 놀이를 했다. 꿀맛 나는 신혼생활을 즐기다 사랑의 씨앗으로 다섯 개의 알을 낳았다.

가끔 남의 집을 기웃거리던 뻐꾹새가 있었지만 잃은 자식이 없었다. 암컷은 알을 품었고 수컷은 먹이를 물어다 날랐다. 새끼들은 노란 주둥이를 내밀고 어미가 물고 온 먹이를 납죽납죽 받아먹었다. 짹짹대며 노는 모습이 귀여워 곰솔은 혹여나 바람이 훼방을 놓을까 봐 조마조마했다. 새끼가 태어나면 식구들은 아빠 엄마 아기 모두를 위한 세레나데를 합창했다. 새 생명이 털갈이를 마치고 자립하여 둥지를 떠날 때까지 흐뭇하게 지켜보았다. 모두가 떠가고 빈 둥지가 되면 그때야 곰솔은 동면에 들었다.

온갖 생명체들이 상생 관계를 맺고 있는 숲속으로 성큼 들어선다. 비로소 자연 속에서 나를 찾는다. 새소리마저 한가로움을 보탠다. 그들과 일부분이 되는 순간 마음이 한없이 편안해진다. 저만치 등피 하얀 자작나무가 서 있다. 발가벗은 몸피가 너무 하얘 애처롭게 보인다. 껍질마저 벗어버린 그 나무 아래에다 수목장해도 좋을 것 같다.

## 앵무새, 솔숲에 잠들다

　길 끝나는 곳에 역사歷史가 있었다. 골목은 풀 위를 지나간 뱀의 흔적처럼 휘어졌다. 마을은 고요를 깨우는 듯 개 짖는 소리만 간간이 들린다. 근처엔 동물사육장이 있나 보다. 암모니아 냄새가 코끝을 자극한다. 우리 안에 갇힌 짐승들의 울음소리가 절규에 가깝다. 무릇, 존재를 알리는 생명체들은 저마다 방법이 확연히 다르다. 날짐승은 허공을 날며 울고, 들짐승은 어디서든 숨어서 운다.
　경주시 안강읍 육통리에 자리한 사적 제30호인 흥덕왕릉이다. 능묘陵墓의 둘레돌護石은 방위에 따라 12지신의 조각상을 세워두었다. 신라 제42대 왕(826~836년 재위)으로 성은 김씨金氏, 이름은 수종秀宗, 또는 경휘景徽의 능이였다. 아버지는 원성왕의 아들인 인겸仁謙이며, 어머니는 상오태후였다. 비妃는 소성왕의 딸 장화부인章和

夫人 김씨金氏이다.

주변에 늘어선 소나무가 퍽 인상적이다. 곧은 것 휘어진 것, 어느 것 하나 잘난 체하는 게 없다. 허물없이 한데 어우러져 서로에 기대어 천년의 역사를 속삭이는 듯하다. 솔숲을 걸으며 삼국사기三國史記 신라본기新羅本紀 읽는다.

어느 시대이든 왕릉王陵은 쉽게 범접할 수 없는 신神의 영역과 마찬가지였다. 이곳에 묻힌 나라님의 능은 어느 집 뒤뜰에 모셔 놓은 듯하다. 마을과 인접한 곳에 세운 건 필시 무슨 사연이 있음 직해 보인다. 나라님이 스스로 어명을 내리지 않고서는 불가능한 일이다. 본인의 사후死後까지도 하층민들과 가까운 거리에 살기를 원했던 게 틀림없다. 생生에서 사死까지 이어지며 백성들과 어울리기를 즐겼다면 그는 이미 왕의 권위를 벗어버렸다는 증거였다. 백성들의 삶을 곁에 두었던 타고난 구도자求道者나 다름없었으니 인생의 희로애락을 그 속에서 찾았을 거다. 그들과 어울려 허심탄회하게 술잔을 기울였던 한량 기질을 가진 분이었을 지도 모른다. 인자하고 자애로웠던 국왕을 백성들이 어찌 섬기지 않았으랴.

흥덕왕은 장보고를 통해 신라의 해상장악력을 키웠다. 삼국시대를 통틀어 가장 해상무역을 활발하게 번창시킨 왕이었다. 그러나 가정사만은 그렇지 못했다. 제위에 오르자마자 장화 부인이 유명을 달리해 상처喪妻하게 된다. 아이러니하게도 해상무역을 키웠던 그 바다에 아들 능유마저 잃어버린 비운의 왕이기도 하다.

"척조隻鳥도 자기의 짝을 잃으면 슬퍼하는데, 하물며 좋은 배필

제2부 유배의 변 **113**

을 잃고 나서 어찌하여 무정하게도 다시 부인을 얻겠는가?" 장화 부인을 너무 사랑한 나머지 죽을 때까지 시녀조차 곁에 두지 않았던 로맨티시스트 순정남이었다.

앞서간 부인을 그리워하는 왕을 위해 사신이 국왕께 앵무새 한 쌍을 선물했다. 운명의 장난이라고 말하면 너무 통속적인가. 암컷이 먼저 죽고 말았다. 암컷을 잃어버린 수컷의 울음은 밤낮을 가리지 않았다. 보다 못한 왕이 앵무새가 앉은 곳에 거울을 걸어주었다. 수컷은 짝을 얻은 줄 알고 부리 끝이 닳도록 지저귄다. 아무리 속삭여도 화답조차 없음에 결국, 그게 바로 자기 모습임을 알고 울다 울다 죽었다는 일화가 있다. 왕은 앵무새를 장화 부인이 잠든 솔숲에 묻었다.

그 품 안에 안기는 듯 왕릉 가까이 다가선다. 능의 주변엔 곰솔이 문지기처럼 빼곡하게 늘어섰다. 어느 것 하나 곧은 게 없다. 가지마다 얽히고설킨 게 천태만상이다. 어진 임금을 모셨던 순한 백성들과 닮아있다. 휘어진 것일수록 역사를 뿌리내리며 굴곡진 시대를 반증하고 있다.

바람이 분다. 소나무 숲이 만찬장으로 변한다. 소나무가 펼치는 군무가 꽤 볼만하다. 어디서 이만한 굿판을 구경하랴. 왕비를 떠나 보낸 왕을 위로하고자 백성들이 떼를 지어 춤사위를 펼치는 듯하다. 화늘 바람에 흑송이 굽은 허리를 일으켜 세우고 두 팔을 벌려 자진모리장단을 울린다. 곰솔은 농주에 취해 논두렁을 걸었던 아비 모습을 닮았다. 앉은뱅이는 서숙 밭에 앉아 김을 매던 어미 등에 업힌 우는 아이의 울음소리 같았다. 모두 한데 어울려 곱사춤도 추고 어름사니처럼 한마당 놀이판을 펼친다. 이날만큼은 술에 취해 엎어지고 잦혀져도 금송은 곡해하지 않았을 것이다.

솔숲에서 새가 지저귄다. 왕릉을 지키는 텃새이거나 까막까치 같기도 하다. 어쩌면 환생한 장화 부인을 대신한 두견이인지도 모른다. 적적해하는 국왕의 혼을 위로하듯 향가를 부르며 솔가지 사이로 그네를 탄다. '오냐, 오냐.' 마음껏 즐기려무나. 나라님이 손뼉을 치며 박장대소한다. 앵무새도 따라 꽁지깃을 나풀거리며 노래를 한다. '그래, 그래 날자꾸나. 어서어서 이리 날아와 내 품에 안기려무나. 너와 내가 나눈 사랑 백성들과 함께하자. 너는 노래를 불러라. 나는 만백성의 손을 잡고 천년 역사 지켜갈 것이다.' 죽어서도 비妃와 함께한 왕의 순애보가 눈물겹다.

흥덕왕이 왕관을 벗고 곤룡포 자락을 흩날리며 승무를 춘다. 인생사 일장춘몽一場春夢이더라. 궁중당의宮中唐衣를 차려입은 장화부인과 손을 맞잡고 춤을 춘다. 물아일체我一物體 무위자연無爲自然으로 돌아간다.

한낮에 왕의 능에 기대어 장자의 호접지몽胡蝶之夢에 취하다 황소 울음에 화들짝 놀라 현실로 돌아온다. 거짓말같이 모자에 가시멧노랑나비 한 마리가 앉았다 날아간다. 흥덕왕릉 묘소에 가면 곰솔이 춤을 추는 무풍한송로舞風寒松路에서 흘러간 역사 속에 한 남자의 순애보를 만날 수 있다.

## 바람이 전하는 말

 사철 푸른 잎을 지닌 대나무를 두고 올곧은 선비의 정신이요, 속은 비어 있으나 곧게 자라니 지조와 절개의 상징물로 여겼다. 또한, 쌍청雙淸이라 하여 굽히지 않는 세 벗(대나무, 소나무, 매화)에 비유했고, 오우五友라 하여 다섯 가지의 식물(매, 란, 국, 죽, 송) 중에서도 차지하는 비중이 지대하다.
 그 식물들을 나름 사계四季로 나뉘어보면 매일생梅一生 한불매향寒不賣香이라! 역시 봄의 대명사는 매화가 틀림없다. "대는 서리 내린 뒤의 고요함을 사랑하고 매화는 섣달의 그윽한 향기를 읊조리네." 뻐침의 미학을 지닌 난은 세작 같은 고 간들간들한 잎으로 사람의 애간장을 녹인다. 서리 맞은 국화는 아이를 한 다섯쯤 낳은 중년 여인의 펑퍼짐한 엉덩이처럼 살갑다. 참깨를 흩뿌린 듯한 주근

깨가 다문다문 새겨진 정겨운 얼굴을 마주하는 듯하다. 나잇살 들어가며 마시는 황국 차향은 노년의 삶까지 관조觀照케 한다.

그럼 대나무竹는 어디에다 비유할 건고? 이거야말로 동진東晉의 도간陶侃이라.

하루는 손님이 왔으나 가난하여 대접할 것이 없자 아내가 머리카락을 잘라 손님을 정성껏 대접했다는 절발역주截髮易酒다. 사흘 내리 굶어도 글만 읽는 선비의 자존심이다. 땟거리야 떨어졌든 말든 책만 읽었다니 기가 막힐 노릇 아닌가. 작금의 시절에는 턱도 없는 말이다. 굶어가면서 그 꼴 보고 인내할 춘향이가 몇 명이나 있을까. 눈 씻고 찾아도 드물 게다. 차라리 산뜻이 갈라서고 말지. 복권 당첨되면 도망가는 이몽룡도 세고 셌다.

매화는 엄동설한을 견뎌내서야 꽃이 핀다. 매향이 코끝을 간질이면 암흑의 땅속도 기침한다. 겨우내 얼어붙었던 산야를 죽순이 창으로 무장한 채 치받고 오른다. 일 년이면 일제에 항거한 민초民草들이 응집하듯 울울창창 숲을 이룬다. 바람이라도 불라치면 함성은 계곡을 넘어 대한해협으로 달려간다. 대나무 빗자루로 쓸어내어도 시원찮을 그들의 만행에 몸서리를 친다. 역사의 피해자인 소녀상은 오늘도 장승포항을 바라보며 일제의 사과謝過를 기다리며 목을 놓고 있다.

맹종죽 숲을 찾아간 날은 8월의 뙤약볕이 내리쬐고 있었다. 거제의 관문인 고현을 통과하여 연초 삼거리에서 하청 방면으로 꺾어

들면, 칠천량이 펼쳐진다. 어쩌면 패전한, 비겁한 애국자가 줄행랑을 놓을지도 모를 언덕바지에 거제맹종죽테마파크 단지가 자리하고 있다.

여기저기 불쑥불쑥 하늘을 무찌를 듯한 기세를 쳐다보면 어느 것이 댓잎이고, 하늘인지 그 끝이 아득하다. 열병하듯 늘어선 대숲길을 걷다 보면 무림의 고수처럼 이산 저산 날아다니는 듯한 착각마저 들었다.

대나무 숲길을 쉬엄쉬엄 에돌아 오르면 8부 능선쯤에 휴게소가 나온다. 촘촘하게 설치해놓은 지압 대竹를 밟는 순간 오장 육부가 사혈 침을 맞는 듯 시원하게 뚫린다. 적막한 바다 위쪽으로 한낮의 햇살이 하얀 폭죽을 무수히 터뜨려 놓았다. 야외 벤치에 앉아 준비해간 도시락을 먹고, 차茶를 마시다 보면 그 순간만큼은 노블레스 오블리주(noblesse oblige)의 주인공이 된다. 그러다 대나무와 나란한 편백 아래 놓인 평상에 죽비를 껴안고 누우면 신선이 따로 없다.

등줄기를 타고 흐르는 땀방울이 식을 즈음 정상부근에 도착했다. 체험과 모험을 즐길 수 있는 테마파크공원이 조성되어 있다. 다양한 이벤트는 물론, 스릴 만점의 서바이벌 체험현장은 등골에 고드름을 돋게 만든다. 대나무로 제작되는 공예체험을 즐기는 묘미 또한 빼놓을 수가 없다.

전 세계적으로 대나무의 종류는 500여 종이 넘는다고 한다. 우리나라는 오죽, 해장죽, 왕대, 조릿대 등 열네 가지 정도가 그 분포를 이루고 있다. 오죽은 감죽 상반죽 등으로 유사한 명칭과 동일시되고, 잎사귀가 녹색이었다가 이태가 지나면서부터는 자흑색으로 변한다. 꽃은 약 60년을 주기로 피는데, 주로 관상용으로 재배된다고 한다. 그중에서도 화본과禾本科에 속하는 맹종죽은 그 키가 활대 장상만 하여 대나무 중에 호걸이라 칭해도 과언이 아니다.

　*거제로 유배 온 김진규 선생(1689~1694)의 글에 의하면 "대나무는 진쯥왕휘지王徽之가 '차군此君'이라 일컫고, 청색 바탕에 주옥처럼 아름답다고 '청랑간靑琅玕'이라고도 했다. 죽순을 '용손龍孫'이라 하고 '푸른 옥 묶음'같다고 '창옥속蒼玉束'이라 부르기도 한다. 갓 돋은 죽순은 '금맹錦萌'이라 하는 데, 백거이白居易는 죽순을 먹으니 열흘이 넘도록 고기가 생각나지 않았다고 전한다."

　그는 또 거제의 대나무에 대해서도 소상하게 밝히고 있다. 자랄 때는 많은 스승 중에도 특히 뛰어나며 강직하고 곧음이 훌륭하니 여우나 미꾸라지에 견주리오. 한번 결정된 대로 곧게 자라고, 자라는 중간에 잘리면 그 자리에서 자라기를 멈춘다고 하니 그야말로 성질 한번 대쪽 같다.

　사실인지 확인할 수 없지만, 거제 하청면의 맹종죽이 얼마나 우거졌으면 임진왜란 때 옹졸한 어느 장수가 대숲으로 탈출했다는 전설이 우스갯말처럼 전해져 내려온다. 두 가지의 음식을 소개한 바 있는데 '거제 시래기 죽'과 '죽매면'이다. 그중 하나인 죽매면은 죽순을 잘게 썰어 분말 내고, 죽순 가루와 콩가루를 물에 넣고 매실청을 가미하여 새알심을 비빈다. 거기에다 벌꿀로 맛을 가미하니 그 맛이 기이하다. '죽매면'을 먹고 난 소감을 "죽순과 대나무는 잘 어울리는 음식이라며 죽매면 찬가"를 7언 한시로 남겨 놓았다.

식용 가능한 맹종죽은 우리나라 전체 생산량에 85%를 가량이 우리 거제도에 생산되고 있다. 죽순은 단연 우리 고장의 최고의 특산물이다. 그러니 가히 명물이라 하지 않을 수 없다.

5월이면 검은 털이 에워싸고 있는 죽순을 쪼개면 노르스름한 속살이 나온다. 약간 아린 맛이 남으니 삶아서 쌀뜨물에다 재워서 냉동실에 보관하면 두고두고 댓잎 향기를 맡을 수 있다. 죽순은 단백질 탄수화물 칼슘 등 영양소가 풍부하고 골고루 함유되어 있어서 성인병 부인병 등 식이요법에 탁월한 효능을 지니고 있다.

맹종죽에 관한 유래에 보면 재미있는 설화가 있다.

중국 고금의 저명한 효행자 24인을 수록한 '이십사 효'종 한 명인 맹종은 삼국 시대 오나라 강하 사람으로 오랫동안 병상에 누워 있던 그의 모친이 한겨울 대나무 죽순을 먹고 싶다고 하여 눈에 싸인 대밭으로 갔지만, 대나무 순이 있을 리 만무했다. 대나무 순을 구하지 못한 맹종은 불효를 한탄하며 눈물을 흘렸다. 그러자 하늘이 감동하여 눈물이 떨어진 그곳에 눈이 녹아 대나무 죽순이 돋아났다. 하늘이 내린 이 죽순을 삶아 드신 어머니는 병환이 말끔하게 나으셨다. 이로써 맹종죽이 효를 상징하는 하나의 의미가 되었다. 눈물로 하늘을 감동하게 해 죽순을 돋게 했다고 맹종설순孟宗雪筍이란 고사성어가 있다.

사람들의 입에서 입으로 전해지는 효자에 관한 전설이 어디 맹종에만 있었겠냐만, 엄동설한에도 죽지 않고 눈밭을 뚫고 나오는 그 기상은 일 년이면 육척장신의 기골을 갖춘다. 서로 내기하듯 위로만 치오르지, 결코 내려다보는 법이 없다. 겹겹이 에워싼 껍질은 그 어느 것의 범접도 허용하지 않겠다는 태세였다.

대나무 하면 단연코 선비의 지조요, 절개라고 일컫는다. 하지만 나는 무녀와 점쟁이부터 떠오른다. 명조 엄마가 작두를 타고 내림굿을 받던 날, 만신은 잡귀를 몰아낸다며 악다구니 쓰듯 요령과 대나무를 교대로 흔들었다. 휘파람을 불며 동전을 굴릴 때는 오금이 다 오그라들었다.

샤머니즘의 어떤 원리가 작용했는지, 그 뒤로 명조네! 집 사립문에는 오방색 색실을 묶은 대나무가 장승처럼 서 있었다. 바람이라도 불면 을씨년스럽게 서걱거렸다. 그 집 앞을 지나려면 금방이라도 사천왕이 튀어나올 것 같아 오금이 다 저렸다.

죽순 요리에 대통 밥상을 받고, 대통 술맛에 거나하게 취기가 오르니 세상 무서울 게 없다. 속이 빈 것을 만나서 속을 채우니 '신충백수가信忠柏樹歌'가 절로 나온다. 이것 보쇼, 맹종죽 양반! 속이 뻥 뚫린 위인이 곧기는 어이 그리 꼿꼿하신가? 그 비법을 만천하에 공개할 의향은 없으신지? 호랑이는 무서워도 가죽은 탐이 난다는 말처럼 세상천지가 온통 그 짝 났소. 서로 벼슬자리 차지하려 난리들입니다. 음향기기가 전국 방방곡곡을 울리고 마이크 들고 고함들을 질러댑니다. 상대편을 향해 서로 삿대질을 해가며 입씨름들을 해대니 정신이 혼란스럽습니다. 내 몫 네 몫 따지다 도낏자루 섞는 줄 모르는가 봅니다. 청빈한 위인의 교훈이 절실하게 그리운 현실입니다그려.

---

\* 참고문헌 : 거제도 유배고전문학 총서: 고영화(高永和) 엮음.

## 서시序詩 별곡

1

맞배지붕이 이음새를 잇고 있다. 선線의 아름다움이 사람 인人을 닮았다. 살가운 벗友끼리 우정을 약속하듯 서로의 어깨를 마주 얹고 있다. 한옥이 풍기는 멋은 묘한 끌림이 있다. 대늘보를 세운 여러 개의 주심포柱心包공법으로 지붕의 무게가 분산되도록 건축되었다. 추녀 끝을 살짝 들어 올린 게 여인의 버선코를 닮았다. 주변의 산명수청山明水淸과 잘 어울렸다. 한 번쯤 널찍한 한옥의 대청마루에 앉아 합죽선을 흔들며 망중한을 즐기고 싶다.

경상북도 문화재 제397호인 괴정槐亭은 유학자인 가정 이곡과 아들인 목은 이색의 유허지에 괴정槐亭 남준형南峻衡이 지은 정자였다.

고려 시대 선비인 목은 이색 선생의 출생지로도 유명한 곳이다. 한옥과 한복과 조선 선비의 지조志操가 어우러진 영해면 괴시리 마을이야말로 우리의 전통미와 선비의 올곧음을 빛나게 한다.

남씨 괴시파 종택에서 백회재 고택까지 이백 년 된 전통 한옥 삼십여 동이 보존되고 있었다. 남준형은 관직에 나가지 않고 학문 연구와 후진 양성에 전념하였다. 인간이 갖춰야 할 기본예절은 노인의 공경을 우선했고, 민생을 돌보는 일에 소홀하지 않아 향민鄕民들의 칭송이 자자했다고 한다.

"한 치 벌레에게도 닷 푼 결기決起는 있다."지만 예전 여인들은 가정을 위해 자신을 내려놓고 헌신만 했다. 유교적 관습은 '충과 효'를 으뜸에 두었다. 양반 가문에서는 체면을 중시했으며 철저하게 뼈대를 자랑했다. 여자들에겐 귀먹고, 눈멀고, 벙어리 삼 년까지 특수한 강제적 장애의 올가미를 씌워 족쇄를 채웠다.

무심한 척 뒷짐 지고 남의 집 담벼락을 슬쩍슬쩍 넘어다본다. 열아홉 새댁으로 살았던 어머니의 애잔했던 삶들이 눈앞에 어른대는 듯하다. 기와집을 바라보며 지냈을 저 초가 마당 한 귀퉁이를 맴돌며 어른들의 명령에 복종하며 살았을 테지. 일찍 외할아버지를 잃어버린 어머니는 그 얼굴조차 기억이 없다고 했다. 그걸 약점 삼아 행실 없이 자랐다는 시어른들의 말은 어머니 가슴에 비수로 꽂혔다고, 그 서러움을 뒷산에서 우는 두견새나 알아주었을까. 열두 번도 더 차려냈을 교자상이었지만 정작 본인을 위해선 개다리소반도

차리지 않았다.

 그 골목을 휘돌아 나온다. 큰아버지의 불호령이 환청으로 발등에 떨어진다. 큰댁의 기와지붕을 올릴 때 아버지는 또 얼마나 많은 황토를 등짐으로 져 날랐을까. 어쩜, 그렇게 기시감이 들었을까. 앞서 걷는 등 굽은 노인이 아버지의 뒷모습 같다. 지게 짐 벗을 날이 없었던 그 삶 또한 바늘에 찔린 듯 마음이 따끔거린다.

 답서答書에 가름하며 목은 이색 선생의 기념관으로 향한다. 선생은 고려 시대 정치가였다. 불교의 폐단을 없애고 과거제도를 개혁했으며 토지제도를 바로 잡았다. 학교 교육에 앞장선 교육가로서 성균관을 건립하여 학자들을 배출했다. 불교 사회를 성리학으로 끌어낸 대문호이기도 하다. 그가 남긴 시는 6,000수가 넘으며 통곡 문장의 제일 대가로 정평이 나 있다.

 선생의 사상은 천인 무관을 지향했단다. "물고기가 물에서 놀며 소리개가 하늘에서 날듯이 사람도 하늘과 함께한다고 했다." 이는 모두 저절로 그러하여 자연으로 회복하는 본연지성本然知性이 인간에게 있다고 가르쳤다. 하늘이 하늘다워야 하듯이 사람이 사람다워야 함은 충忠과 효孝는 사람이 어길 수 없는 본연이라며 이를 실천하길 강요했다.

 인간 본래의 선한 마음은 마음속에 있음을 주창하며 성선설에 무게를 두었다. 존천리알인욕存天理遏人慾. 항상 깨어있는 상태로 욕심에 휘둘리지 않고 더불어 호연지기를 설법했다.

선생은 관료보다 학문에 뜻을 두었다. 성균관을 건립하고 성리학을 기초로 한국교육사상 신기원을 마련하였다. 세습되는 권문세족을 배격했으며 엄정한 심사를 통해 과거제도 개혁했다. 인제에 공정함에 평등으로 그 문하에서 정도전, 조광조를 비롯하여 맹사성 등 걸쭉한 인재들을 배출해냈다. 그들은 고려 말 조선 초기에 중추절 정치 세력으로 크게 활동하였다.

선생이 평생 추구한 것은 유교적 공자와 학자로서의 길이였다. 주옥같은 장대한 문학과 성리학의 실천적 교육사상은 현대를 살아가는 우리들의 마음속에 영원히 남아있게 했다.

목은 이색 선생과 나옹선사가 동향이란 게 뜻밖이었다. 두 사람은 자연과 더불어 청렴결백함까지 닮아있었다. 삶의 본질은 자연에서 비롯된다는 걸 일찍부터 깨달은 것도 일맥상통하다. 나옹선사의 비문碑文을 이색 선생이 찬撰하였다는 것만 보아도 친분 사이가 예사롭지 않았음을 보여준 사례였다.

2

내친김에 나옹선사가 기거했다는 장육사裝陸寺로 발길을 돌렸다. 영덕군 창수면 갈천리에 자리한 장육사裝陸寺는 대한불교 조계종 제11교구 본사인 불국사 말사이다.

서기 1355년 고려 공민왕(재위 1351-1374) 때 나옹왕사가 창건

한 사찰이었다. 경상북도 유형문화재 138호인 대웅전은 앞면 3칸 옆면 3칸의 규모로 지어졌다. 목은과 나옹, 두 분은 성격만 닮은 게 아니라 건축물까지도 사람 인人을 우선에 두고 맞배지붕을 세웠다.

구름이 모였다 흩어진다는 운서산雲棲山자락이다. 해발 520. 산등성이에 내려앉았던 구름이 하늘을 타고 오른다. 나옹선사가 서시를 읊으며 걸었던 자드락길엔 등피 붉은 금강송들이 집결된 군인들처럼 빼곡하게 각을 맞추고 섰다. 마음속까지 얼어붙게 만드는 청산리 골짜기를 밟으며 오욕칠정五慾七情에 물든 오물을 걷어낸다. 열린 입으로 산문山門 밖에서 내뱉었던 무수한 실언들에 침묵한다.

일체유심조一切唯心造. 욕심이 핀 마음 밭의 지심을 매야겠다.
"까마귀 노는 곳에
백로야 가지마라"
목은 이색선생은 교육자답게 세상에 물들지 말기를 일깨웠다. 임금은 입금다워야, 신하는 신하다워야 됨을 강조했다.
"靑山兮要我以無語 (청산혜요아이무어).
蒼空兮要我以無垢 (창공혜요아이무구)."
구름이 모였다 흩어진다는 운서산자락에서 나옹선사는 고승답게 청산과 더불어 그렇게 살기를 노래했다. 두 분의 시상詩想은 고려 시대를 배경으로 하고 있다. 삶의 고뇌와 비애를 노래했던 고려가요 중에서 뛰어난 작품으로 손꼽히는 '청산별곡'을 견주지 않을 수 없다.

"살으리 살으리랏다

머루랑 다래랑 따 먹으며

청산에 살으리랏다"

수많은 학자가 언급한 '청산별곡'을 모르는 이는 많지 않다. 작자 미상의 작가는 신분계층이 낮은 서민이었거나, 몰락한 양반일 거란 짐작이 뜬소문처럼 떠돈다. 어지러운 세상을 등지고 청산에 칩거하면서 지어낸 시$_{詩}$임에 틀림없다.

"가던새 본다 가던새 본다.

물아래 가던새 본다"

여기서 시 구절에 등장하는 그 청산은 운서산 같고, 물아래 가던새는 동해안 어느 바닷가를 날던 물새가 아니었을까. 영덕군 괴시리 마을과 장육사 사찰에 가면 빈처$_{貧妻}$에게도 행복을 주는 서시 별곡이 있다.

# 충녀忠女의 비애悲哀

1

 우스갯말로 여성의 신체 부위에서 허리둘레를 중부 전선이라고 부른다. 그곳은 위대한 생명을 품었던 모태의 성지였다. 갱년기를 앓으며 헐거워진 쌀가마니처럼 늘어난 뱃살을 출렁거리며 아낙들이 파티를 즐긴다. 현란한 미러볼 아래서 무희처럼 춤을 춘다. 지금껏 내면에 감추고 살았던 끼를 원 없이 발산한다. 그들을 옭아맨 건 누구였던가. 남편과 자식, 어쩌면 그들에게 충성 맹세를 서약한 가정이란 울타리였을 것 같다.
 고속도로를 달리는 45인승 관광버스는 이동식 클럽이었다. 현행법상 차안에서 즐기는 음주 가무는 엄연히 불법이다. 하지만 그 순간만큼은 널뛰는 흥을 주체하지 못한다. 거의 광란에 가까운 춤판에 운전사도 어쩌지 못한다. 막걸리 한 잔까지 보태져 기분이 알딸딸한데 찬물을 끼얹을 수 없다. 하루 임무를 오롯이 아낙들을 위해 헌납했으니 싫든 좋든 인내가 필요하다. 잘하면 가욋돈에 삼시 세끼 식사까지 대접받기로 구두로 약조된 처지였다.

차량 실내는 미러볼이 현란하게 돌아가며 조명을 쏘아댄다. 주부 생활에 지친 아낙들은 스트레스가 많이 쌓인 모양이다. 육아 독박을 쓰고 경력단절이 되어버린 후배들을 위해 늙은 선배는 못 본 척 눈감아 준다. 일자리는 없고 경제마저 늪에 빠져 한몫 거드니 그 속인들 오죽하랴. 오늘만큼은 마트의 캐셔 일도, 식당의 허드렛일도 손 놓았다. 그러니 지노귀 굿판이라도 펼칠 기세다.

나이 든 세대들은 현모양처가 여자의 본분인 줄만 알고 살았다. 요즘 젊은 세대들은 맞벌이가 아니면 경제적 어려움에 부닥친다. 홀벌이만으로는 오르는 주택비용과 생활비를 충당하기에 역부족이다. 돌 지날 무렵부터 들어가는 아이들 교육비며 치솟는 물가를 감당하며 처절하게 몸부림친다. 운 좋게 내 아이처럼 돌봐줄 돌봄이모님이라도 만나면 복권에 당첨되었다며 감격의 눈물까지 흘린다. 세상살이가 다 그런 거라고 말하기엔 낯두꺼운 위로에 불과하다. 아무리 삶이 팍팍하다손 쳐도 결혼은 하지 않겠다, 거기다 몽니 부리듯 아이마저 낳지 않겠다고 으름장을 놓으니 이 무슨 기괴한 반항이란 말인가. 나라님의 경고장을 받고 자식을 둘만 둔 노파의 심정을 어떻게 대변할까. 머잖아 인구 소멸국가에 등재될 나라의 장래가 걱정스럽기까지 하다. 자식을 낳아 길러봐야 부모 마음도 알고 아이 키우는 재미도 솔찮히 느낀다. 남이 장에 가니 거름 지고 장에 가도록 여론마저 부추기는 건 옳지 않은 처사이다.

 차량 내에서 가무를 즐기는 것에 찬반 의견이 엇갈렸다. 이왕 나선 김에 딱 한 시간만 즐기는 것으로 합의를 본다. 물 만난 고기가 따로 없다. 콜라텍에서 발바닥이 닳도록 익힌 솜씨는 아닌 듯하다. 잠든 아기 재워 놓고 기저귀 씻고. 일터 나간 남편을 위해 저녁 찬거리 사러 시장통을 바쁘게 뛰어다니며 익힌 걸음걸이 같다. 각설이 품바타령이 따로 없다. 사람들을 호려 잡아 웃음의 도가니로 몰아넣는다. 자이브, 차차차. 룸바. 그딴 건 몰라도 좋다. 그냥 흥에 겨워 몸을 흔들며 그게 춤이 되었다. 배꼽을 틀어쥐고 손뼉을 치고 눈물까지 짜내게 했다.
 원래 한민족은 흥이 많아 굿거리장단만 들어도 어깨를 우쭐거린다. 스텝이 꼬여도 막춤은 구경꾼들을 오히려 신나게 만든다. 긴 머리를 풀어헤치고 온몸을 마구잡이로 흔들어댄다. 헤비메탈 그룹사운드 팀 수준이다. 갑자기 내 몸마저 옴이 옮아온 듯 근질근질하다. 무슨 일이든 기회를 잡기란 쉽지 않다. 때를 놓치면 평생에 두 번 다시 오지 않을지도 모른다. 좋아, 누가 권하지 않아도 스스로 자폭하듯 자리에서 벌떡 일어났다. 아직은 청춘이 식지 않은 아낙들을 어찌 따라가랴. 스카이 콩콩 타듯이 몇 차례 공중 뛰기로 흐느적거리다 그만 털썩 주저앉고 만다.

'백제의 가을 사랑에 젖는다'란 플래카드를 내걸고 부여를 향해 달려간다. 차량에 갖춰진 기계 시스템은 기분 내기 좋게 꾸며 놓았다. 노래방 인기 순위도표 상위에 링크되는 곡이 '짜잔' 울렸다. '백마강'에 고요한 달빛이 내려앉는다. 고란사 종소리는 구곡간장을 찢으며 백제의 꿈을 그립게 만든다. 따라 부르지 않을 수 없다. 낙화암 그늘 속에서 추풍낙엽처럼 떨어진 삼천궁녀를 불러본다.

2

백제가 멸망하던 날 달이 휘영청 밝았을까. 부소산성과 사비성이 함락되고 당나라군이 진입하자 백제는 존폐의 갈림길에 섰었다. 의자왕과 여러 후궁은 죽음을 면하지 못할 것을 알고 서로 이르기를 차라리 자살할지언정 남의 손에 죽지 않겠다며 서로 이끌고 백마강에다 몸을 던졌다. 삼천궁녀는 말이 없고, 이야기의 주제만 전설 속에 남아있을 뿐이다. 그것이 나중에 삼천궁녀로 희화되었다. 의자왕의 궁녀가 삼천이나 되었다는 것은 후세에 그가 방탕한 폭군이었음을 증명케 하는 진실이었을지도 모른다.

진나라 진시황이 불로초를 구하려고 동남동녀 삼천 명을 보냈다는 전설처럼 의자왕의 방탕과 음란함이 그에 못지않았다는 해석이 지배적이었다. 그를 본떠 의자왕의 궁녀도 삼천 명으로 부풀린 것이었을까. 떨어져 죽은 사람이 궁녀뿐이겠는가? 백제의 많은 아녀자는 그 누구를 위해서 꽃다운 청춘과 생명을 아낌없이 바쳤을까.

의자왕의 전설 속에 숨은 한 가지 교훈은 후궁들이 나라를 위해 최후를 마쳤다는 것이다. 그것은 일반 백성들이 국왕에 대해 엄청난 충정을 강요당했기에 외려 그들이 대신해 헌신한 게 아니었을까? 충성과 의리, 존귀함과 권력, 명예, 책임. 이런 것을 그들의 미덕인 양 위선의 탈을 쓰고 위장을 했을 수도 있었다. 일반 서민들을 현혹하려는 방편으로 특권층인 그들은 마치 선천적으로 미덕을 지닌 지배자로 이 세상에 태어났다고 최면을 걸었을 겁니다. 그래서 불쌍한 백성들은 육체와 정신을 지배당하며 그들에게 충성했었다. 재물과 노동을 받고서 충심으로 섬겼던 왕은 나라가 망하던 날 자신의 생명을 마감했다.

충신 계백은 가족을 죽이고, 자신도 전쟁터에서 목숨을 바친다. 우리는 계백이 장렬하게 전사했다는 사실만 알지 항복해서 포로가 되었는지는 알지 못한다. 삼천궁녀 역시 나라의 절개를 지켜내려고 낙화암에서 추풍낙엽처럼 떨어져 죽은 것인지, 그것 또한 명확한 증거로 증명된 바 없는 것 같다. 설사 터무니없는 전실로 남겨졌을지언정 그녀들은 진정 충녀忠女였다. 오늘도 지난 역사의 전설만 백마강을 유유히 흐를 뿐이다.

"백마강에 고요한 달밤 아래 철갑 옷에 맺은 이별 못 메어 울면 계백 장군 삼척 검에 임 사랑도 끊어졌다. 아~ 오천 열사 피를 흘린 황산벌에서 불러본다 삼천궁녀를…"

의자왕과 후궁들의 죽음을 궁녀로 바꾸어 놓은 사람은 사실은 <삼국유사>의 저자 일연스님이었다. 그도 어떤 증거나 확신을 두고 궁녀라고 이야기했던 것은 아닌 듯했다. 그러나 일연은 의자왕이 당에서 사망했다는 사실을 알고 있었고, 몽골의 전란이 전국을 휩쓸고 다니던 자신의 시대를 살면서 국왕과 귀족이란 인물들이 얼마나 이기적이며 위선적인 집단인가를 눈으로 보며 살았다고 한다.

우리는 무슨 일에서든 때와 시기가 있다고 말한다. 학업에 충실해야 할 시기에는 배움을 실천하고, 결혼적령기는 혼인하여 자식을 낳는다. 구시대적 삶에는 모든 걸 웃어른들의 강요가 삶의 지표처럼 작용했다. 20세기 말부터 변화과정의 추세는 젊은이들의 인격체를 개성파로 만들어갔다. 결혼은 선택이지, 의무가 아니라며 자신을 위해 산다는 '아모르파티'을 주창했다.

예전에는 가문의 대를 잇고, 죽어서 선조들을 뵐 면목이 없다는 걸 구실삼아 여자들은 배움의 기회를 얻지 못했다. 가난한 집안의 맏이는 동생과 부모님을 자신의 꿈을 포기하거나 희생했다. 방송대학교는 중장년층들을 배움의 기회를 제공해주었다. 뒤늦게 그들과 만나 가을 여행에 합류했다. 나이 불문 성별 불문 모두 하나 되어, 삼천궁녀의 혼이 서린 부여 땅을 더듬었다. 나는 오늘 하루만이라도 그들을 충녀라고 부르고 싶었다.

**제3부**

# 아름다운 그 이름

## 스파이더맨(Spiderman)

　벽을 타는 남자가 있다. 밧줄에 몸을 묶고 아파트 외벽에 매달렸다. 동이 틀 무렵부터 공중부양한 채 몇 시간째 회색 건물에 색조화장化粧을 입히고 있다. 밧줄 한 가닥에 목숨을 의지하고 어름사니처럼 공중그네를 탄다. 허공에 뜬 몸이 괘종시계 추처럼 흔들린다. 보는 이의 마음마저 고압전선에 감전된 듯 찌릿찌릿하다. 아파트 외벽은 거대한 캔버스였고, 그는 노련한 화가였다. 날다람쥐가 상수리나무 타듯 재바르게 오르내리며 그림을 그린다.
　붉은 햇살이 그의 야윈 어깨 위에 따습게 내려앉는다. 발끝으로 콘크리트 외벽을 터치하며 색을 입힌다. 붓질할 때마다 지상의 낙원이 세팅되고 있다. 빗물에 씻기지 않게 기름 섞인 물감으로 유화를 그린다. 한나절이 못되어 다복솔 위에 학이 노니는 한 폭의 동양

화인 학마을이 탄생했다. 그 일은 상당한 예술의 경지를 터득한 고난도의 기술이 필요해 보인다. 우선 그림을 그리는 마음이 아름다워야 할 듯하다. 노동의 대가야 따르겠지만 타인의 안락한 삶을 위한 자신을 헌신하는 일이다. 그 풍경화를 베개 삼아 살아가는 이들은 한동안 아름다운 꿈을 꿀 것 같다.

아파트 외벽이 오월의 신부처럼 화사하게 피어난다. 르네상스 시대를 꽃피웠던 화가들의 그림을 감상하는 듯하다. 미켈란젤로의 '천지창조' 아래 모네의 '올리브나무가 있는 정원'도 그린다. 그가 그리는 수작秀作을 감상하면서 아쉬움이 남는다. 꼭 저렇게 독해 불가한 알파벳 문자로 표기해야만 하는지. 한눈에 들어오는 그림은 평화로운데 꼬부라지고 휘어진 아파트 상호가 마뜩찮다. 저 길디긴 영문을 줄줄 읽는 노인이 몇 명이나 있을까. 너무 어려워 보인다. 기초 영문만 간신히 뗀 노인들은 자식 집 찾아가는 일이 산 넘고 물 건너는 일보다 어려울 것 같다.

옆구리에 페인트 깡통을 찬 남자가 휴식을 취한다. 엿보려고 한 건 아닐 테지만. 유리창 너머로 우리 집을 흘끗거린다. 은연중에 나와 눈이 마주쳤다. 나는 아무렇게나 어질러진 베란다에서 커피를 마시고 있었고, 그는 연기를 내뿜으며 담배를 피우고 있었다. 하찮은 글쓰기에도 반거풍이가 망중한을 즐기는 유한마담 같아 부끄러웠다. 어쩌면 그는 맞벌이하는 그의 아내와 나를 비교 대상으로 삼았을지도 모른다. 지은 죄도 없는 데 얼굴이 화끈거려 얼른 방으로 들어와 버렸다.

 공중 부양을 한 남자의 모습을 그의 자녀가 본다면 세상에서 우리 아빠 최고라고 엄지 척을 날릴 것 같다. 아이들의 웃음소리에 마냥 힘이 솟아날 것이다. 만약에 그가 무주택자라면 닭장에 비유되는 아파트보다 서까래를 얹고 단청을 입힌 한옥 전원주택을 지었으면 좋겠다. 정원의 뜨락에 연못을 두어 잉어를 키우고, 마당 한편에 아이들을 위해 그네를 매달아 주는 자상한 아빠였으면 더할 나위 없겠다. 뜨끈한 아랫목에 손자들을 모아놓고 군고구마를 까먹으며 옛날이야기를 들려주는 홀어머니를 모시고 삼대가 오순도순 살아갔으면 하는 그림을 내가 그려본다. 비록 장자가 꿈꾸었던 호접몽일지라도 그런 집을 말이다. 어쩌면 그건 내가 이루지 못했던 꿈을 그에게 전이시키는 것인지도 모른다. 묵은 정이 그리울 때면 시골 장독대며 돌담만큼 정겨운 게 어디 있으랴. 그 집 담벼락을 넘보며 대리만족이라도 느끼고 싶다.

 그가 추구하는 삶은 어떤 색깔을 내고 싶을까. 비록 남의 남상에 색칠할지언정 꿈이 있는, 그 순간만큼은 두 날개로 활강하는 알바트로스가 될 것이다. 나는 그가 바람에 흔들릴 때마다 무크의 '절규'마냥 자꾸만 입이 벌어진다.

    경고음도 최신 안전장비도 없는 고층 외벽
    침묵의 깊이만큼 긴 줄에 매달려 있다
    거미의 습성처럼 자신의 영토를 지키는

옆구리에는 한순간의 경계도 풀지 못한
붓과 페인트 통이
팽팽한 햇살을 붙잡고 있다

꽃잎이 눈처럼 흩날리던 날도
싸늘하게 식어 간 바람이 젖은 등을 때리던 날도
뼈아픈 성찰을 화두로 삼은 수도승처럼
거대한 벽과 마주한다.

— 김애숙 『벽 타는 남자』

 "어쩌면 세상에서 가장 위험하고 고단한 노동을 하는 '벽 타는 남자'에게서 시인은 '침묵의 깊이'를 느끼고 '뼈아픈 성찰을 화두로 삼는 수도승'의 모습을 본다. 왜 아니겠는가. 그것은 '등골에 맺히는 페인트 냄새를 삼키며 /벽을 탄다는 건, 스스로 살아온 날들을 펼쳐 /우주에 몸을 맡기'는 일이 아니던가. 그런데 허허로운 우주 공간에 자기 몸을 맡기는 그런 위험한 노동을 하면서도 '햇볕과 바람이 허공에 지문을 찍'는 동안 '이 벽 저 벽을 옮겨 다니며 색을 칠한다/ 하늘 한 귀퉁이 외진 곳까지 희망을 입힌다. 아무나 다가갈 수 없는 '하늘 한 귀퉁이 외진 곳까지 희망을' 입히는 벽 타는 남자 존재의 심층까지 들여다보는 시인의 시선이 경이롭다"라고. 이 시의 해설을 쓴 고진하 시인은 가장 눈여겨볼 가편佳篇이라고 극찬을 했다.

어쩌면 시인은 벽 타는 남자를 두고 지금의 노동자들을 대변한 듯하다. 정규직과 비정규직으로 나누어지고, 모두가 용이 될 필요는 없고, 모두가 강남이란 부자 동네에 살 필요가 없다던 잘 생긴 법학과 교수에게 일격을 당했다. 애당초부터 "기회는 평등하게, 과정은 공정하게, 결과는 정의로울" 것이라 했던 나라님 말씀을 철석같이 믿었다.

나는 날마다 허공에 매달려야 사는 남자에게 묻고 싶었다. 아파트 꼭대기에서 내려다본 지상은 어떤 모습이냐고? 까짓것 오늘 하루만이라도 모든 게 발아래로 보여 행복하지 않았냐고. 외제 승용차도, 메이커 복장을 한 신사도 부러워하지 마시라고. 물론, 물질만능시대라 많으면야 좋겠지만, 그보다 더 값진 건 돈으로 살 수 없는 게 화목한 가정이라고.

달포 전에는 내가 염려했던 일이 기어이 생기고 말았다. 절대로 일어나서는 안 되는 일이었다. 아파트 외벽에 아름다운 그림을 그렸던 화가가 추락했다. 어느 몹쓸 사람이 외벽에 매달린 남자의 생명줄을 끊어버린 사건이었다. 남자가 무료한 시간을 달래려고 듣는 음악 소리가 자기 귀에 거슬린다는 이유였다. 아무리 세상이 흉흉하다기로서니 사람이 어떻게 사람에게 그런 몹쓸 짓을 할 수 있을까.

그는 오늘 퇴근길에 정육점에 들러 삼겹살을 사 들고 갈 계획을 세웠을지도 모른다. 아이들은 집으로 돌아올 아빠를 기다렸을 텐데, 장난삼아 한 짓이 한 가정을 파괴해버린 행위는 분명 범죄였다. 우린 그런 파렴치한 사람을 금수만도 못한 인간이라고 한다. 과연 어떤 것이 남을 이롭게 하는 삶일까. 우리는 사대성인의 가르침이 아쉬운 시대에 살고 있다.

벽 타는 남자가 18층에서 줄을 타고 조금씩 내려온다. 아파트가 미술관처럼 새뜻하게 바뀌었다. 그가 퇴근하는 시간이다.

## 소녀야! 아비랑 꽃놀이 가자꾸나

1

 소녀가 바다를 바라보고 있다. 황동색 쇠 옷을 입고 성글게 손뜨개질한 털목도리를 두르고 앉았다. 곁에 놓인 빈 의자는 누구를 기다리며 비워두었는가. 결혼을 못 했거나 하지 않았으니 지아비도 자식도 없을 듯하다. 겨드랑이를 간지럼 태우는 햇살에 노랑나비만 청산을 찾아 바다를 건너와 소녀 주변에 맴돈다. 봄날이 저리도 따뜻한데 맨발로 한데 나앉은 소녀가 애처롭다. 어깨에 내려앉은 새를 파랑새라고 부르지 않으련다. 못다 한 꿈을 이루도록 구만리를 날아다니는 붕새라고 해야겠다.

 누군가 소녀에게 꽃을 선물하고 갔다. 꽃은 오뉴월 땡볕에 색은 바랄지라도 시들지 않고, 눈이 내리는 엄동설한에도 얼지 않는다. 비록 조화일지언정 역사만큼은 생화로 남아 기억 속에 생생할 것이다. 꽃을 갖다 바친 소녀는 3교시 역사歷史시간에 소녀를 만났을 것이다. 나이가 적거나 또래쯤이었을 게다. 그때 그 소녀는 흰 저고리 검정 치마를 입고 있었다. 우리는 백의민족임을 상징하는 의상이었다. 옷고름이 뜯기고 검정 치맛자락이 사무라이 검에 단번에 잘려나갔다. 역사의 아픔이 거추장스러운 치맛자락 아닐 텐데, 세월이 바뀌어 여학생은 멋을 부리려고 부러 짧게 잘라버린다.

폐경 온 늙은이가 생리통을 앓는 듯 복부에 통증을 느껴진다. 소녀의 지나온 삶이 차라리 조화造花였더라면 좋겠다. 역사의 한 페이지에는 막 피어나던 생화가 꺾였다는 걸 기록하고 있다. 아직은 생존한 증인도 있는데 용서를 구하는 사람은 없다.

여든세 살쯤으로 보이는 노인이 소녀 곁을 지나간다. 한숨 소리가 심해를 치받고 오르는 용오름 같다. 노안과 백내장까지 겹쳐서 눈물이 곱으로 흐른다. 저 아이가 노인의 딸 또래쯤이었다면 그 심정이 어떠했을까. 아마도 부둥켜안고 통곡을 했을 것이다. 소녀의 청춘을 돈으로 배상하겠다는 고관대작들의 말을 처음부터 믿고 싶지 않았다. 낳아준 부모도 아니면서 무슨 권리행사를 한단 말인가. 자기네 방식대로 네 편 내 편으로 갈리어 소녀를 중심에 두고 저울질로 셈하는가?

소녀를 천시하는 잔인한 결례를 범하는 이도 있다. 소녀가 무슨 죄를 지었기에 동상을 세우라는 둥 말라는 둥 입으로 찧고 까부는가. 객관적 견해와 주관이 다른 정치 놀음에 바람막이로 세워 왈가왈부할 수 있다는 말인가. 행동만으로 하는 짓만 범죄인가. 입으로 내뱉는 말도 살인이다. 가끔 소녀 앞에 서서 고개를 숙이고 두 손을 모으는 이도 있다. 그게 역사를 올바로 보는 자세요, 마땅히 해야 할 남겨진 사람들의 몫이다. 동냥은 못 줄망정 쪽박은 깨지 말라는 옛말도 있다. 동상이 무슨 죄가 있다고 미움이 지나쳐 망치질로 훼손을 당해야 한단 말인가?

소녀가 내려다보는 바다에 유람선이 떠 있다. 관광객들을 태우려고 흥을 돋우는 음악을 틀었다. 여학생들이 유람 삼아 섬으로 소풍을 왔다. 머리핀을 꽂고 도시락을 싸 들고 앉아 깔깔거린다. 소녀들이 가는 섬엔 스스로 목울대를 분질러 떨어진 동백꽃이 지고 있다. 붉디붉은 꽃물이 초경을 치르는 소녀의 옷자락에 스며들 듯 길 위에 배여 있다.

'저도 갈래요. 저도, 꽃놀이 가고 싶어요. 어머니 손 잡고 아버지 목마 타고 꽃놀이 갈래요.' '그래, 그래. 소녀야! 아비랑 어화둥둥 꽃구경 가자꾸나.' '그렇지만 나는 갈 수가 없어요. 내 몸은 이미 만신창이가 되어 다시는 그 좋았던 시절로 돌아갈 수가 없어요. 내 친구 순덕이는 열다섯 살에 강제로 시집을 갔어요. 시집간 소녀는 순사가 데려가지 않았거든요.'

연극이 끝나고 암막 커튼이 내려졌다. 나는 어둡고 긴 회랑을 돌아 소녀의 동상을 찾아간다. 단발머리에 먼지가 하얗게 쌓여있다. 나는 안경을 닦던 손수건으로 마른세수를 시킨다. 그림 그리는 재주라도 가졌더라면 손등에다 나비 한 마리라도 그려주고 싶었다. '미안합니다. 미안합니다.' 인제 와서야 그 말을 대신하면 무슨 필요가 있을까. 그 말만이라도 하지 않으면 불면증으로 밤을 지새울 것만 같다.

너무 일찍 철이 든 소녀는 배를 타고 남의 나라로 건너갔다. 자발적으로 간 게 아니라, 꽃놀이 동산에도 데려가고 돈도 벌게 해주겠다는 말에 귀가 솔깃했다. 어른들은 거짓말을 안 하는 줄 알았다. 가난한 집안에 입 하나 덜어내려고 멀미를 해가며 배를 타고 갔다. 꽃구경시켜주겠다던 어른들 말은 말짱 거짓부렁이었다. 달콤한 말에 속은 게 잘못이었다. 바다를 건너간 소녀를 데려간 곳은 군인들이 거주하던 막사였다. 가림막 쳐진 곳에는 군인들이 줄지어 늘어서서 배설하기 위해 자기 차례를 기다리며 있었다.

위안소 우두머리 여자는 저승사자만큼 무서웠다. 무쇠 가위로 총총 땋아 댕기를 묶었던 머리카락을 단발로 아무렇게나 잘라버렸다. 그 대가로 '하야꼬, 요미요, 라는 족보도 없는 일본 이름 하나씩 지어주었다. 소녀들을 위해 악순이 언니는 머리카락을 잘랐던 가위로 임신해버린 또래의 탯줄을 잘랐다. 참혹한 현장을 어찌 눈으로 다 말을 할 수 있었으랴. 자신이 지은 죄도 없는 데, '사쿠' 피임

약 606 매독 주사를 놓았다. 고향에 돌아가도 어머니가 단발머리 소녀를 알아보지 못할까 봐, 돌아갈 수도 없었다. 아니, 마음대로 갈 수도 없었다. 목숨이 질기기도 하지. 생목숨 끊는 것도 마음대로 되지 않았다. 소녀 또래의 소년이 먹을 것을 주고 갔다. 서로 아픔까지 나누는 게 사랑이란 걸 알려준 남자였다. 히데요시 남자의 사랑은 오래가지 않았고 배신은 빨랐다.

## 2

한날한시에 남의 밥상에 놓인 숟가락을 빼앗듯 아버지마저 징용으로 차출되어 갔다. 지나가다 잡혀가고, 농사일하다 붙잡혀갔다. 봄이 와도 온 줄 아나. 지나가니 간 줄 알겠나. 조상 제사 때마다 빠지지 않고 메를 떠놓던 놋쇠 그릇마저 남김없이 공출당했다.

하시마 탄광은 지옥의 섬이었다. 처음부터 석탄을 채취하기 위해 개발된 섬이었다. 군함도라 불리는 탄광은 지하 갱도만 1km가 넘는 해저 탄광이었다. 숫자를 헤아릴 수 없이 강제 동원된 조선인들은 이곳에서 배고픔과 위험 속에서 중노동에 시달렸다. 숙소로 제공된 곳에는 바닷물이 들어오고 빛이 차단되었다. 창살 없는 교도소나 마찬가지였다. 창문이 없고 습기가 가득 찬 방에는 쥐와 벌레가 스멀스멀 기어 나왔다. 도망치다 잡히면 갖은 고문에 시달렸다. 가죽 채찍으로 말의 엉덩이를 내리치듯 고무 타이어 채찍으로 내리쳤다. 피가 맺히고 살집이 터지도록 후려쳤다. 할당량을 채우지 못하면 나오지 못했던 갱도의 끝에서 처절하게 몸부림쳤던 청년들이 거기 있었다.

그네들 나라의 소년들이 소풍 갈 때 우리나라 소년들은 막장에서 석탄을 캤다. 온갖 수난과 공포에 떨어야 했다. 막장에 갇혀 손으로 벽면을 더듬어 서툰 글씨로 삐뚤빼뚤 써 내려갔다. '고향에 가고 싶다. 배가 고파요. 엄마가 보고 싶어.' 그 현장이 꾸며낸 영화의 한 장면으로 연출되었다손 처도 그것만큼은 진실이라 믿고 싶었다. 당사자인 나라에서 노동을 착취했던 그곳을 세계유네스코에 기록하여 관광객을 불러들이겠다고 한다.

최소한 인두겁을 쓰지 말아야지. 해방되어도 조국으로 돌아오지 못한 위안부 노인들. 노동의 대가를 보상받지 못한 어른들은 이제 몇 분 남지 않았다. 그분들이 계셨기에 그날의 현장을 생생하게 증언하고 있다. 불면증 환자에게만 필요한 약을 처방할 게 아니라, 역사의 희생양이 되었던 분들에게도 반드시 치유의 명약을 개발해야만 할 것이다.

"웃는 저 꽃과 우는 저 새들이
눈물로 된 이 세상에 나 죽으면 그만일까?
이래도 한세상 저래도 한세상"

— 사의 찬미(死의 讚美) 중에서

시모노세키 항구를 떠나 '도나우강의 푸른 물결에', 사랑하던 연인들끼리 함께 몸을 날렸던 대한해협으로 꽃잎이 흘러간다. 붉었던 우리네 청춘도, 순정도 흘러간다. 누구의 혼을 담고, 역사의 흔적을 담고, 누구의 추억을 담은 채 떠내려간다.

"아~아 모란이/ 아~아 동백이"/바람에 날리는 저 꽃잎 속에 내 사랑도 진다"

고향으로 흐르는 강물에 띄워 보내는 '흐르는 편지'와 '오직 한 사람'이라는 위안부 소설의 책장을 덮는다. 페이지마다 기록된 그 소녀들의 모습이 하나둘 떠오른다. 돈은 싫어도 명예만큼은 찾아드리는 게 후세들이 해야 할 도리가 아닐까. 바다를 건너오는 기쁜 소식은 여전히 들리지 않는다. 오늘도 소녀는 입을 닫고 바다를 내려다보고 있다.

---

\* 거제도 장승포항에 세워진 '위안부 소녀상'을 보며 쓴 작품임을 밝힌다

## 마음을 잇다

역사驛舍는 역사歷史를 간직하고 있었다. 그곳은 100년 전쯤의 흔적들을 기록해놓은 값진 문화유산이었다. 우리들의 가슴과 머릿속에 고유 명사로 각인된 서울역. 인생사의 희로애락처럼 숱한 애환을 겪었던 역사의 산증인이었다. 그곳에서 벌어졌던 역사의 뼈아픈 상흔들을 어찌 지웠으랴. 피맺힌 울부짖음을 기적 소리로 항거한 보고寶庫였다. 외세에 침략당해 국가와 개인은 온전히 자기 것이 없었다. 처참하리만큼 억압당했던 36이란 세월의 족쇄를 간신히 벗어나자 또다시 시작된 동족상잔의 비극까지도 역사驛舍는 간직하고 있다.

기적 소리가 끊어진 경성역은 어둠에 묻히고, 어디선가 들려오는 호루라기 소리는 지사志士의 심장에 비수를 꽂았다. 자유를 박탈당한 시대적 비극을 철길 위에 고스란히 새겨놓았다. 나라를 되찾겠다는 충정의 비밀 서한이 두 가닥의 레일을 타고 은밀하게 전해졌다. 상하이 블라디보스토크로 이어져 만주벌판을 달려왔다. 독립자금을 마련해주었던 애국열사도, 기밀문서들을 품고 다녔던 애국지사도 서로의 마음과 마음을 잇게 했다.

객차에는 트래퍼(trapper) 모자로 귀를 가린 노신사가 타고 있었다. 차표를 확인하는 검열자가 다가올수록 심장은 오이지만큼 쪼그라들었다. 절구질하던 품속에는 독립을 향한 밀지를 품고 있었다. 예기치 못해 검열관에게 잡혀 혹독한 고문을 당할지라도 국가적인 기밀을 섣불리 발설할 수 없었다.

역사에 내걸린 마팔마 시계는 어느 날의 01시 31분에 멈추어져 있다. 역사驛舍에서 역사歷史를 써 내려 간 문화역, 서울 284는 무엇을 의미한 걸까. 더디게 왔을지언정 고도는 기다리는 사람에게 기어이 찾아왔다. 혁명이란 이름, 그것이 바로 애국이기 때문이었다.

열차는 가난한 나라의 헐벗은 백성들을 태우고 역사驛舍를 향해 달려왔다. 대합실은 제각각의 사연들을 간직한 사람들이 찾아들었다. 땟물이 흐르던 아이들은 깡통을 들고 구걸을 했고, 구겨진 삶을 살았던 넝마주이는 종이뭉치를 찾아 골목을 헤매고 다녔다. 21세기라고 다른 건 없다. 전쟁의 참혹한 현상은 지금도 세계 곳곳에서 일어나고 있다. 우리와 상관없는 남의 나라 일이지만 되돌아보면 우리의 역사가 있지 않은가?

야간열차는 어둠을 뚫고 서서히 플랫폼을 빠져나간다. 객실은 일상을 접은 사람들이 피곤함에 지친 듯 졸음을 참지 못한다. 밤이 깊어갈수록 침묵이 내려앉는다. 때가 묻은 보따리를 베개 삼아 아주머니 한 분이 곤하게 잠이 들었다. 눈가에 주름이 얼레빗이다. 구차한 삶의 흔적이 얼룩져 있는 듯하다. 주인이 벗은 신발이 굴러다닌다. 피곤함에 지쳐 코를 고는 소리가 가끔 들린다. 그야말로 천태만상이다. 완행열차는 서민들의 삶의 애환을 고스란히 저당잡고 있다.

　가난한 가장은 식솔들을 데리고 호남선을 올라왔다. 경부선을 타고 올라온 소녀들은 어느 부잣집에 식모살이로 들어갔다. 주인어른 구두에 광을 내고 안주인님 세숫물을 갖다 드리고 식솔들의 입맛에 맞춰 식단을 꾸렸다. 내 부모에게도 해보지 못한 효도를 남을 위해 희생하면서 부엌 한쪽에서 눈물을 흘렸을 것이다. 목구멍이 포도청이라, 새로운 삶을 찾아 구로공단 청계천 봉제 공장에서 밤을 낮 삼아 일했다. 실밥이 풀풀 날리던 구석에 앉아 보리밥 도시락을 먹으며 여간 잔업까지 마다하지 않았다. 눈만 감아도 코를 베어 간다는 별천지 같았던 서울 생활은 모질게도 추웠다. 산비탈 사글셋방은 싸락눈만 내려도 연탄재를 뿌려야만 다닐 수 있었다. 그들의 삶에 동력을 제공했던 열차는 태산준령을 넘고 꾸준히 달려왔다.

　청년들은 동해남부선 열차를 타고 항구도시로 내려가 배를 탔다.

그들은 가난한 집안의 맏이였고 동생들을 책임져야 했던 언니 오빠였다. 구들장 등지고 누웠던 폐병 앓던 아버지의 치료비와 보따리장사 나가는 어머니를 도와야만 했다. 하룻밤 흥정이 이루어지던 홍등가 선술집에서 젓가락을 두드리다 원양어선을 타고 멀리 떠나갔다. 술을 따랐던 소녀가 그들의 누이동생 또래였거나, 누나였을 지도 모른다.

출발은 희망을 향한 시작이었다. 열차는 암흑 같은 터널 속으로 빨려 들어간다. 한순간 어둠이 사라지고 밝은 햇살이 나타났다. 우리네 삶과 흡사하다. 밝았다가 어두워지고, 컴컴하다가 갠 날이 오지 않던가. 우연히 만났다 헤어지는 인연처럼 동석한 승객이 내리고 나면 또 다른 사람과 연을 맺었다. 쏜살처럼 지나가는 자연의 배경이 한 생애 잠깐 머물다 떠나는 우리네 인생 여로가 레일 위에 순환하는 열차와 많이도 닮았다.

플랫폼에 막 내린 사람들이 종종걸음을 친다. 떠나려는 사람과 도착한 사람들의 어깨가 서로 엇갈린다. 연인들은 타인의 시선을 개의치 않는다. 젊음의 피는 격렬한 포옹으로 서로의 애정을 확인한다. 당황한 내 눈은 여전히 아날로그에 멈추어있다. 만남은 웃음을 낳고 이별은 눈물을 사산한다. 만남의 즐거움에는 하회탈 표정의 중僧의 모습이다. 이별의 슬픔은 뭉크의 애절한 '절규'를 빼닮았다.

이제 경성역은 숱한 애환을 껴안은 채 저만치 물러나 앉았다. 새로운 역사驛숨에서 새로운 삶들이 들고 난다. 누군가를 맞이하고 또 누군가를 떠나보낸다. 한 쌍의 젓가락이듯이 굄목 위에 놓인 나란한 철길은 사람들의 마음과 마음을 이어주는 출발지이자, 마지막 종착지였다.

열네 살 소녀가 울고 있다. 아비는 새벽부터 바다 일을 나갔다. 마른 간자미를 이고 오일장에 갔던 어미는 여태껏 돌아오지 않는다. 발걸음이 빨라질 무렵이면 머리 짐 속에는 쌀보리 두어 됫박과 벌레 먹은 사과 문드러진 복숭아 몇 알을 담고 올 것이다. 그걸로 허기를 채우기엔 식구가 많았다.

교회 종소리에 잠이 깬 소녀가 기차역으로 나간다. 열차가 기적을 울리며 곧 떠날 준비를 한다. 배불뚝이 가방을 멘 아이들이 잰걸음을 친다. 난생처음 타보는 열차에 모두 신바람이 났다. 차장에다 코를 짓누르며 소녀를 향해 약 올리듯 혀를 내밀었다.

열차의 꼬리가 뱀처럼 감추어졌다. 그 꽁무니에 시선을 붙박은 채 소녀는 오래도록 손을 흔들었다. 무릎 해진 바지에 가을바람이 시리게 들어왔다. 솔기 해진 소매 깃은 올이 풀려 나달거렸다. 차라리 흙먼지 날리던 완행버스였다면 서러움이 그리 깊지 않았을 것이다.

소녀는 코스모스가 피어있던 철로 위를 더디게 걸었다. 집으로 돌아와 저녁밥도 굶은 채 잠이 들었다. '칙칙폭폭 칙칙폭폭' 열차는 꿈속에서 소녀를 싣고 달렸다. 빨간 구두를 신고 멋진 드레스를 입었다. 예배당 종소리가 잠을 깨웠고, 왕자도 벗겨진 신발도 없이 꿈의 여정은 허무하게 끝나고 말았다. 언제쯤 도시로 나가는 열차를 탈 수 있을까. 도시로 나갈 수만 있다면 원 없이 책을 읽고 싶었다.

수학여행을 다녀온 아이들이 자랑했다. 저희끼리 모여 처음 가본 도시에 대해 침이 마르도록 떠들었다. 외톨이가 된 소녀는 과수원으로 갔다는 소리를 차마 하지 못했다. 벌레 먹은 사과 이야기로는 아이들의 환심을 살 수 없었다.

열일곱 살 무렵 소녀는 처음으로 도시로 나가게 되었다. 그날 7시에 떠나던 동해남부선 완행열차는 느리게 달렸다. 경주역사에 정차했을 무렵 한 남학생이 올라왔다. 그도 소녀처럼 가난해 보였다. 오징어와 땅콩을 깨무는 승객들 무릎 위에 연필과 껌을 놓았다. 자신이 주경야독晝耕夜讀하는 고학생이라며 메모지를 돌렸다. 그 사연이 구구절절했다. 또래에게 구걸했던 물건의 값을 치렀는지, 그 기억은 또렷하지 않다. 배움을 부끄럽게 생각하지 않았던 그의 꿈을 응원하고 싶었고 나도 닮고 싶었다.

어느 한갓진 날 그 기억들을 떠오르면 눈시울이 붉어진다. 기차를 타고 불현듯 그 시절로 달려가고 싶다. 이제 동해남부선을 타고 찾아간들 기다리는 사람은 없다. 술 한 잔 따라놓고 인사를 올릴 부모님 무덤도 없건만, 나는 왜 그토록 기억을 되새김질할까. 유효기간이 정해진 동해남부선 열차표를 버리고 또 끊기를 반복한다. 플랫폼의 이별이 더 애잔하게 느껴지는 건 가슴 속에 남겨진 슬픈 추억 탓인지도 모른다.

여기는 뉴질랜드.
열차는 기적을 울리며 산모롱이를 돌아간다. 산등성이마다 하얗게 쌓인 설경雪景이 장관이다.
"설국의 긴 터널을 지나니 설국이었다. 밤의 밑바닥까지 하얘졌다. 신호소에 기차가 멈췄다."

― 가와바타 야스나리 소설 '설국' 中에서

서러웠던 기억을 벌충하듯 딸아이와 함께 떠나온 열차 여행이었다. 김밥을 싸고 멸치도 볶았다. 그렇게 먹고 싶었던 오렌지 주스와 사이다도 두 병씩이나 가방에 챙겨 넣었다. 흰 눈을 보는 순간 가슴에서 검은 눈물이 났다. 그때, 수학여행을 보내주지 못했던 어머니의 마음은 어떠했을까. 내게 남겨진 상처의 흔적은 여전히 기적 소리만큼 귓가에 맴돈다.

이제 일흔을 넘긴 노인의 머릿속은 자꾸만 비어간다. 뇌의 회로에서 언제까지 어린 날의 추억이 기억에 남아 존재할지 장담하지 못한다. 언젠가 가야 할 곳은 늙은 한 몸 맡길 집단 생활터인 요양원일 게다. 병동에 누워서도 기차 소리만큼은 들을 수 있다면 얼마나 좋을까. 면회 온 딸은 베갯머리에 앉아 어미와 함께했던 열차 여행의 추억을 조곤조곤 떠올리게 해줄 것이다. 그 기억이 반짝 돌아온다면 늙은 어미는 이렇게 말할 것 같다. 아이야! 우리 기차 타고 여행 한 번 갈까?

---

\* 트래피(trapper) : 겨울에 주로 사용하는 모자로 귀를 가릴 수 있는 것이 특징
\* 파발마 시계 : 옛 서울 역사(驛舍)에 걸린 시계

## 합숙 훈련 중

    손녀가 태어났다. 어머니의 자궁을 탈출해 막 세상 밖으로 나왔다. 한 생명의 탄생에 세상만사가 환희에 찬 듯하다. 남의 이목만 아니면 덩실덩실 춤이라도 추고 싶었다. 손녀를 만날 생각에 한시가 급하다. 치열한 삶에서 온갖 잡내를 묻혀온 어른들은 막 태어난 생명체를 영접하는 건 불가였다. 규율에 따라 정해진 시간에만 면회가 가능해 유리막을 사이에 두고 첫 대면을 했다. 새 생명의 탄생은 개인에 앞서 우리 모두의 기쁨이기도 하다. 자식을 낳아 본 경험자였음에도 감정은 전혀 달랐다.

    인생은 지상에 첫발을 내딛는 순간부터 고난의 행군이 시작되는 듯하다. 포대기에 꽁꽁 둘러싸인 채 원산지를 표시하듯 누구누구 자손이란 명찰을 달고 있다. 아직은 호적에 오르지 못해 이름이 없다. 고시考試만큼 어려웠을 관문을 통과하느라 딴에는 모두 힘들었던 모양이다. 눈을 감은 채 간호사의 품에 안겨 잠들어 있었다. 저 어설프게 감은 실눈을 뜨면 세상은 또 얼마나 경이롭게 보일까.

결혼을 전제로 한 남녀의 만남은 대학 학력고사에 버금간다. 신중하게 필수와 선택과목을 가려서 해야만 하는 고난도의 문제풀이가 시작된다. 결혼을 계획한 들 골치 아프게 풀어야 할 방정식 문제가 한둘이 아니다. 육아 독박은 인수분해만으로 풀리지 않는다. 가계부 항목에서 갓난쟁이가 차지하는 비용 또한 만만찮다. 수입보다 지출이 늘어나면 마이너스 인생을 면치 못한다. 그르니 차라리 혼자만의 인생을 칼라 풀하게 살겠다는 세대들이 늘어만 간다. 약간은 모순적인 이 시대의 흐름에서 태어난 아이들이라 더 사랑스럽다.

신생아실 앞에서 위대한 어머니를 만난다. 자연 분만을 하지 못한 산모들은 제왕수술로 대체했다. 고통스러운 복부를 끌어안고 아이를 보려고 까치발을 세운다. 산모는 아기를 순산하는 순간부터 여자는 없고 어머니만이 존재한다. 그들은 자식을 위해서라면 태산준령도 거뜬히 넘을 만큼 강인한 인격체로 돌변한다. 세상에서 가장 밝은 표정으로 성스러운 자애의 눈을 가진다. 그건 이미 산통을 겪을 때부터 예고된 기획전이었다. 어머니의 어머니가 그랬고, 내 어머니가 그랬고, 나 또한 그랬다.

내남없이 손자가 있는 이들의 전화기 속에는 무수한 사진이 저

장되어 있다. 시시때때로 변하는 계절만큼 커가는 과정을 보석처럼 지니고 있다. 남이야 흥을 보든 말든 심심하면 사진을 불러내 자랑질이다. 화면이 가득 차도록 확대해서까지 보여준다. 사전에 선수금을 내야만 실쭉하니 봐준다는 경고장을 받고 주머니 털어 한턱낸들 무예 그리 아까우랴. 자식 키울 때는 몰랐던 정이 손자에겐 소록소록 피어난다. 그러니 허리 휘어져도 키우는 재미가 솔찬히 좋다며 내남없이 함박꽃처럼 입을 연다.

자발적인 기쁨 뒤에 내리사랑에 충성하는 노부부의 노후마저 독박 유아에 저당 잡히는 현실이다. 좋아하는 것도 한순간, 직장 생활을 해야만 될 자식들을 위해 손자들의 교육을 책임져야만 한다. 국어사전에 등재된 적도 없는 할마, 할빠라는 신조어에 맞게 꺼져가는 정열을 불태운다. 젖병을 씻고, 문화센터에 데려가고, 동화책도 읽어야 한다. 그것만 아니다. 영어도 해야만 하는 데 혀가 꼬부라지지 않아 큰일이다. 도우미의 수고비가 한 사람의 봉급을 지급해야 한다는 데, 힘이 든다고 막연히 배짱을 내밀 수도 없다. 여태껏 자식에게 해왔던 일을 한 계단 내려간 혈육이라고 끊기도 그렇다. 삼 년만 키워주면 아이를 맡아주는 기관에 보내지만 일일이 등하교를 도와야만 한다. 세상이 또 어찌나 험악한지, 아이들을 해코지하는 흉악범들을 두 눈 부릅뜨고 경계하는 감시자가 되어야만 한다.

신생아들은 지금 합숙 교육 중이다. 신입사원들이 오리엔테이션을 하듯, 입대한 동기생들처럼 일정 기간 교육을 마치면 세상 밖으로 나와야만 한다. 엄마 품에 안겨 모유를 먹는 법, 질병을 예방하려면 따끔한 주삿바늘의 고통도 견뎌야 한다. 부모의 얼굴을 익히고 생활 습관을 터득해야만 한다. 백일 지나면 옹알이를 하고 거뜬하게 뒤집기 한판승을 하고, 배밀이로 세상을 향해 돌격 전진하는 연습을 한다. 돌이 지나면 걷는 연습을 하고 뒤뚱거리며 기쁨을 선사한다. 부모에게 효도하는 시기는 세 살까지라고만 하던가. 해가 거듭될수록 합숙 교육의 단계가 스파르타식이라는 걸 뼈저리게 느끼며 살아갈 것이다.

내가 사는 아파트 놀이터에서 남매가 나타났다. 오누이가 사이좋게 그네를 밀고 당기다 서로 다투기도 한다. 우는 소리를 듣고 엄마인 듯한 새댁이 슬리퍼를 끌고 나온다. 한눈에 보아도 동남아에서 시집온 듯하다. 아이들을 향해 '따따부타' 꾸중을 하는데, 무슨 말인지 알 수 없다. 짐작하건대 형제끼리 싸우면 안 된다며 타이르는 듯하다. 그들 모자를 두고 베트남이니, 필리핀이니, 혹은 조선족이라고 얕보며 비아냥거리는 소리도 가끔 들린다. 그건 어른들의 선입견이지 아이들은 모여서 재잘거리며 잘 어울려 논다. 어떻게 태어나듯 생명은 소중하다. 더는 다문화 가정의 아이들 피부색을 따지면 안 된다. 생명을 두고 차별하는 건 심각한 범죄일 수도 있다. 일찍이 세계는 하나의 공동체로 묶어서 살아갈 수밖에 없는 현실이 되었다.

초등학교도 사라지고 아이들도 사라졌다. 오죽하면 둘만 낳아도 애국자라고 칭찬할까. 시골은 타국에서 시집온 여자들이 아기를 낳고 농사를 거든다. 편하게 이래저래 놀아가면서 안정적인 직장을 찾으려는 청년들을 대신해 남자들은 힘든 뱃일까지 마다하지 않는다. 우리와 함께 어울려 동족이 되어 가는 그들을 두고 유토피아를 찾아온 걸인처럼 업신여기거나 무시해서는 안 된다. 그들은 대한민국을 사랑하는 애국자임이 틀림없다. 아버지뻘 되는 남자에게 시집와서 억울하게 목숨을 잃거나, 피부와 언어가 다르다고 학대하는 것은 천벌 받을 짓이다.

　이기주의가 팽배한 사회의 현실은 어떠한가? 생명을 돌보는 돌봄이는 시수를 따져 임금을 받는 육체 노동자로 전락했다. 그 일은 진정 사랑이 있어야만 가능한 일이다. 새 뼈 같은 그게 무슨 힘이 있다고, 아동학대 현장이 곳곳이 목격된다. 잠을 자지 않는다고, 성가시게 운다고, 허접스러운 인형 다루듯 마구잡이로 천대했다. 팔이 골절되고, 바닥에 떨어뜨린 갓난애가 세상을 살아보지도 못하고 뇌출혈로 숨졌다. 잠깐의 실수가 한 생명의 평생이 좌우된다는 걸 목숨을 다루는 분들이 깨달았으면 좋겠다.

　자기네들의 문란한 사생활로 태어난 아기는 단지 성가신 존재였다. 쓰다 버리는 소모품처럼 아무렇게나 버려졌다. 오물을 쏟아내는 화장실에서 태어난 새 생명을 창문 너머 쓰레기 더미로 던지는 간접 살인을 저질렀다. 아이는 물건이 아니고 자기의 소유물도 아니다. 이 세상에 태어나고 싶어서 저절로 태어난 생명은 없다. 기술은 자격증이 있는데, 부모는 왜 자격증이 없는가?

　인구 절벽이 심각하다고 아우성친다. 태어나는 생명보다 백 세 수명이 현실화되어간다. 뿌리는 하나이지만 한민족이 어디 있는가? 그건 한 집에 열 명 너머 아이들을 낳았던 고릿적 이야기다. 제 먹을 것은 타고 난다며 삼신할미가 점지해준 생명을 생기는 족족 받았다. 형이 입었던 헌 옷은 내리 대물림 되었다. 먹고 입을 건 부족해도 형제애만큼은 아주 좋았다. 형제가 많은 집안의 아이들을 섣불리 건들지도 못했다. 자칫하면 떼를 지어 몰려오는 바람에 혼쭐이 나기도 한다.

　필자는 둘만 낳아 잘 기르라고 윽박지르던 정부 방침을 충실하게 따랐다. 설령 더 낳고 싶어도 생활비가 부족했을뿐더러, 셋째부터는 의료비도 본인들이 부담해야 했다. 그 뒤에 발표된 정부 정책은 더 가관이었다. 둘도 많다. 하나만 낳아서 잘 기르라고 했다. 그렇게 내뱉은 정책적 오류는 과잉보호라는 철퇴를 맞았다. 아이들이 스스로 일어날 수 있는 의지마저 무시하고 부모가 척척 알아서 해결해주었다.

　이제는 인구 절벽에 얼마든지 낳으라고 대대적으로 광고처럼 선전한다. 지방자치 단체마다 돈으로 매수하고 온갖 혜택을 준다고 한들 눈도 꿈적 않는다. 결혼행진곡은 통곡의 입문 과정이고, 태어나는 아이는 귀찮고 성가신 존재에 불과하다. 결코, 자기 인생을 아이 키우는 것에 도박을 걸지 않겠다는 작금의 세대들이다.

아이를 키우는 부모만큼 애들도 고생하는 건 마찬가지다. 돌이 지나기 무섭게 교육 현장으로 내몰린다. 두 개 국어國語는 공통이요, 한두 가지 예능은 필수사항이다. 사교육을 받지 않으면 인생까지 뒤처진 존재로 취급받는다. 그래서 생겨난 게 4세, 7세 고시考試이다. 마음이 조급해 강남서 둥지를 틀겠다며 제비를 애절하게 부르며 8학군 군번을 받으려고 난리들이다. 거기다 조부모의 경제력에 어머니의 정보로 이어져 경쟁을 부추긴다. 부副의 세습으로 특권층 자녀들의 혜택에 '이것이 공정한 사회냐고' 횃불 들고, 촛불 켜고, 독립 투쟁하듯 거리로 쏟아져 나온다. 그것을 바라본 섬마을 노인은 한숨이 절로 나온다.

## 아름다운 그 이름

　누군가 공중화장실 문을 무작스레 열었다. 어지간히 급했던 모양이다. 야밤에 담을 넘는 강도처럼 들이닥쳤다. 뒤미처 용변을 마무리 짓지 못한 사람들이 비명을 질렀다. 내가 앉았던 세 번째 칸도 무사하지 않았다. 미처 옷을 추켜 올릴 경황이 없었다. 나는 엉거주춤한 자세로 여자의 하는 짓이 못마땅해 미간을 끌어모은 채 꼬나보았다. 그녀의 얼굴이 새파랗게 질려 있었다. 분명 촌각을 다투는 비상상황이 생긴 듯했다. 너무 급한 나머지 예의를 갖추고 자시고 할 겨를이 없어 보였다. 얼마나 황당했으면 그랬을까. 그 속을 알 리 없는 이들이 등 뒤에서 몰상식하다며 흉을 본다.
　대낮에 화장실 사건을 겪고 쫓기듯 나와 손을 씻었다. 등 뒤에 붙어선 여자의 모습이 거울에 비친다. 울고 있었다. 값비싼 명품이라도 잃어버렸을까. 넋을 놓고 훌쩍인다. 시계 초침처럼 바쁜 사람들은 제각각 볼일을 끝내고 목적지를 향해 흩어졌다. 장소의 특성상 수많은 발길이 오고 갔다.

내가 여자의 어깨와 맞부딪쳤다. "엄마…" 라고 나직이 부르는 소리가 귓가에 닿았다. 말을 배울 무렵부터 내남없이 제일 먼저 익혔던 단어였고 가장 많이 부르는 이름이었다. 그랬구나. 그녀의 애간장을 녹인 건 용변이 아니었다. 그토록 애타게 찾은 건 엄마였다.

여자는 자식을 낳아 정성을 다해 기르면서 본연의 이름은 사라진다. 대신 '엄마'라는 개명으로 새로운 삶을 살아야만 한다. 엄마에 대해서만큼은 이 세상 모든 사람이 아는 사실이니까 굳이 설명할 필요가 없다. 당신의 육신이 풍장을 겪을지언정 자식을 위해서라면 기꺼이 헌신했다. 동서고금을 막론하고 분골쇄신도 마다하지 않는 영웅이 바로 '엄마'였다. 나 자신도 그 품속을 떠나 아이를 낳고 키울 땐 잊어버리고 살았다. 방싯거리는 아이 재롱만 보았지, 늙어가는 엄마는 타인에 불과했다. 본시부터 엄마는 늘 그 자리에 있는 줄 알았다. 행복은 혼자 즐기고, 슬플 때만 유독 투정을 부렸다. 엄마에겐 그래도 되는 줄 알았다. 과거를 잃어버린 엄마의 뇌는 기억과 더불어 모른 게 사라졌다.

엄마!

그 소리에 얼음이 갈라지듯 가슴이 찡했다. 나는 저 이름을 언제 불러보았던가. 까마득하다. 이젠 가고 없으니 불러본들 귀담아들는 이도 없다. 그 연배쯤의 길가는 노인을 불러 세우면 십상 정신 나간 여자로 오해받을 거다. 내 나이 서른 네댓 살에 엄마와 이별했으니 얼추 사십 년 세월이 흘러간다. 죽음의 정은 멀어진다고 했듯이 아예 기억에서 지워버리고 살았다. 엄마를 부르는 여자의 목소리가 다시금 나를 서른 살 즈음으로 데려간다.

그제야 엄마의 얼굴이 떠올라 입속으로 나직이 불러본다. 엄마! 결혼과 동시에 이름 석 자가 없어진 여자는 누구의 아내로, 누구누구의 엄마로 살아간다. 새로 얻은 이름에는 반드시 책임과 의무가 따랐다. 자식 교육을 잘못시켜도 그것은 오롯이 엄마 탓이었다. 무엇보다 가정의 행복을 위해 집안의 대소사를 챙기는 일이 채무처럼 떠안겨졌다. 행실이 부실하면 배우고 자란 게 고작 그것이었느냐고? 애먼 친정엄마에게 화살촉을 돌렸다. 자식들을 위해 청춘을 바쳤건만, 딸내미 집이라고 찾아오면 초라해가는 모습을 보고 짜증을 냈다. 기력이 소진해 낮잠을 자는 것조차도 트집을 잡았다.

그렇다고 '엄마'라는 이름이 딱히 나쁜 것만 아니다. 자식을 낳을 때는 고통이 따르지만 키우다 보면 한 아름의 웃음보따리를 안겨주는 호사도 누린다. 그게 천륜으로 이어져 내려오는 기쁨이리라. 식구들이 외출했다 돌아오면 가장 먼저 찾는 사람도 엄마였다. 아버지보다 월등한 등급이 매겨졌다. 세 살짜리에게 물어도 엄마가 좋다고 했다. 그 은혜야말로 심해처럼 깊고 하늘보다 높다. 그래서 살아계실 때보다 돌아가신 후에 더 가슴에 맺혀있는 사람이 엄마가 아닐까.

짐승의 어미는 혓바닥으로 새끼를 핥아 주고. 새끼는 어미의 털을 비비며 재롱을 떤다. 어버이에게 재롱을 부리는 자식의 효도는 세 살까지라고 한다. 머리 굵어진 아들은 엄마 대신 어머니라고 부르는 것부터가 거리감이 느껴진다. 며느리는 깎듯이 어머님! 이라고 부른다. 더러 고부간에 잘 지내는 분들도 있지만 아무리 가까워도 며느리는 거리감이 생길 수도 있다. 며느리는 딸이 될 수 없고 시어머니는 친정엄마가 되지 못하는 게 불변의 법칙일까? 아무래도 엄마! 라고 살갑게 불러줄 사람은 딸이 아닐까 싶다. 여자는 나이가 들면 친구처럼 딸과 쇼핑과 여행을 함께 하며 허물없이 서로의 의논 상대가 된다.

나도 딸이 하나만 더 있었으면 좋겠다. 각기 다른 음성으로 엄마! 라고 부르는 목소리를 듣고 싶다. 유일하게 하나 있는 딸은 외국에 나가 산다. 고작해야 몇 년에 한 번씩 만날까 말까 하다. 남은 세월 동안 '엄마' 소리를 얼마나 더 들을 수 있을지. 미래에 닥칠 내 기억의 보고寶庫에서 엄마라고 불러주는 얼굴이 낯설거나, 그 음성이 생소해지면 길을 잃고 거리를 헤매고 있을지 모른다.

여자가 화장실에서 찾아 헤매던 '엄마'라는 이름을 가진 노인을 본 것은 사거리에서였다. 신호등이 몇 차례 노랑과 파란 불이 교대로 들어왔다. 기억을 잃어버린 노인의 뇌는 여전히 붉은 등이 켜져 있는 듯하다. 아직은 가고 싶은 곳이 많은 데, 기억은 좀처럼 돌아오지 않아 보인다. 고향도 갈 곳도 잃어버린 미아처럼 건널목 앞에 우두커니 섰다. 목에는 성명과 전화번호가 새겨진 네임택 명찰을 걸고 있었다. 딸이 부르면 꽃으로 피어날 것 같은 초점 흐려진 눈동자는 먼 허공을 향하고 있다.

그곳은 어디였을까. 북에다 두고 온 고향산천과 형제들이었을까. 잠시 잠깐만 헤어져 있을 거로 믿었던 시간이 이렇게까지 긴 세월이 흘러 버렸다. 그도 아니면 어쩌면 '엄마'가 계시던 곳이었을 지도 모른다. 봄이면 냇가에 나가 나물을 캐고 여름에는 멱을 감았던 개울일 것 같다. 엄마는 하얗게 널어 말린 빨래를 손질했으며 여자 아이는 해맑게 웃으며 물장구를 치고 놀았을 듯하다. 쌀독에 든 쌀을 바구미가 갉아먹듯 기억 속에서 그 추억이 야금야금 사라져 버렸다.

나는 할머니께 다가갔다. 낯선 얼굴임에도 누구냐고 묻지도 않는다. 노인은 치매를 앓고 있었다. 휴게실 쪽을 가리키며 따님이 애타게 찾는다고. 어서 가시라고 돌려세워도 묵묵부답이었다. 할머니와 데면데면하고 있는 사이에 엄마를 찾던 딸이 헐레벌떡 뛰어왔다. 다시는 놓치지 않겠다는 듯 엄마를 와락 끌어안았다. 얼굴을 쓰다듬고 헝클어진 머릿결을 손가락으로 빗질했다. 그 모습이 너무 애잔해 눈물이 났다.

드디어 엄마를 찾은 여자가 이산가족을 만난 듯 부둥켜안고 울었다. 하지만 노인의 기억은 좀처럼 돌아오지 않는다. 내 마음이 날이 선 칼에 베인 듯 쓰렸다. 이제 그녀의 엄마는 아기가 되어버렸다. 어느 여류 작가가 쓴 '엄마를 부탁해'에 이은 '아버지에게 갔었어'라는 소설의 장면이 떠올랐다. 그 작품을 읽는 내내 나는 많이도 울었다.

두 분 모두 나이가 들어 조금씩 뇌의 기능을 잃게 된다. 치매를 앓는 엄마는 지하철에서 실종된다. 흔적은 낡은 고무신 한 켤레가 전부였다. 자식들은 엄마를 찾아 사방천지로 뛰어다닌다. 가장 먼저 찾아간 곳은 예전에 엄마가 아들을 찾아왔던 집이었다. 그 집은 시골서 올라온 엄마가 아들이 기거하는 하숙집이었다. 행복했던 결혼생활은 잊을지언정 아들만큼만 기억하고 있을 거라 믿었다. 딸은 끝내 엄마를 찾지 못한다. 딸은 이제 아버지의 남은 생과 함께하고자 아버지를 찾아온다.

세상에서 가장 아름답고 거룩한 그 이름은 엄마이다. '엄마'는 처음부터 늙은이가 아니었다. 이름을 잃고 엄마가 되면서부터 초라하게 늙어갔을 뿐이다. 남녀노소를 막론하고 심지어 짐승까지도 누구나 마지막에 부르는 이름이 엄마라고 한다. 가끔 그 존재가 그리울 때는 허수아비라도 세워놓고 한번 불러보고 싶다. 엄마!

## 누우떼를 보았다

　산모롱이를 돌아가자 소 떼가 나타났다. 강을 건너는 누우떼의 무리와 흡사했다. 어디를 향한 행군이었을까. 땅을 내려다보며 묵언 수행하듯 줄지어 걸어간다. 어느 한 마리도 엇박자를 내지 않는다. 앞서간 자국에 거듭 발 도장을 찍으며 묵묵히 따른다. 짐승들의 생활에서도 엄격한 규율이 있나 보다.
　대지는 넓고 광활했다. 고속도로는 정체되는 구간없이 내처 달렸다. 가다 서기를 반복하는 번잡한 시내 주행에 비하면 브레이크를 밟을 필요도 없었다. 뉴질랜드는 국토 전체 면적과 비교하면 인구밀도가 매우 낮은 나라였다. 여행업과 낙농업이 경제의 동력을 떠받치는 나라답게 가는 곳마다 양 떼와 소 떼가 나타났다. 마구간에 갇힌 채 인공사료로 사육당하는 한우韓牛와 달리 초원에 방목된 채 한가롭게 살을 찌우고 있다.

누렁이 소 떼를 보니 행군하는 군인들 모습 같다. 군인 본연의 임무는 명령에 죽고 명령에 산다는 상명하복上命下服이 관례이다. 앞장선 누렁이가 부대원들을 인도하는 지휘관을 닮았다. 그 세계는 무리에서의 이탈은 탈영으로 간주하여 곧장 군법에 넘겨졌다. 대한의 건아라면 그 규율에 적응하기 위해 밤을 새워가며 걷고 또 걸었다. 한 사람의 낙오자도 생기지 않게 서로 독려해가며 고된 훈련을 견뎌낸다. 아들은 발바닥에 잡힌 물집을 바늘로 터트리며 밤새도록 걸었다고 했었다. 사나이들만의 세계인 군대에서의 생활은 전역한 노병에게도 몸서리쳐지는 추억으로 남아있을 것이다. 저 누우떼의 발바닥을 따라가노라니 문득 차마고도를 힘겹게 넘었던 그 발자국이 떠올랐다.

라오스와 태국은 대표적인 불교국가이다. 3개월 수양을 마친 스님들 행차를 보노라면 마음이 숙연해진다. 우기의 끝을 알리는 '완억판싸'에는 해마다 연례행사가 펼쳐졌다. 주황색 법복을 입은 승려 수백 명이 루앙프라방 거리로 탁발을 나오던 장면은 가관이었다. 놀라운 건 왓쌘 사원의 담장을 따라 스님들을 기다리는 국민이었다. 온갖 정성을 다해 만든 음식을 품속에 껴안고 있다 지나치는 스님의 바리때에 성심껏 공양했다. 그건 서로가 주고받는 불심을 향한 자비였다. 그 수고로움이 헛되지 않게 간신히 허기만 면한 스님들은 남은 음식을 가난한 이들에게 나눠준다고 한다. 남의 뼈까지 적선하고 떠나는 붉은 소 떼에서 탁발승이 떠올랐다.

"그때 나는 화면에서 보았다.
 발굽으로 강둑을 차던 몇 마리 누우가
 저쪽 강둑이 아닌 악어를 향해 강물에 몸을 담그는 것을
 악어가 강물을 피로 물들이며
 누우를 찢어 포식하는 동안
 누우떼는 강을 건넌다

(생략)

언젠가 다시 강을 건널 때
그 중 몇 마리는 저쪽 강둑이 아닌
악어의 아가리 쪽으로 발을 옮길지도 모른다."

— '누우떼가 강을 건너는 법' 복효근

자유와 억압된 삶은 공존할 수 없는 불가히역의 힘을 가졌다. 헌법 제11조 1항, "모든 국민은 법 앞에서 평등하다."라고 명시되어 있다. 마음대로 행동할 수는 있지만 대신 엄연히 질서秩序란 게 있다. 그것은 묵언으로 지키는 약속일 게다. 설령 나와 다른 존재일지라도 서로 포옹하는 자세야말로 자유를 누리는 특권 아닐까.

도심 한복판에 태극기 부대가 등장했다. 무리를 이룬다는 건 한 공동체에 속한다는 것이다. 그렇다면 깃발은 흔들 때는 언제일까. 기쁜 일과 슬픈 일을 당할 때 사용한다. 경기에 나가 나라를 빛내는

운동선수들이 자랑스럽게 흔드는 게 그 나라의 국기國旗이다. 나라를 위해 전사한 호국선열들을 기리기 위해 조기弔旗를 내건다. 후세들이 유물만큼 고이 간직해야 하는 게 국기다.

그렇다고 깃발을 아무렇게나 흔들지 말라는 뜻은 아니다. 때와 장소를 가려서 흔드는 게 마땅하지 않을까, 하는 게 내 개인적인 견해다. 그것을 비판할 목적도 칭찬할 이유도 내겐 없다. 나와는 무관할뿐더러 가문의 영광쯤으로 간직하는 정치나 벼슬자리를 올랐던 어른도 없다. 벼슬 맛을 본 적이 없었던 그저 평범한 부모 밑에서 태어났지만, 그런대로 인성교육만큼은 그럭저럭 받고 자랐다.

눈만 뜨면 남에게 폐를 끼치는 사람은 되지 마라, 남의 눈살을 찌푸리게 하는 행동도 결코 해서는 안 된다. 골목길에서 하루에 열 번이라도 어른을 만나면 안부를 여쭈어라. 그렇지 않으면 누구누구집 자식 행실 없이 자랐다고 잘못된 부모 교육을 흉잡는다고 했다. 그 가르침 덕분에 절반은 예의 바르다는 소리를 듣고 살아왔다.

말 못 하는 짐승들에게도 엄연히 질서가 있었다. 사람은 그 짐승보다 우성인자를 가진 우월적 존재이다. 너의 생각이 다르고 나의 견해가 다르다 하여 서로 승냥이처럼 물고 뜯어야만 직성이 풀리는가. 상대편이 마음에 들지 않는다고 용심부리면 어느 날 역지사지易地思之로 되돌아올 수 있다. 우리의 뇌는 마음과 합체되는 조직으로 만들어져 있다. 대다수 사람은 그들과 무관하게 맡은 바 임무를 다하며 묵묵히 누우떼처럼 자기 갈 길만 간다.

규율을 지키지 않고 직진하면 마주 오는 차량과 충돌하기 마련이다. 전 세계가 함께하는 올림픽 경기는 오륜기로 표시한다. 모두 하나 되어 둥글게 원을 그리다 보면 어느 꼭짓점에서 서로 만나게 된다. 그러면 매듭 없는 완벽한 하나의 원이 된다. 사람 사는 세상에도 그 진리를 조금은 알고 갔으면 하는 바람이다.

끝없이 이어지는 넓은 땅, 소 떼가 걸어간다. 나도 따라간다. 저 고개만 넘으면 영국 시인 칼 부세가 노래한 행복이 있을까. 행복은 먼 곳에 있는 게 아니라 충실하게 살아가는 현실에 있지 않을까.

## 문패를 새기며

　애야! 오늘은 공방에 부탁해 오동나무를 주문했다. 공방을 운영하는 젊은이 성격이 명랑하고 어질어 보였다. 최고의 학벌을 가지고서도 청년들의 취업이 쉽지 않아 삶이 팍팍하다는 말에 사금파리에 가슴을 베인 듯 선뜻 위로의 말이 떠오르지 않았다. 무심히 공방 한쪽 구석으로 가 나무껍질만 사포로 박박 문질렀다. 청년이 다가와 할머니! 무얼 만드시냐고 묻더라. 나는 문패를 하나 깎을 참이라고 했다. 문패 주인이 누구냐고 되묻길래 비밀! 이라고 했다. 수강생이 많지 않아 공방은 월세 내기도 빠듯할 텐데, 우울한 기색 없이 환하게 웃는 모습이 좋더라

　문패를 깎는 순간만큼은 나는 예술가가 된다. 자칫 손이라도 베일까, 조각칼로 조심스럽게 나뭇결을 후벼 파며 어설픈 조각가 흉

내를 낸다. 숯불을 피우려면 참나무가 필요할 듯하다. 화로에 인두를 꽂고 달궈진 쇠끝으로 목판에 너의 이름을 새길 참이다. 이왕이면 장미 한 송이도 그려 넣을 생각이다. 금방이라도 네가 들어설 것 같아 마음이 장작처럼 타들어 간다.

  애야! 네가 떠난 지도 많은 세월이 흘렀구나. 십 년이면 강산도 변한다는데 머잖아 두 번의 계절이 가고 오겠다. 자식은 머리가 커지면 부모 곁을 떠나 혼자만의 독립된 생활을 꿈꾸기도 하지. 어느 소설가가 쓴 '한국이 싫어서'라는 책을 읽으면서 청년들의 심정을 여실히 알 수 있었다. 팍팍한 도시에서 치열한 경쟁에 시달리고 지쳐 더러는 귀촌을 하는 이들도 있더라. 젊은 패기는 무엇이든 할 수 있으니 그 꿈에 응원의 박수를 보내주고 싶단다.
  네 직업이 환자들을 돌봐야 하는 힘든 일이라 이 어미는 늘 마음이 아프다. 영혼을 갈아 넣느니, 태움을 당하느니 그런 소리를 들을 때마다 당장에 그 일을 그만두라고 하고 싶었다. 그래서 솔직히 복작거리는 이 나라를 떠나라고 부추겼는지도 모른다. 어디를 가든 생계에 따른 노동은 힘들기는 마찬가지가 아닐까. 이 어미는 가난한 시대에 태어나 하고 싶었던 꿈을 이루지 못했다. 너만이라도 네가 하고 싶다는 걸 허락해주고 싶었다.
  외국 생활에서 경험을 쌓은 뒤 곧 돌아오겠지, 라고 생각했는데 이젠, 그곳에 붙박이처럼 터를 잡고 말았구나. 세월은 마냥 우리를 기다려주지 않더라. 이 어미도 젊었을 적에 부모가 늙어간다는 걸

모르고 살았다. 언제까지나 자식 곁에 살아 계실 줄 알았다. 살림살이가 팍팍해 마음 놓고 옷 한 벌 해드리지도 못했다. 그게 늘 마음에 걸렸지만, 돌아가신 뒤에는 오동나무 관도, 삼베수의마저도 내 몫이 될 수 없었다. 그때까지도 나는 사글셋방에 살았다. 부모는 자식이 효도할 때까지 기다려주지 않았다. 사람은 자기가 하고 싶은 일을 해야만 최선을 다하잖니. 네가 선택한 것에 나무랄 생각은 전혀 없었다. 어쩌다 마음이 허전하면 주인 없는 빈방을 들락거리며 흔적만 더듬을 뿐이다.

얘야! 나는 이제 늙었다. 겨우 집 한 채 가지고 있는 것도 관리하기에 힘이 부친다. 요즈음 젊은 사람들 사이에는 '소확행'이 유행이라지? 어쩌면 작은 것에서 행복을 느끼는 것 같아 대견하기도 하더라. 젊어서는 세간살이 하나라도 더 끌어모으려고 안달복달했었다. 남이 고물로 내놓은 중고 냉장고를 얻어와 너희들이 좋아했던 얼음과자를 채워 넣었을 때 그 기분은 말로 표현할 수 없었다. 노동자의 월급이 올라 미전米廛에 밀린 외상값을 완불하는 날은 날아갈 듯이 기뻤다. 할부로 사들인 삼단 서랍장에 네 옷가지를 가지런히 개켜 넣었다. 몇 번의 유산 끝에 너를 얻었기에 나에게는 정말 소중한 보물이었다. 행여 손때라도 묻으면 병균이 옮을까 두려워 하루에도 몇 번씩 마른 걸레질을 했다.

나이가 드니 때론 인생살이가 허무하다는 생각이 든다. 돌아갈 때는 빈손인 것을 무엇을 얻고자 그렇게 아등바등 살아왔을까. 이젠 많은 것도 필요 없다. 그저 작은 몸 뉠 수 있는 공간이면 족할 것 같다. 책에 중독된 내가 좋아하는 문학 서적을 꽂아놓을 수 있는 자투리 여백만 있으면 더할 나위 없겠다. 합쳐봐야 여남은 평 남짓하면 적합할 듯싶다. 그렇다고 발품 팔아가며 어렵게 얻은 집을 남의 손에 넘겨주자니 달갑지만은 않다. 무엇보다 언젠가 네가 돌아온다면 쉴 수 있는 공간이 없어지는 것이 마음에 걸린다. 몹시도 서운해할 너를 생각하니 하루에도 몇 번씩 생각이 오락가락한다. 설령 내가 가고 없더라도 어미의 손때가 묻은 장롱 하며 청국장을 끓였던 뚝배기에서 어미의 체온을 느껴보려무나.

야야! 세상에는 편법으로 재산을 취득한 사람들도 많더라만 어디 그런 사람이 얼마나 되겠니? 그들에 비해 달랑 집한 칸 가지고 고민을 한다는 게 웃음거리가 될지 모르겠다. 한때 어느 지식층이 말한 '가붕개'(가재 붕어 개구리의 줄임말) 론이 논쟁거리가 된 적이 있었다. 하지만 지극히 평범한 사람들은 자기 명의로 된 문패 하나 새기려고 평생을 두고 고생하지 않나. 우리 식구들도 그래잖아. 이사하던 날 너무 행복해 밤잠까지 설쳤잖니. 그때는 너희 남매가 우등상을 받아올 때처럼 행복했었다. 그때가 내 인생에 최고의 봄날이었다.

지난겨울은 유난히도 추웠다. 네 생일이 1월이니 그때도 추웠었다. 아빠가 직장을 잃고 방황할 때였다. 어느 해안의 외진 사글셋방에서 너를 출산했다. 수발하러 온 외할머니는 허허벌판에 외따로 있던 집에서 일주일을 견디지 못했다. 꽃이 많이 피는 마을이었는지, 그곳 지명이 '꽃바위 마을'이었다. 나는 꽃으로 내게 온 너를 꽃처럼 키우고 싶었다.

나도 이제 그때의 외할머니보다 더 늙었다. 찬바람이 불고 날씨가 궂으면 신경통과 관절염이 뼛속 깊이 파고든다. 백발을 빗질하고 재래시장에 가면 등 굽은 노인 여럿 보이더라. 몸에 좋다는 말에 이것저것 가리지 않고 무겁도록 장바구니를 채우더라. 손수레를 끌고 집으로 와 한나절 내내 주방에서 붙어서서 민물고기를 고아 추어탕을 끓이고, 노릇노릇하게 생선을 구울 것이다. 어디 자기 몸 하나 건사하자고 그러겠니. 맛나게 먹을 자식들 얼굴을 떠올리면 기꺼이 자기 한 몸 헌신하겠지.

그렇게 준비한 음식을 들고 자식들 집을 찾아간다. 높디높은 아파트 상호는 왜 그리도 어려운지. 안골, 윗동네가 아니라 외국에 온 것 같아 주눅이 든다. 음식을 배달하는 오토바이가 굉음을 울리며 요란하게 지나쳤다. 각고의 노력 끝에 겨우 내놓은 음식은 그리 환영받지 못한다. 기대와 달리 자식은 엄마가 만든 음식은 짜거나 다 디달아 입맛에 맞지 않는다는, 그 말을 끝내 듣고 만다. 공연히 혼자만의 착각이었다는 걸 깨달으며 쓸쓸히 발길을 돌릴 것이다. 그런 부모가 어디 한둘일까. 자식이 품속을 떠나도 여전히 빈 둥지를 새알처럼 품고 있는, 그 마음을 누가 변론해줄까.

애야! 언젠가 이런 일도 있었다. 누군가 아파트 쓰레기통에 깨끗하게 손질해서 말린 무청 시래기를 버렸더라. 새끼줄로 촘촘히 엮어놓은 게 여간 공을 들인 게 아니었다. 어미의 애잔한 정을 무청 시래기에 엮어 전한 듯했다. 세상이 변해도 어미 마음은 그대로였나 보다. 버튼만 누르면 대문 앞에 즉각 대령하는 음식 맛에 길들어진 자식들만 변했다. 짐작건대 아마도 시골 사는 노인이란 생각이 들었다. 진자리 마른자리 가려가며 자식을 눕히듯 몇 날을 두고 정성껏 말렸을 흔적이 역력하더라. 그 사랑을 매정하게 뿌리친 것 같아 가슴이 아팠다.

간편식에 길들어진 세대들에게 거칠거칠한 무청 시래기는 성가신 음식이 분명하다. 하지만 그 속에는 초콜릿보다 더 달콤한 모정이 있지 않았을까. 나는 얼굴도 모르는 노인의 수고로움을 차마 외면할 수 없었다. 집으로 가져와 한 시간 남짓 푹 삶아 두고두고 된장국을 끓여 먹었다.

그 된장국에서 어쩐지 외할머니 냄새가 나더라. 예전에는 가을걷이가 끝나면 처마마다 무청 시래기를 말렸거든. 그게 사계절 내내 양식이나 마찬가지였다. 그걸로 겨우내 죽을 끓이거나 나물로 볶아 보리쌀 곱삶아 지은 밥에 쓱쓱 비벼 먹기도 했다. 아마도 내 입맛이 그때를 기억하고 있었던 모양이었다.

애야! 부모는 자식들과 많은 추억을 쌓는 게 좋겠더라. 소가 여물을 삼키듯 그 추억들을 하나하나 되새김질하며 늙어가는 것 같다. 현재를 살아가는 젊은이들은 과거의 세대를 쉽게 이해하지 못할

거야. 자식을 낳아 키우다 보면 어느 날 문득 깨닫지 않을까? 오늘은 네 문패의 초안을 뜨는 기념으로 무청 시래기 된장국을 끓여 먹어야겠다.

## 발효되는 시간

또 고집스럽게 찾아왔다. 발길은 마음의 속셈을 이미 알고 있었다. 마음이 응석을 부렸든 발길이 조종했든 상호작용은 그리움에서 시작되었다. 눈앞에 비친 모든 사물과 살가웠던 인정이 예전 같지 않다고 실망할 이유도 없다. 바람의 기류에 휘몰리듯 세월은 한순간 그렇게 지나갔다. 둥지를 떠난 새는 옛집에다 바람에 흩날리는 깃털만 남겨 놓았을 뿐이다.

고샅길을 돌아 옛집의 담벼락에 섰다. 옛 정취는 흔적 없고 홀로 삭아 내리는 집만 홀로 남겨졌다. 주인은 집만 남겨둔 채 어디론가 떠나갔다. 자녀 집에 얹어 살거나 또래들이 모여 지내는 보호시설에 갔을까. 그도 아니면 선산 묘지기 하다 그 곁에 묻혔을까. 갖가지 꽃을 피웠던 꽃밭에 잡초와 뒤섞여 싸릿대만 우거졌다. 내 기억 속에 남겨진 꽃들만이 새록새록 살아나 나비를 불러 모은다. 접시꽃을 뜯어 콧등에 붙이고 경철이는 수탉 흉내를 냈었다. 소녀들은 고무줄놀이했고, 소년들은 구슬치기와 땅따먹기를 했었다. 그러다 무료해지면 한데 어울려 술래잡기를 했다.

"무궁화 꽃이 피었습니다." 이마로 담벼락 도장을 찍었던 아이들 웃음소리는 굴뚝의 연기처럼 사라졌다. 마을은 재생 사업으로 새롭게 탈바꿈되어 미술전시관을 방불케 했다. 손톱에 꽃물들이던 봉선화도 피었고 바다의 별인 불가사리도 떴다. 문어가 꿈틀대고 미역이 펄럭인다. 소라를 입에 물고 트럼펫을 부는 아이도 있다.

어둠이 내려앉는다. 마을을 한 바퀴 돌아 바다로 나가본다. 모랫바닥에 쳐놓은 텐트가 한 마을을 이루고 있다. 텐트마다 남폿불을 밝히듯 랜턴을 켠다. 고샅길을 사이에 두고 추녀 끝을 맞대고 이웃한 초가를 보는 듯 살갑다. 가족 단위의 피서객들이 한데 모여 놀이를 즐기고 있다. 유머 감각이 풍부한 세 번째 집 아빠는 숨겨놓았던 끼를 발산한다. 기타를 치고 아이들은 손뼉을 치며 동요를 부른다. '엄마가 섬 그늘에 굴 따러 가면'… 어머니의 바구니엔 집에 두고 온 아이 생각만 채워진다. 혹여 아는 얼굴이라도 있으려나 하고 주변을 기웃댄다.

한편에선 바다를 향하거나 하늘에 대고 폭죽을 쏘아 올리기도 한다. 꿈을 꾸는 아이들의 함성이 메아리 되어 날아오른다. '저 별은 나의 별, 저 별은 너의 별' 바쁜 현대인들이 찾는 별은 어떤 별일까. 별의 삶을 살고 싶었던 오빠들은 저 수많은 별 중에 어느 별이 되었을까. 밤은 깊어가고 달은 처량하게 밝았다. 폐선 된 채 버려진 거룻배는 아버지가 불렀던 슬픈 곡조만 담고 있다.

소란했던 밤은 가고 아침 햇살이 떠오른다. 후릿그물 당기기 체험이 시작된다는 안내방송이 나온다. 피서객들이 모래를 털며 하나둘 모여든다. 선두先頭에서 배를 띄우는 반백의 얼굴이 낯이 익다. 닻을 내리는 솜씨가 예사롭지 않다. 깨복쟁이 친구 같다. 그 바다에서 우리는 부끄러움도 없이 허물없이 멱을 감았다. 미소년이었던 그 얼굴에 구레나룻이 덮여있었다.

그에게 바다란 어떤 곳이었을까. 조상 대대로 뿌리를 내린 고향이었고, 삶을 캐내는 생활의 원천源泉이었다. 고목 나무가 마을을 지키고 몸이 성치 못한 자식이 부모님께 효도한다고 하던가? 대물림처럼 물려받아 바다를 지키는 검게 탄 얼굴이 무척이나 행복해 보인다. 당사자는 비린내가 지겨울지 몰라도 여유로워 보이는 그의 생활이 외려 부러웠다. 나만 그런 게 아니라, 온갖 신경 물질들이 전신을 괴롭히는 도시인들의 로망일 듯하다.

처음으로 체험현장에 참가한 이들이 신기한 양 모여든다. 청백으로 나뉘어 경기를 펼치듯 밧줄을 당긴다. 그 광경을 바라보다가 슬그머니 대열에 동참한다. "영차, 영차" 모랫바닥에다 발을 파묻고 어빡자빡 넘어졌다. 그물의 벼리를 푸는 순간 은빛 멸치 떼가 널을 뛴다. 환호성이 터지고 아이들이 멸치처럼 모랫바닥을 튀어 오른다.

한반도는 삼면三面이 바다이다. 우선 동해 어종으로 말하자면 대구와 명태가 단연 으뜸이다. 단단한 근육질 몸매를 가진 대구大口는 수염까지 기르고 있어 고급 어종에 속한다. 콩나물과 미나리를 가미한 매큼한 대구뽈찜은 경상도 특유의 음식으로 손꼽힌다. 1776년에 간행된 『공선정례供膳定例』에 의하면 진상품 중에 대구를 으뜸으로 친다. 잘 말린 건제품과 알과 내장으로 담근 젓갈이 고급식품으로 취급받았음을 기록하고 있다. 갓 잡은 명태는 생태라고 부르고, 얼리면 동태, 눈 속에 말린 건 황태라 부른다. 어린 새끼는 노가리라는 애칭으로 불리고 있다. 다양한 명칭만큼 요리에 따라 맛을 달리한다.

서해 하면 단연 연평도 바다가 최고의 어군 군락지가 아닌가 싶다. 우리나라 제일의 조기 어장으로 유명한 파시가 열려 많은 인기를 누리던 곳이었다. 조선 시대 임경업 장군이 병자호란 때 청나라를 치러 명나라로 가던 중 잠시 들렀다가 가시나무로 조기를 잡았다는 유래가 전해온다. 또한, 고려 시대에 유배를 간 이자겸이 조기를 말려서 왕에게 진상을 올렸다는 설도 있다. 민어는 밀어주고 도미는 도와준다는 말이 있듯 조기 또한 어동육서 축에 끼어 제사상에 오른다. 구이나 매운탕으로 많이 사용하고 소화가 잘되는 생선이라 어린아이들도 좋아한다. 신선한 걸 고를 때는 비늘이 은빛인게 좋다. 염장 질러 발효가 된 조기는 굴비로 두름 엮여 비싸게 판매된다. 어지간히 강한 심장을 갖지 않고서는 됨됨이 선물로 선사할 수 없다.

 이제 남해로 말할 차례다. 남해 하면 멸치를 빼놓을 수가 없다. 칼슘이 많아 나이와 상관없이 국민 생선으로 사랑받는다. 외모로 보면 피라미 같지만, 필수영양소 덩어리다. 자라나는 아이들의 뼈를 튼튼하게 해주고, 뼈에 바람이 든다는 어른들의 골다공증에도 명약으로 작용한다.

 몸집이 작은 멸치 처지에서 보면 항변을 안 할 수가 없다. 몸보신용으로 으뜸인 붕장어에 비교해 길이가 짧아 사실 잽도 안 된다. 연근해를 떠나본 적이 없어 태평양 베링해역도 모른다. 하지만 자부심 하나만은 대단하다. 멸치만큼 손쉽게 먹을 수 있는 생선은 없다. 대구大口는 입이 커서 먹잇감을 한 입에 쓸어 넣는다. 고등어 정어리는 물론, 심지어 자기 새끼마저 잡아먹는다. 멸치는 배를 굻을지언정 그런 파렴치한 행동은 하지 않는다.

 오촌 당숙은 이제 멸치 터는 것조차도 힘에 부친다고 말한다. 가장이었기에 어깨를 짓누르는 생의 무게가 부채負債처럼 무거웠다. 그 짐을 털어내듯 노동요를 목청껏 부른다. 가끔은 멸치 떼처럼 부대끼면 살았던 도시 생활이 그리울 때가 있단다. 그러나 어촌으로 내려와 멸치를 마음껏 먹이며 자식들을 키워냈다. 멸치처럼 가늘었던 뼈대를 튼튼하게 만들어 대명천지에 내놓았다. 그 삶에 후회는 없단다. 그것으로 어부라는 직업에 자부심을 느끼고 살았다고 한다. 그의 생生인들 멸치처럼 팔딱대던 시절이 있지 않았을까.

"시간이 지나면 부패하는 음식이 있고, 시간이 지나면 발효되는 음식이 있다." 곰삭은 멸치젓갈이야말로 발효음식 중에 으뜸이라 할 수 있다. 체구가 작다고 무시하지 마라. 또한, 난쟁이라고 짓누르지도 마소. 비록 작게 태어났지만, 그래도 뼈대 있는 가문에서 태어났다오. 가문마다 풍습이 다르듯 우리네 집안 내력도 염연히 서열이란 게 있소.

서로 종친宗親 관계지만 용도에 따라 다르다. 맏형인 '오주바(대멸)'부터 작은형 고주바, 고바기어리(주멸, 소멸)까지 위계질서가 분명합니다. 저희를 얕잡아 보시지 않습니까? 너희가 자라봐야 고래가 되지 않는다고. 무시하는 건 사실이잖아요? 말이야 바른말이지, 저희만큼 '칼슘'이 풍부한 생선이 있으면 나와 보라고 하십시오. 솔직히 뼈 건강에는 지대한 공헌을 하지 않습니까?

멸치 처지에서 보면 설움이 이만저만이 아니다. 바닷물에 삶겨 허리가 꼬부라진 멸치의 변邊을 듣고 보니 틀린 말도 아니다. '새멸'은 견과류를 넣고 볶으면 도시락 반찬용으로 제격이다. '자멸'은 꽈리고추를 넣고 프라이팬에 살살 볶아 식탁에 올리면 매큼한 맛이 밥반찬으로 한 몫 톡톡히 해낸다. 대들보 격인 '대멸'은 다시마 대파, 조선무를 넣고 고아 낸 육수는 그 맛이 일품이다. 잔칫집에 국수가 빠지면 무슨 재미가 있을꼬. 갖은 고명을 올리고 넘치도록 육수를 부으면 한 그릇 가득 바다가 담긴다. 전통혼례식장에서 국수를 얻어먹지 않고 돌아서면 어딘가 모르게 서운해진다. 비록 가느다란 뼈대로 태어났지만, 아이들의 뼈는 튼튼하게, 어른들의 골다공증을 예방해주니 이만하면 최고의 명문어문가名文漁門家라는 칭호를 붙어주어도 좋지 않을까? 어렸을 적에 내 도시락 안의 자산어보도 바로 멸치였다.

　파도가 한 겹씩 주름을 잡는다. 그리운 얼굴들을 싣고 달려온다. 트롤선을 탔던 큰 오빠는 오호츠크 해역을 동해로 내려오고. 연평도를 떠돌았던 작은 오빠는 서해를 휘돌아 내려온다. 그들은 오늘만 온 게 아니었을 게다. 세상과 등졌던 그 날부터 물새가 되어 날아왔거나, 바람 되어 무시로 고향 바다를 찾아왔을 것이다. 오늘은 내가 남해에서 올라왔으니 모처럼 삼 형제가 고향 영일만에서 함께 모였다.
　'넓고 넓은 바닷가에 오막살이 집 한 채/ 고기 잡는 아버지와 철 모르는 딸 있네/'텐트 속의 사람들은 꿈나라로 갔다. 세상의 모든 어부의 안녕을 빌며 바다를 향해 술잔을 뿌린다. 발효되는 시간은 멸치에게만 있는 게 아니라, 우리네 삶에서도 가끔 필요했다.

## 호미론

ㄱ, ㄴ을 써 내려간다. 가로 목이 길거나 세로가 짧아도 모양새가 좋지 않다. 무엇이든 혼자서 완벽한 것은 없다. 제대로 된 글자 모양을 갖추려면 단짝이 필요하다. 평소에는 몰랐다. 자음과 모음을 조합하다 ㄱ의 의미를 새롭게 깨달았다. ㄱ의 출구는 상대편을 겨누고, ㄴ의 방아쇠 끝은 나의 심장을 향하고 있다. 한글 창시자가 두 글자를 들머리 둔 심미안이 경이롭기까지 하다. 무사의 장검長劍만 무서운 게 아니라 글자에도 훈육방식이 있었다.

불에 달궈져 쇳조각이 ㄱ이 되는 과정을 지켜보고 있다. 대장장이가 내려치는 쇠망치에 수없이 매타작당한다. 반항하듯 불꽃 튀밥으로 번쩍번쩍 튀어 오르다 맥없이 사그라진다. 한때는 용광로 속에서 한 덩어리로 뭉쳐져 정열적으로 쇳물을 끓였던 동지였다.

본연의 임무와 쓰임새에 따라 제각각 돌아서야만 했다. 한쪽은 쇠망치로, 다른 건 호미와 낫이 되었다. 어제는 한 몸이었건만 오늘은 원수가 되어 내리치고 두들겨 맞는 앙숙 관계로 변해버렸다.

시련을 겪은 쇳조각이 호미로 탄생했다. 매를 맞는 대신 척추 수술을 받았다. 굽어야 제구실을 하기에 ㄱ형으로 탈바꿈하고 불에서 나왔다. 끝은 날카롭고 허리 부분은 적당히 휘어졌다. 전쟁터로 나가듯 완전히 무장한 채 농기구 센터에 걸려 있다. 한눈에 보아도 주어진 일상이 녹록잖아 보인다. 굽은 허리로 보아 평생 장애를 앓으며 생활할 것 같다.

쪼그리고 앉아 어렵게 살아온 대장장이의 하소연을 듣는다. 쇠를 끓이며 뜨겁게 살아온 그의 일생이 한 편의 영화처럼 드라마틱하다. 삼복더위에 대장간은 용광로 같다. 하찮게 취급했던 ㄱ이 한 사람의 인생을 통째로 담고 있다. 입안에서 단내가 나고, 땀을 닦은 수건에서 화근내가 풍긴다.

어느 날 열다섯 살 소년에게 슬픔이 찾아온다. 무심코 본 부모님의 허리와 손가락이 ㄱ으로 변해가고 있었다. 어떻게 하면 굽어진 걸 나팔꽃처럼 활짝 펴 드릴 수 있을까. 소년이 시골에서 익힐 수 있는 기술은 많지 않았다. 입에 풀칠할 게 없다며 바가지를 들고 어머니가 우물가에 앉아 울고 있었다. 한 달에 보름은 시래기죽과 두부 비지만 먹었다. 눈에서 헛것이 보이고 현기증이 생겼다. 소년은 무슨 기술이든 배우고 싶어서 막연히 대장간을 찾아갔단다.

그에게서 인생 불꽃은 쉽게 피지 않았다. 이를 악물고 쇠를 두드려 꽃을 피웠다. 농기구를 만드는 일은 자신을 연마하는 수행이나 마찬가지였다. 수없이 쇠를 굽고 두들겼다. 그렇게 몇십 년을 호미와 씨름하다 허리가 ㄱ으로 꺾이고 말았단다. 그래도 후회는 없다며 잇바디를 드러내며 환하게 웃는다.

대장장이가 쉼 없이 풀무질과 공이질을 해댄다. 호미 처지에서 보면 그만하면 혹독한 수련을 겪었건만, 뭇매도 모자라 냉탕과 온탕을 들락거린다. 열병과 냉방병으로 몸살을 앓다 끝내 흙을 다루기 좋은 도구로 태어났다. 이제부터는 농부와 동고동락하며 씨앗을 키울 임무가 주어진다. 끝이 무뎌지고 녹물이 흐르도록 타인의 삶에 크게 이바지하며 쇠잔한 몸으로 녹아날 것이다.

허리 휘어진 사람이 ㄱ을 내려다본다. 흐뭇한 표정이다. 아주 잘 만들어진 모양이다. ㄱ을 첫머리에 놓고 언문을 깨우친 끝에 쇠를 다루는 장인匠人이 되었다. ㄱ자로 꺾어진 호미는 혁명적 원예 용품이란 걸 최초로 외국에 알렸다. 뻣뻣이 선체로 정원의 잔디를 깎는 서양인들을 할리우드 영화만큼 열광케 했다. 이제 아마존에서 그 실력을 인정받아 주문량이 폭주한단다. 유창한 통역관이 아니어도 용감무쌍한 독립투사처럼 호미 한 자루가 애국자가 되었다.

대장간에 들른 시골 아낙이 호미를 두고 흥정한다. 날이 선 끝으로 허공을 긁어본다. 표정으로 보아 머슴으로 데려가기에, 충분하다는 표정이다. 호미와 더불어 지심을 수월하게 뽑아낼 생각에 발걸음이 가뿐해 보인다. 시절 인연으로 맺어 농사일을 하다보면 그녀의 허리도 ㄱ을 닮아갈 것이다. 내 부모님이 그랬던 것처럼….

 오일장 들머리에 대장간이 있었다. 아버지는 거기서 친구들과 술추렴을 자주 했다. 연장이 주인을 닮았는지, 주인이 연장을 닮아갔는지 서로 내 사정, 네 사정을 위로하며 동갑내기로 늙어갔다. 상처喪妻한 오촌 당숙도, 청춘가를 잘 불렀던 얼금뱅이 장 씨도 ㄱ을 닮아있었다. 호미처럼 휘어진 손가락으로 막걸릿잔을 움켜쥐고 주거니 받거니 해가며 농작물 작황에 대해 주고받았다.
 ㄱ과 생사고락을 함께한 농부의 삶은 실로 헌신적이었다. 자갈밭을 추려내고 옥답을 일구었다. 호미 끝과 더불어 허리가 굽고 손가락이 변형되어 지문이 뭉개져도 자식들 키우는 일이라면 기꺼이 ㄱ이 되어도 좋았다.
 ㄱ은 이란성 쌍둥이 형제로 호미와 낫으로 태어났다. 서로 용도는 달랐지만, 농부와 절친하게 지내는 사이였다. 낫은 논두렁 풀을 깎거나 나락과 보리를 벴다. 주로 아버지의 전용 도구였다. 오래 사용하다 낫 날이 무뎌지면 숫돌에다 물을 잘금잘금 뿌려가며 갈아 썼다. 퍼렇게 날이 선 낫으로 겨울이면 뒷산에 올라 땔감을 베와 군불을 지폈다. 온돌방은 장판이 녹아내릴 만큼 뜨끈뜨끈했다.
 낫을 관리했던 아버지는 자식들의 인성교육에도 날을 세웠다. 행동거지가 못마땅하면 신우대를 베어와 회초리를 만들었다. 낫 날 같았던 성격도 가끔은 낭만파 시인詩人이 되기도 했다. 햇살 긴 봄날엔 진달래꽃을 꺾어 지게에 가득 담아왔다. 어깨너머에서 나풀거리던 꽃대는 어사화처럼 낭창거렸다. 어머니는 꽃으로 두견주를 빚거나 화전을 붙었다. 창호지에 덧댄 꽃술 위로 달빛이 스며들었다. 아버지 얼굴에 시절時節꽃이 활짝 피었었다. 꽃잎을 뜯어 먹은 아이들 입술이 푸르스름했다.

살다 보면 서로 닮는다는 말이 있다. 연장과 사람이 그랬다. 동거 기간이 길어질수록 사람은 손가락과 허리가 굽어갔다. 알곡이 생기는 일이라면 험한 일도 마다하지 않았다. 보리밭이든 잡초가 우거진 논두렁이든 거칠 것이 없었다. 서로 합심하여 재산을 불리고 자식들을 키워냈다. 까짓것 허리쯤은 무디어지는 게 대수랴. 날로 달로 닮아갈 적마다 웃음꽃이 피었다. 볏짚으로 엮어 만든 뒤주를 보고 바구미 같았던 자식들이 환호성을 질렀다. 마구간에서 송아지가 울었고, 누렁이는 마당을 뛰어다녔다. 엉겁결에 암탉이 알을 낳았다며 소리쳤다.

농부와 밀회를 즐겼던 호미는 끝이 뭉뚝해지고 자루가 섞어갔다. 평생을 두고 돌밭과 결투하며 질곡의 역경을 견디며 지냈다. 이제 홀로 빈집에 남겨진 농부의 호위무사가 되어 곁을 지키고 있다. 사물이든 사람이든 제 몫을 다하고 나면 해탈의 경지에 드는가 보다. 농부의 청춘은 되돌아오지 않고 호미만 곁에 남았다. 인생은 그런 거라며 위로하듯 채소밭 귀퉁이에 나앉거나 헛간에 매달려 휴지기에 들었다. 아직은 기력이 조금 남아있다면 봄볕 좋은 날 호미를 동무 삼아 씨앗을 뿌리고 자식처럼 푸성귀를 돌볼 것이다.

 잡초를 뽑다 말고 끝이 무뎌진 호미에 눈길이 머문다. 너는 누구를 위해 허리 휘어지도록 베풀어본 적이 있었던가? ㄱ이 선문답 던지듯 한다. 타인을 향했던 ㄱ의 희생은 자식에게 헌신한 부모의 일생이란 걸 허리 휘어지면서 깨닫는다. 그 덕분으로 ㄴ 모형의 소파에 앉아 편하게 살아왔다. 그 은공이야말로 각골난망刻骨難忘이다.

## 베란다 끝에 선 남자

1

 세상 어디를 뒤져도 구매 불가한 제품이었다. 억만금의 포상금을 내건들 무슨 소용 있으랴. 현재를 벗어난 과거로의 여행은 공상 세계에서만 유효했다. 타임머신(time machine)을 신고파 어느 여가수의 아모르파티(운명을 사랑하라는 뜻)에도 과감하게 참가했다. 나이 숫자보다 마음이 중요하다며 목청껏 따라 불렀다. 목이 다 쉬었건만 혼자만의 열창이었고, 회춘했다고 떠벌린들 주책없는 노인네였다. 한때는 '메디슨 카운티의 다리'의 주인공들처럼 사흘 동안 사랑하고 평생을 그리워할 로맨스 상대도 스치듯 지나갔다. 작금엔 알람시계가 자지러져도 들은 척 만 척, 선방에 들어 면벽참선面壁參禪하는 모양새다. 선잠을 깨도 찾아올 사람도 갈 곳도 없다. 바쁜 게 없으니 쫓길 일은 더욱 없다. 몸은 느긋해지고 마음만 괜스레 바쁘다. 몸이 굼뜨니 밤낮으로 늘어나는 건 게으른 낮잠과 초저녁 잠뿐이다.

　남자만 그런 게 아니라 여자도 마찬가지였다. 그동안 현모양처 노릇 하느라 주방에 매달려 지지고 볶고 한 그 세월이 무상 터라! 여자의 인생살이 1막 2장도 남편의 퇴직과 동시에 시작이라는 걸 엊그제 계 모임에서 듣고 각오를 다졌다. 남편은 별 보기 운동할 필요도 없다. 아내는 새벽 밥 지을 일 없으니 세상 편하다. 내외는 진시辰時에 굼지럭대며 일어나 빗자루로 살비듬과 흰 머리카락을 쓸고 엉덩이로 방바닥을 닦는다. 약속이 없으니 아침상은 급하지 않다. 날씨가 쌀쌀하면 바깥출입은 최소화해야 한다. 자칫 넘어져 넓적다리라도 다치면 사람 여럿 고생시킨다.

　어느덧 중독증세가 뚜렷하게 나타난다. 공연히 호출 없는 핸드폰만 수차례 열었다 닫는다. 실버용으로 나왔다시만 신형기계를 익히기란 여전히 소경 글 읽기만큼 어렵다. 젊은이들은 제로 페이니, 머니 해가며 기계 속에다 재산을 입력해놓고 간단하게 긁는다. 근간에는 막걸리 한 잔 나누자는 친구보다 먼 여행을 떠났다는 소식이 사흘돌이 전해진다. 기별도 없는 사람을 기다리며 공중부양한 아파트 베란다에 목을 빼고 섰다. 들고나는 차량을 염탐하느라 까치발까지 세운다. 호시절엔 8톤 트럭도 거뜬히 몰고 다녔건만 면허증을 자진반납 하면 '어르신 교통 사랑 카드'를 선물한단다. 그래도 아직은 내놓기 싫다. 얼마나 어렵게 딴 자격증인데, 서 푼어치도 안 되는 푼돈에 자존심까지 팔고 싶지 않았다.

아들이 타고 다니는 승용차는 검은 세단이다. 며느리 차는 빨간 소형이다. 애기 얼굴만큼 예쁘다며 아부하는 버릇도 생겼다. 일 년에 네댓 번은 뒷좌석을 얻어 탈 수 있었다. 핵가족이란 이분 법칙에 따라 가족은 집합체에서 객체로 분리되었다. 떨어져 나갔으니 얼굴 보기가 밀밭에서 꿩 알 찾기만큼 어렵다. 늙어간다는 건 누군가를 게걸스럽게 기다리게 했다.

나이가 들어가니 없던 겁도 많아졌다. 건강을 염려해 베란다에 서서 보건체조를 한다. 젊었을 적에 구령에 맞추어 뜀뛰기도 곧잘 했건만 고작 팔다리 두어 번 흔들고 기진맥진한다.

아내가 조반상을 봐놓고 손짓을 한다. 오늘따라 유달리 다리를 절뚝댄다. 다람쥐처럼 잘도 뛰어다니더니 퇴행성관절염이 왔다. 세월 이기는 장사壯士 없다는 말, 이 어찌 신이 내린 명언 아닌가. 반찬은 달걀부침 두 개에 명란젓이 올라왔다. 오물오물 씹기 좋다. 두어 달 전에 치과에 가 위아래 다섯 개의 이빨을 뽑았다. 이빨이 없으니 맛난 것도 없다. 먹는 재미가 없으니 살맛이 안 난다. 몇 개 더 빠지면 틀니를 박으려다 아직은 아닌 것 같아 임플란트를 예약했다. 그건 또 왜 그렇게 비싼지, 일천만 원짜리 마이너스 카드로 이십 사 개월 할부로 결제했다. 눈먼 돈 같아 마구잡이로 긁었더니 고리대금업자 이자만큼 비쌌다.

밥상을 물리고 후식으로 빨대 꽂아 요구르트를 쪽쪽 빨아 먹는다. 한두 잔은 치매에 좋다는 소리를 듣고 달곰한 일회용 커피도 꼭 마신다. 이제 배를 다 채웠으니 휴식이 필요하다. 리모컨으로 채널을 맞춘다. 홈쇼핑 호스트들의 입담이 만담가 수준이다. 그 많은 물건 중에도 타임머신은 없었다. 야스러운 여자들 속옷 선전을 들여다보다 아내에게 면박만 당했다. 삼시 세끼 해주는 음식 얻어먹었더니 족보에도 없는 개명改名까지 해주었다. 굶으면 영식인데, 먹으면 삼식이란다. 두 번으로 줄이든지 해야지.

복지관에 가면 치매를 볼모로 취미생활을 즐길 수 있다지만 썩 내키지 않는다. 팔다리 돌린 힘만 있으면 스포츠 댄스인가 뭔가 그것도 전신운동에 좋단다. 콜라텍도 한갓지게 시간 보내기 좋은 놀이터란다. 젊었을 적에도 가지 않던 곳이라 데면데면했다. 주변에서 등산동호회 가입도 권유했다. 거기에 가면 골동품 같은 마누라보다 신상품 같은 여자들과 어울릴 수도 있다고 한다. 술을 좋아하니 약점 잡힐 줄 모른다. 농지거리 잘못했다간 이 나이에 무슨 죄명을 뒤집어씌울지. 망신살 당하기 전에 일찌감치 작파했다. 늙을수록 유산소운동이 좋다지만 마음뿐이다. 뒷동산에만 올라도 관절 꺾이는 소리가 생인손 앓듯 한다. 죽으나 사나 거실 바닥에서 엎어지며 엑스레이를 찍는다.

2

 돌이켜보면 젊었던 시절엔 밤을 낮 삼아 뛰어다녔다. 험난하기로 소문난 야간작업도 마다하지 않았다. 육체노동이 많을수록 마누라 얼굴에 화색이 돌았다. 자식들 손에 막대사탕을 쥐어 줄 수 있어 좋았다. 셋방살이 전전하다 혀도 돌아가지 않는, 영어로 새겨진 아파트 한 채도 마련할 수 있었다.
 말 그대로 퇴임 후의 삶은 별천지였다. 무슨, 이런 세상이 다 있을까. 무거웠던 등짐을 내려놓으니 홀가분했다. 누구 눈치 볼 일도 없었다. 그동안 억누르며 살아왔던 세월에 앙갚음하고 싶었다. 갈 곳도 많았고, 하고 싶은 것도 많았다. 수첩을 꺼내놓고 두 페이지 넘도록 빼곡히 적었다. 단풍 같은 등산복을 입고 삼 단짜리 낚싯대 휨을 휘청거리며 바짓가랑이에서 바람 소리가 쌩쌩 나도록 다녔다.
 퇴직 후 최소한 6개월은 신바람 나게 살았다. 딱, 거기까지였다. 꺼져가는 장작불처럼 모든 게 시들시들했다. 있는 듯 없는 듯 잉여剩餘로 잠재하다 투명인간이 되어버렸다. 집안일에 도움을 주려면 간섭이고, 했던 말을 두 번 하면 잔소리로 깔아뭉갰다.
 아내가 하루에 한 끼 정도는 빵이나 우유로 때우란다. 어머니 살아생전에 해외여행 한 번 시켜드리지 못한 게 철천지한으로 남는다. 남의 나라 주식이 빵이란 걸 알았다면 얼마나 편했을까. 어머니만 생각하면 밀기울을 먹은 듯 가슴이 먹먹해진다. 쿰쿰한 된장찌개만 먹고 자랐으니 빵으론 허기가 채워지지 않았다. 날이 갈수록 아내가 사천왕처럼 무서웠다. 여자는 늙을수록 날로달로 친구가 생겨났다. 하루가 멀다하고 출타했다.

빈 둥지 증후군이란 게 이런 걸까. 자식 전화는 암막 커튼이요, 가끔의 만남은 족보가 다른 각성바지처럼 어색했다. 평생을 가족을 위해 뛰어다녔건만 들인 밑천에 비해 기회비용은 턱없이 낮았다. 자식 낳아 길러서 교육을 책임졌고, 결혼시켜 서로 편한 게 좋다며 분가까지 시켰다. 아직도 자식을 부양하는 친구도 있어 충언을 해주고 싶지만, 전과前科가 있으니 자격 미달이다. 속된 말로 등골 휘어지게 들인 밑천에 비해 건질 게 많지 않았다.
여자는 늙어도 밑반찬을 만들어 자식들에게 택배로 보내주기도 한다. 남자는 머 딱히 해줄 게 없다. 아직은 에너지가 남아돌아 경비 자리라도 기웃대지만, 그것도 마땅찮다. 백수가 넘쳐나는 세상이니 힘깨나 쓰는 사람에게 밀리기 일쑤다.
여자로서 완숙해가는 딸내미는 살뜰히도 제 어미를 챙긴다. 제 어미를 대신할 여자를 얻은 아들은 눈치만 구단이다. 이제나저제나 기다려도 새 생명 출생 소식은 없다. 먹고 살기 힘들다고 계획 피임을 한다니 독촉할 일도 아니다. 이러다 손자 녀석들 로봇 하나 사주지 못하고 비상금은 생활비로 탈탈 털리게 생겼다.
주주 회사에서 배당금 받듯 자식이 주는 용돈은 받아도 미안하고 안주면 서운했다. 그 녀석들 교육하느라 연봉 털어 넣었건만 푼돈에 읍소한다. 세상이 바뀌어 부모 자식 사이에도 지켜야 할 이분 법칙이 실행되었다. 자식에게 손 내밀지 않으려면 집을 맡기는 역주택담보대출이라도 해야 할지 고민 중이다. 아내 앞으로 명의 이전할 용의도 있지만, 그것도 사람 일이라 장담할 수 없다. 한날한시에 함께 가기로 예약증 받아둔 것도 아니다.

적산을 일구어 텃밭을 만들었다. 새싹들 키우는 재미가 쏠쏠했다. 거기다 낙을 붙이니 밥상은 온통 '풀밭 위의 식사'다. 인생살이 1막 2장, 기껏해야 묵정밭만 헤매게 만든다. 흙밭에서 뒹굴다 오는 날은 온 전신이 욱신거린다. 파스를 덕지덕지 붙이고도 '에고, 데고' 소리가 절로 나온다.

밤만 되면 이집 저집 베란다에서 반딧불이 반짝거린다. 젊은이는 젊은이대로, 늙은이는 늙은이 대로 타는 속을 달래느라 애꿎은 담배만 뻑뻑 피워댄다. 베란다 끝에선 남자를 다독여 주는 건 아내뿐이다. 이쪽은 은인인데, 저쪽은 원수일까?

제4부
# 생명의 꽃, 그 유래에 관하여

## 그곳으로 가고 싶다

봄 몸살을 앓는다. 이맘때쯤이면 보리밭은 푸르고 갯버들은 강둑에 늘어졌을 것이다. 종달새 울기 전에 다래산 참꽃이 먼저 피고, 용두산 골짜기엔 산 벚꽃이 흐드러지게 피어 너울너울 춤을 추겠지. 견우직녀처럼 마주한 그 품속에 새미리, 허후리, 세터, 주우리, 들막, 나께, 저금포 마을이 있다.

하루의 시작은 예배당 종소리와 수탉의 울음소리로 열렸다. 굴뚝에서 풍기는 매캐한 연기 냄새. 장화 끄는 소리. 배고픈 아이의 울음소리. 코뚜레 끼운 어미 소가 목덜미에 매인 요령을 달랑댔다. 저금포 축항에 매여 둔 거룻배 타고 아비들이 어장에 물 보러 나갔다. 겨울에는 눈이 많이 왔고, 청년들은 용미산, 다래산에서 토끼몰이했다. 먹거리는 사철 내내 부족했다. 짓궂은 청년들은 덜 익은 참

외 서리를 했고, 설익은 밀을 뽑아 장작불에 그을려 밀사리 했다. 입으로 까불어 껍질을 날리고 알갱이만 입에 털어 넣었다. 얼굴이 숯검정으로 칠갑을 하고도 서로 마주 쳐다보며 웃었다. 그래도 그 시절이 참 좋았다.

월포천月蒲川을 지나 언덕배기를 오르면 방어리가 나오고, 조금 더 가면 조사리가 있다. 방어리 아이들은 월포초등교를 다녔고, 조사리 애들은 송라면으로 갔다. 근동이라 농사짓고 바다 일하는 건 똑같았지만 청하면과 방석면은 경계구역이 달랐다. 여름이면 책가방 던져놓고 모래사장으로 달려갔다. 매끈매끈한 백합 조개가 발바닥에서 매끈거렸다. 바다에 비친 보름달은 너무 밝았다. 질풍노도의 시절에 나는 가끔 폐선에 걸터앉아 하모니카를 불었다. 일흔을 넘어가니 불현듯 그곳으로 가고 싶을 때가 많다.

연안 칠동(월포)

 *동해의 푸른 바닷가에 자리한
 다래산은 용산을 쳐다보고
 용산은 다래산을 내려다보고
 군도 곶의 약수터와 양지의 서낭당 사이로
 백사장이 넓게 펼쳐져 있는 개관 칠동
 월포천은 디시를 지나 소구포로 흐르고
 용두천은 땅 골을 지나 새마리로 흐르네.

잿두들 송림과 학교 숲은 사철 푸르고
오디의 효우정사에서
내려다보는 연안마을의 풍광은
아름답기 그지없는 천혜의 포구
해변을 따라 옹기종기 모여 이웃하고
4일과 9일은 오일장이 열리고
장터 주변엔 양조장 이발소 정미소
대폿집 엿 방 국시 방이 성시를 이루고

  월포2리와 3리에 다리가 놓여있었다. 그 주변으로 오일장이 열렸다. 어물전 좌판에 까막까막한 눈을 뜬 고등어가 반듯하게 누워 있었다. 여자로 태어난 게 죄인이 되어 손위 언니들은 학교에 가지 못했다. 여자는 음식 솜씨만 좋으면 글은 몰라도 먹고 사는 데는 지장이 없다고 했다. 제 이름 석 자만 쓰면 명문대 나온 학벌에 버금갔다. 죽자사자 노동에 시달리며 살림만 살았다. 여자가 직업을 가지면 어정잡이 남편을 만난다며 몰아세웠다. 행복미장원 아저씨는 정말 셔터맨이었을까. 미용사는 연탄불 위에 달군 고대기로 머리를 말고 부젓가락으로 파마를 했다. 편물가게 주인은 소아마비를 앓아 다리를 절뚝거렸다. 다리는 불편해도 손재주는 좋았다. 저금포 살았던 숙이가 그 양장점에 기술을 배우러 다녔다. 희야네 술 가도와 동해약방이 마주하고 있었다. 아버지 술 배달꾼은 내 담당이었다. 뒷박으로 퍼주던 술은 넘치지 않았다. 배가 고프면 주전자 주둥이에 대고 한 모금씩 홀짝거렸다. 포도주에 취하는 날은 그곳으로 가고 싶다.

　　　콩잎 깻잎 서로 나누며 살던
　　　인심 좋고 살기 좋았던 연안 칠동
　　　우리가 너무나도 사랑하는 고장
　　　적은포엔 어업조합과 행상 집 우체국이
　　　개포엔 만호수군과 고인돌 해양지서가
　　　수양버들 우거진 장터는 중월리에
　　　샛터엔 순필 서당이 학교는 월아구에

　　　허후리는 등정부곡과 청소년 회관이 있었지
　　　포항제철 하계수련원은 용산리에 있고
　　　샛강을 사이에 두고는
　　　들막 낫개 중훼리 빨래터에
　　　아낙네들이 조잘대며 웃는 소리가
　　　연안에는 쌍끌이 멸치 배 목두소리
　　　후릿배 멜빵에 그물감아 올리는 소리
　　　목선 방배 올리고 내리는 둔테소리가
　　　저-한편에서 어렴풋이 들려오는 것 같구나

　단풍든 콩잎은 된장 속에 파묻혀 밑반찬이 되었다. 가을걷이가 끝나면 사립문마다 금줄을 치고 황토를 놓고 고사告祀를 지냈다. 한 해의 무탈함을 하늘에 감사했다. 아버지는 덕배미 영감님 어장에서 일했다. 둘째 고모는 북만주로 갔다면 절대 말하지 말라고 타일렀다. 전쟁은 끝나도 좌우 대립은 여전했다. 반공교육을 받았고, 수호신처럼 서 있던 이팝나무 가지에 묶어둔 스피커에서 새마을 노래가 울려 퍼졌다. 우체국에서 우표를 사고 침을 발라 군인 아저씨께 위문편지를 보냈다.

월포2리에 있었던 경찰서 앞에는 굽어진 향나무가 있었다. 어른들은 경찰을 '순사'라고 불렀다. 아이들은 고무줄을 하고 땅따먹기를 했다. 큰집은 들막에, 우리 집은 나께에 있었다. 큰집은 양철지붕이었고 우리는 초가였다. 큰아버지는 담뱃대 입에 물고 나께로 자주 건너왔다. 솔가리 속에 숨겨둔 농주 조사 나온 세무서 직원처럼 무서웠다. 잘못한 것도 없는데 대놓고 우리 형제들을 나무랐다. 여자들은 가르칠 필요도 없다며 책 들고 앉은 나를 향해 혀를 찼다. 그러면서 나와 동창인 아들은 대구 상고까지 보냈다. 말끝마다 무시당하는 것 같아 속이 상했다. 아버지는 큰집의 머슴처럼 일만 했다. 소갈머리가 없으셨던지, 형님 말씀이라면 임금님 앞의 신하처럼 읍소했다.

큰집에는 제사가 많았다. 자정이 넘고 새벽 수탉이 울면 아버지는 두루마기 속에 절편 두 개를 품고 왔다. 담배 냄새가 심하게 났다. 우리 집은 식구가 많은 걸 알면서도 고작 두 개라니… 아마 그건 아버지 몫이었을 것이다. 나는 자다가 일어나 졸면서도 그 떡을 먹었다. 정말 맛있었다. 봄이면 쑥을 캐와 어머니를 졸랐다. 사카린을 넣고 찐 쑥개떡은 아무리 먹어도 질리지 않았다. 그 덕분에 지금까지도 '떡보'라는 별명을 가졌다. 지금도 여전히 밥보다 떡이 더 좋다. 꿀떡을 베어 물면 그곳으로 가고 싶다.

> 강논에 얼음 얼면 안장타고 팽이 치며
> 외발스키에 썰매 타던 그-또래들
> 여름이면 갯가에서 물장구치고
> 해변을 무리지어 오가며 어린 꿈을 살찌우던
> 그림같이 아름다운 쪽박 같은 포구
> 월포에 뿌리 둔 사람들의 마음에 고향

초가 앞에 작은 연못이 있었다. 장마철엔 짐승들의 불협화음은 소음에 가까웠다. 홍수가 들이치면 부엌까지 물이 차올랐다. 누렁이는 부뚜막에 오르고, 닭은 시끄럽게 울었다. 그 와중에도 돼지는 꿀꿀댔다. 홍수가 지면 지대 높은 곳으로 피난을 갔다. 마당에 가재도구들이 둥둥 떠다녔다. 여름에는 미꾸라지와 붕어를 잡았던 개울이 겨울이면 얼음이 꽁꽁 얼었다. 아이들은 안장을 타며 놀았다. 서로 밀어주기도 하고 얹어 타기도 했다. 손등이 갈라져 피가 났다. 어른들은 까마귀가 보면 할배요! 라고 부르겠다며 아이들 손을 짱돌로 거세게 문질렀다.

동생들 전용 이발사는 맏이였다. 큰언니도 나를 끌고 가 고욤나무 밑에 앉혔다. 머리카락에 서캐가 매달렸고 머릿니가 목덜미에 기어 다녔다. 급식으로 나온 찐 분유는 너무 딱딱했고, 옥수수죽은 희멀건 했다. 지금 알고 보니 부자나라에서 지원해준 원조였다. 배급제라 실컷 먹을 수는 없었다. 운동화보다 검정 고무신을 많이 신었다. 초등학교를 졸업하면 대개 그것으로 학업은 끝이었다. 여자들은 식모살이를 떠나거나 버스 안내원이 되었다. 남자들은 철공소나 배를 타러 객지로 나갔다.

갈대가 우거진 연못에 철새가 날아왔다. 기러기는 V를 그리며 서쪽으로 날아갔다. 청년들은 바소쿠리로 올가미를 놓고 오래도록 기다렸다. 얼음은 투명했고 달빛은 너무 밝았다. 철새를 잡는 것보다 그냥 연애하기 딱 좋은 밤이었지만 중매결혼이 많았다.

내 나이 이십 대쯤에 강논을 뭉개고 그 자리에 목욕탕이 생겼다. 어머니랑 한두 번 간 것 같다. 한창 봉긋이 솟아오르는 가슴을 보인다는 게 쑥스러웠다. 서로 등 밀어주는 품앗이를 하다 느닷없이 습격을 당하기도 했다. 눈을 흘기며 쳐다본 어머니의 젖무덤은 쪼글쪼글했다. 육 남매가 교대로 알맹이를 빼먹어 버린 모유의 강줄기는 낡은 쌀자루 같았다. 손녀를 품에 안으니 엄마가 몹시 그리워진다.

"이제 와 새삼 이 나이에" 월포, 그곳으로 가고 싶다.

---

\* [출처] blog.naver.com/hose 1946 (작성자 호수(최춘봉)
\* 글쓴이가 일부 지역 사투리를 그대로 인용하였음을 밝힌다.

## 7번 국도 천변 풍경

　길을 향한 시작은 마음 끝에서 출발한다. 아스팔트가 직선이라면 국도는 휘어진 곡선미에 매력이 있다. 가보지 않는 길이 아름답고, 가본 길이 오래도록 기억에 남는 법이다. 국도는 적당히 숨어들기에 좋다. 길 모롱이를 돌아가면 새로운 풍경을 만날 것에 흥미가 더한다. 가을 녘 천변 풍경은 시골길에서만이 풍성한 맛을 즐길 수 있다. 도로변엔 깻단이 세워지고 타작한 벼가 널리고 고추가 검붉게 익어간다. 그 길을 찾아 가끔은 탈옥수처럼 도피행각을 벌인다. 일탈의 유랑은 유년을 반추하는 사유에서 비롯된다.
　7번 국도를 내리달아 구룡포항에 닿았다. 밤을 새워가며 표류했던 채낚기 어선이 운해가 진격하듯 어판장으로 몰려든다. 집어등이 밀랍인형처럼 하얗게 바래졌다. 너무 투명해 바다 밑을 훤히 비

춘다. 머리카락을 풀어헤친 듯한 우뭇가사리 사이로 복어 떼가 꽁지를 살랑거리며 몰려든다. 배를 뒤집은 고등어가 어판장 바닥에 널브러졌다. 제풀에 팔딱거리다 등에 코발트블루의 파란 멍이 들었다. 손은 없고 발만 있는 대게가 죽은 게 발 놀리듯 허우적댄다. 중개인들이 모여들고 경매가 시작된다. 손길이 마구잡이로 흔들린다. 인생에서의 행복도 숫자처럼 제곱으로 조종할 수 있으면 얼마나 좋을까. 오징어 입찰과정이 꽤 볼만한 구경거리다.

선박의 고물에서 올라온 오징어가 수조 차로 옮겨진다. 매끈한 몸매가 스마트하다. 뜰채에 갇혀서도 여전히 항해 중이다. 헤딩으로 직진하며 물총을 쏘아댄다. 낭창낭창한 몸매는 결코 위협적이지 않다. 명주실같이 보드라운 껍질 속에 비장의 무기를 숨기고 있다. 줏대 없는 건달처럼 흐느적대지만, 몸값이 천정부지로 뛰어올랐다. 그 많았던 동해안 오징어는 다 어디로 갔을까. 먹물 테러를 받으면서도 뱃사람들은 하얀 이빨을 드러내고 웃는다.

몸매가 날렵하니 유영遊泳은 유연柔軟하다. 카멜레온처럼 피부색을 무시로 바꾼다. 그 속을 들여다보면 시커먼 먹물 주머니를 꿰차고 있다. 겉이 희기로서니 심보는 고약하다. 자기를 보호하기 위한 방어는 필수라, 위태위태하면 연막탄으로 사용한다. 위협을 느끼는 상황이면 먹물을 분사해 상대편 시야를 가려 버린다. 가만 보면 열 개의 다리 사이에 꼬부라진 이빨을 감추고 있다. 몸통 맛과 또 다른 별미다. 씹을수록 쫀득쫀득하니 젤리 같다.

속성상 양보심은 코빼기만큼도 없다. 후진은 없고 오직 전진뿐이다. 열 개의 발을 쭉쭉 뻗으며 물살을 가른다. 영락없는 자유형 수영선수다. 바다에 살면서 희한하게 비린내도 없다. 껍질을 벗겨보면 희디흰 속살이 드러난다. 뼈대는 종잇장인데 질기기는 동아줄이다. 버들가지처럼 휘어질지언정 꺾이지 않는다.

아낙들의 손끝에서 오징어 복부가 열린다. 단칼에 할복 당해 오장육부가 고스란히 드러난다. 삶으면 몇 점 되지 않는 내장이 뜯겨나간다. 속속들이 머 하나 버릴 게 없다. 바닷물에 훌렁훌렁 목욕을 끝내고 막대기에 코가 꿰여 빨랫줄에 목이 꺾인 채 내걸린다. 물기 가시고 꾸덕꾸덕해지면 손길이 분주해진다. 젖었을 때는 살결이 연하지만 마르고 나면 무명삼베처럼 오지게 질기다. 햇볕에 사나흘 말리면 딱딱하니 포鮑가 된다. 땅콩과 짝지어 심심풀이 술안주로 뜯길지언정 엄연히 제사상에 오른다.

오징어는 살신성인의 희생정신을 가졌다. 무간지옥에 떨어지듯 뜨거운 불에 등극하여 온몸이 오그라들고 뒤틀리도록 굽힌다. 야들야들한 게 보기와 달리 구우면 고소하다. 속된 말로 물고 뜯고 씹어야만 제맛이 난다. 수난도 그런 수난이 없다. 살아있든 죽었든 간에 모질게 씹히는 게 타고난 생이라! 젖을 뗀 돌배기도 손에 들고 쫄쫄 빨아댄다.

뭍에 오르면 먹물 무기 따위는 무용지물이다. 되레 영양식이라 채반 위에 얹어져 통째로 삶긴다. 내장을 훑어내고 당면과 채소를 버무려 그 속을 가득 채우면 순대가 된다. 족보를 들춰보면 종친 관계쯤의 그룹이 형성되어 있긴 하다. 딱딱한 등뼈를 가진 갑오징어가 종갓집이라면 한치와 오징어는 그냥 사이좋은 사촌쯤 된다.

 이 어문가魚門家는 물 맑기로 소문난 동해안에서 최고로 꼽힌다. 얇게 썰어 갖가지 고명을 올리고 매큼한 고추장을 한술 얹으면 명물인 '동해안 물회'가 된다. 막걸리를 곁들여 한 사발 비우고 나면 들쩍지근한 맛에 어부의 팔뚝이 단단해진다. 새콤달콤한 회무침은 밥을 두어 공기쯤 비우게 만든다.

 다시 7번 국도를 줄곧 달려 장사리 마을쯤에 닿았다. 이 길을 지나칠 때면 바윗덩어리에 가슴이 짓눌린 듯 숨이 막힌다. 비극으로 두 동강 난 '육이오' 전쟁의 마지막 결투의 현장이었다. 형산강을 따라 막바지로 치닫던 그 전투에는 나라를 지키려던 학도병이 있었다. 군번도 없는 아름다운 청춘들이 무수히 바닷속에 수장당했다. 저 깊은 모래 속 어딘가에 그들이 벗어 던진 교복과 모표가 묻혀 있을 것이다.

 전란은 그들과 함께 어머니 가슴에도 모지락스럽게 상흔을 남겼다. 인편으로 전해진 이모네 소식을 전해 듣고 달려갔을 때 이미 한 가정은 풍비박산이 났었다. 무섭게 타오른 화마는 기와집을 통째로 삼켜 버렸다. 이모가 몰래 광 속에 숨겨두었던 어린 조카들의 생명도 앗아갔다. 아무리 이념이 다르다지만 사람이 사람에게 그렇게 모질게 할 수 있었을까. 어머니는 그 모습은 차마 눈 뜨고 볼 수 없었노라고 회고했다. 눈앞의 참상에 억장이 무너져 내렸다던 그 모습은 어머니의 평생을 괴롭혔다.

7번 국도 천변 풍경은 예나 지금이나 변함이 없다. 해풍을 쐬며 도로변에 나앉은 할머니가 보인다. 밧줄에 다문다문 내걸린 오징어와 동무 삼아 오가는 차량을 향해 손짓한다. 한평생 바다를 마주하며 늙어가는 모습에 쓸쓸함이 보태진다. 그 연세쯤에는 그 시절의 추억을 알 듯하다. 본인이 겪진 않았지만, 처절했던 그 때의 참상을 귀로 들어 본 적은 있지 않을까.

잠시 갓길에 차를 세웠다. 노인이 냉동고에서 오징어를 내왔다. *반피데기는 젖살 오른 아이처럼 통통했다. 가스버너에 슬쩍 구워 맛보기로 내놓았다. 한 입 뜯어 먹으니 들쩍지근한 게 예전 맛 그대로였다. 그새 오래 묵은 사이처럼 평상에 걸터앉아 허물없이 대화를 나눈다. 노인은 갈수록 오징어 개체 수가 줄어든다며 한숨을 길게 내쉬었다. 하긴 오징어가 금값되었으니 됨됨이 먹을 수도 없다. 나는 이빨이 예전만 못하다며 오징어를 오물쪼물 씹었다. 젊어 한때 오징어 농사로 자식들을 키워냈단다. 낯선 객꾼이 위로한들 무슨 소용이 있으랴. 묻는 말에 또박또박 대답만 했다.

"고향이 어딘기요?"

참 많이도 들었던 귀에 익은 고향 사투리다. 늘 들어도 싫지 않다. '저 언덕 너머가 고향'이라며 손가락으로 가리켰다. 그 끝은 여전히 바다를 향하고 있다. 노인은 내게 일회용 커피를 권했다. 늙으니 달곰한 게 좋다며 환하게 웃는다. 앞니가 유난히 하얀 거로 틀니를 끼운 듯하다.

　나는 커피 값을 대신에 에누리 없이 오징어 한 축을 샀다. 노인은 작별이 아쉬운 듯 차에 오르는 나를 향해 손을 흔들었다. 예전에 어머니 모습도 저랬다. 어쩌다 친정집을 다녀갈 때마다 완행버스가 사라질 때까지 먼지 날리던 신작로에 서서 손을 흔들었다. 그 기시감에 사로잡혀 자꾸만 출발이 늦어졌다. 7번 국도 천변 풍경은 내 유년 시절을 몽땅 부려 놓은 사유의 뜰이었다.

---

\* 반피데기: 덜 마른 오징어 (경북의 방언)

# 경남 길을 걷다
## - 갯벌에 묻은 발자국 -

그 많았던 해당화는 어디로 사라졌을까. 칠 백 리 해안 길은 동백 꽃이 그 열정을 대신하고 있었다. 불에 덴 듯 너무 붉어 차라리 처연해 보인다. 스스로 목울대를 분질러 낙화한 꽃이 여기 있었네. 그 모습이야말로 절개를 지키는 청상과수青孀寡守요, 길바닥에 떨어져 발밑에 짓밟힐지언정 충신의 길을 선택한 올곧은 선비의 모습을 닮은 듯했다.

명사십리 해당화야 꽃 진다고 설워 마라/ 동삼 석 달 죽었다가 내년 삼월 봄이 오면/ 너는 다시 피련마는/ 우리 인생 한 번 가면/ 어느 시절 다시 오나?/

지금은 가볼 수 없는 북녘 원산항이다. 명사십리 해수욕장을 두고 만해 한용운 시인은 그 바닷가의 흰 모래를 예찬했다. 동경은 물론 상해, 북경 등지에서 해수욕을 즐기려는 사람들이 몰려들어 인산인해를 이루었다고 했다. 북녘은 갈 수 없는 곳이지만 그에 버금가는 아름다운 해안이 있다. 환상의 섬으로 알려진 거제도이다. 이 곳이야말로 명사십리에 견주어도 그 아름다움에 있어서 전혀 손색이 없다. 해안 길 전역이 뫼비우스의 띠처럼 연결되어 그 길을 따라 걷다 보면 굳이 무명화無名花를 읊조릴 필요가 없다. 이름이 있거나 말거나 제 몫을 다하는 들풀조차도 저마다의 향기를 내뿜는다. 볕 좋은 날은 테왁에 의지한 채 물질하는 해녀도 심심찮게 만날 수 있다. 힘에 겨워 내뱉는 숨비소리가 옆집 처자를 꼬드기는 노총각의 휘파람 소리와 흡사하다. 동백 숲속으로 어서어서 오라고 휘파람새마저 유혹하듯 '호오잇' 추임새를 보낸다.

"흰 고기는 누워서 뛰고 갈매는 옆으로 난다"라고 했던 만해의 글귀가 지절로 떠오른다. 왼손은 파도를, 오른손엔 산줄기를 맞잡고 수다를 떨며 걸어도 좋을 둘레길이 여럿 있다. 묵언 수행하듯 걷다 보면 고승이 아니라도 해탈의 경지에 이르게 된다. 그래서 무념무상無念無想은 일체유심조一體唯心造라 했던가. 나뭇가지를 오르내리다 해까닥 돌아보는 청설모에서 문수보살文殊菩薩을 만나고, 소풍 나온 고라니 가족에게서 자비를 본받는다.

보름사리 물때를 잘 맞추면 갯벌마다 식재료가 지천에 널려있다. 해초 속에 은신했던 해삼 몇 마리 건지는 날엔 지아비 노고에 화답하듯 술잔이 넘친다. 그 맛에 재미 붙여 호밋자루 섞는 줄 몰랐다. 그때 삼십 대였던 새댁은 가고 없고, 곧 인생칠십고래희人生七十古來稀를 목전에 둔 노인만 남겨졌다. 그 살아온 삶의 역사를 되돌아보며 오늘은 해안 길 들목에 이정표 하나 세운다.

학동 동백 숲을 지나 해금강으로 향하는 길목에서 방향을 틀었다. 남부면으로 이어지는 그 길은 동백꽃이 지면 바통 터치하듯 벚꽃이 피었다. 여름이면 꽃 한 송이 크기가 한 바구니쯤 되는 수국꽃은 또 어떻고? 산모롱이마다 형형색색으로 피어나 쪽빛 바다와 연인처럼 어우러진다. 다포마을에서 왼쪽으로 꺾어 들면 여차, 오른쪽은 명사 마을로 이어진다. 이곳이 원산의 아우쯤 되는 모래사장이 펼쳐진다.

한 고개를 넘어 쉬어갈 겸 여차 바닷가로 내려갔다. 한때 수석채집에 혼이 빠져 자주 찾았던 곳이다. 돌에는 매화꽃을 위시하여 갖가지 문양들이 자연의 신비로움을 낙관처럼 새기고 있었다. 돌 보석을 찾아 더듬었던 몽돌해변은 온통 미역밭으로 변해있었다. 물이 맑아 4월에 캐는 미역은 예전부터 산모들에게 인기가 좋았다. 거친 물살에 시달려 부드럽기로 정평이 나 있다. 그곳 방파제에서 낚아 올린 게르치를 넣고 끓인 미역국은 환상의 조화로움을 이룬다. 그 맛을 잊지 못해 미역을 다듬는 아낙네 곁에 알짱거리다 수국을 닮은 미역귀 하나를 얻었다. 바다를 한 자락 베어 먹듯 우적우적 씹으며 걸음을 재촉했다.

여차, 홍포로 이어지는 길의 예전 지명은 '안김이길'이었다. 지금은 무지개 길로 변경되었다니 그 이유에 대해선 자세히 들은 바 없다. 사람이든 견공犬公이든 개명 천지인 세상이거늘 일곱 색깔도 꽤 근사하고 세련된 지명이지 않은가. 모르긴 해도 해당화 꽃말이 '온화한 미소'와 '원망'이라고 하니 남녀의 사랑을 떠올리지 않을 수 없다.

하룻밤 사랑을 나누었던 여인을 두고 임이 몰래 떠나버렸다. 잠결에 도포 자락 끄는 소리를 듣고 뛰어나갔을 때 이미 그 모습은 사라졌겠다. 애타게 부르는 여인의 절규가 망산 꼭대기를 넘었던가. 뒷심이 당겨 차마 떠나지 못한 임이 저 산모롱이를 되돌아왔다. 반가움에 서로 얼싸안았다고 하여 훗날 '안김이길'이라고 부르지 않았을까. 웃자고 잠시 조크(joke)를 날려본다.

그 길 초입을 지나면 군데군데 생채기처럼 패인 비포장도로가 나온다. 나무 그늘을 가리개 삼아 걷다 보면 짬찜이 쉬어갈 쉼터가 나온다. 대한민국 테마 관광 10선에 추천된 여차 홍포 비경은 공사를 마치고 새롭게 단장되었다. 전망대에 올라 바라본 대병 소도의 풍경은 말이 필요 없다. 점점이 떠 있는 섬들이 물 위에 뜬 초가처럼 보인다. 바위틈 사이로 우럭과 감성돔이 유유자적 노닐고, 미역과 톳이 수풀을 이루고 있다.

14번 국도를 달려 일출을 보려거든 해금강으로 가시고, 노을을 감상하려면 '안김이길'을 찾아가시길 권하고 싶다. 고갯마루에서 내려다본 마을 풍경은 로마제국시대부터 휴양지로 알려진 이탈리아의 쏘렌토(sorrento) 해변과 흡사하다. 연미복을 입은 테너 가수가 굵직한 목소리로 "돌아오라 쏘렌토로"를 부르는 장면은 상상만 해도 즐겁다. 쏘렌토에서 아말피 마을로 이어지는 길은 죽기 전에 꼭 한 번 가봐야 할 곳으로 꼽히듯 여차, 홍포의 비경이야말로 그에 버금가는 경관을 자랑한다.

사마천의 기록에 의하면 중국의 진시황은 평생 죽지 않는 불로장생을 원했다. 전국에 방을 내려 불로초를 구해오도록 어명을 내렸겠다. 이때 제나라 사람 서복徐福, 일명 서불徐市이 상서上書를 올렸다. 천문·지리·해양학 등 다양한 분야에서 뛰어난 실력을 보인 방사가 서불이었다. 그가 말하기를 평생 늙지도 죽지도 않는 불로초가 있다고 시황제를 꼬드겼다. 눈이 번쩍 뜨이고 귀가 솔깃해진 황제가 그게 어디냐고 물었다.

"동쪽 바다 한가운데에는 신산神山 셋이 있다고 합니다. 이름 하여 봉래산蓬萊山, 방장산方丈山, 영주산瀛州山으로 거기에 선인仙人이 살고 있습니다. 청원하옵건대 저희가 목욕재계하고 선인을 찾아뵙고 불로장생 약초를 구했으면 합니다."

진시황이 얼씨구나! 하고 무릎을 '탁' 쳤겠다.

여기서 말하는 봉래산은 금강산, 방장산은 지리산, 영주산은 한라산이라고 했다. 이미 불로초 찾기에 혈안이 되어 있는 약삭빠른 간신들이 황제의 눈을 속이고 재물을 챙겼다. 영원히 죽지 않고, 죽어서까지 환생을 꿈꾸었던 황제는 서복을 시켜 불로장생약을 구해 오도록 했다.

서불이 동남동녀童男童女를 데리고 도착한 곳이 거제도였겠다. 실지 우제봉에 오르면 그가 다녀갔다는 흔적을 남긴 '서불과차'가 바위에 새겨져 있다고 한다. 진시황이 그토록 갈구했던 불로초가 대병소도 어느 바위틈에서 혹여 자라고 있지 않을까. 가까운 곳에서 횡재수가 있을 수도 있지 않을까. 일주일마다 애써 로또를 긁을 필요 없이 불로초나 찾으러 가봐야겠다.

'귤화위지라! 회남의 귤을 옮겨 회북에 심으면 탱자가 된다.'는 고사성어가 있듯이 기후와 풍토가 같은 것이라도 사물의 성질이 달라진다고 하지 않았던가? 관할 시에서 선정한 거제 9(景)·9(味)·9(品)는 '아름다운 거제를 구경하고 구미 당기는 음식을 먹고 굿(Good)을 품속에 담아 가셔요'라는 의미를 담고 있다. 여차, 홍포 비경을 즐기며 도다리쑥국을 드시고, 고로쇠 물로 입가심하시면 산해진미山海珍味가 부럽지 않을 것인즉, 이것이야말로 불로장생하는 길이 아닐까? 거제시 999 메뉴판을 내밀며 감히 회유해본다.

## 오래된 집, 그곳에는

 묵은 것은 정情을 담고 있다. 끈끈이처럼 사람과 사람 사이에 붙어 춘향春香을 배달해주기도 한다. 인정을 담은 그릇은 서양식 본차이나 도자기보다 양푼과 뚝배기에서 풍겨야만 제맛이 난다. 곰팡내 풍기는 향수鄕愁를 느낄 때면 눈물 나게 만드는 마력까지 지녔다. 미로 속에 감춰진 그 형체는 눈에 띄지도 않을뿐더러 물안개처럼 스멀스멀 피어오르다 종래 가슴 속을 파고들며 파문을 일으킨다.
 고양이도 풋잠이 든 한가로운 한낮, 골목길을 들어선다. 머리 위로 감꽃이 눈처럼 내려앉는다. 나무는 영역표시도 없이 담장을 사이에 두고 서로 어깨동무를 하고 있다. 땅을 놓고 따지는 건 사람뿐이다. 골목은 비 온 뒤 지렁이가 남긴 자국처럼 휘어졌다. 길 끝나는 곳에 묵은 정이 묻혀있다. 우리 집에 넘어오면 우리 것. 홍시 하나쯤은 따먹어도 흉잡히지 않았다. 가을걷이 끝나면 돌담 넘어 시루떡 접시가 문안 인사 건네듯 넘나들었다.

 시골의 고샅길을 걸으면 어머니 냄새가 난다. 담벼락마다 눌어붙은 그 냄새는 어린 날의 그리움 때문일 게다. 어머니는 이른 새벽부터 솔가리를 불쏘시개로 밥을 짓고 머릿수건으로 몸에 붙은 검불을 툴툴 털어냈다. 매캐한 연기 냄새가 저고리 앞섶에 배여 있었다. 섞어야 제 몫을 다하는 두엄 냄새는 아버지 몸에서 풍기던 향내였다. 삭아 내리는 것이 어찌 고릿한 두엄뿐이었으랴. 등짐으로 굳은살 박인 그 어깨 덕분에 보리밥이나마 굶고 살지 않았다.

 포도주 농장의 와인은 이국적 분위기를 풍겼고 술도가의 막걸리는 농민들의 흥을 돋워주었다. 뭐니 뭐니해도 향기롭고 거룩한 냄새는 어머니 젖가슴에서 풍기는 비린내일 게다. 누가 볼세라 앞섶을 열어놓고 아이에게 젖을 물리는 모정은 얼마나 아름다운가. 아기는 모유를 먹으며 엄마와 눈 맞춤을 하며 얼굴을 익히며 옹알이로 대화한다. 배불리 먹은 아이의 입술에 묻은 젖내는 달짝지근한 향내가 난다.

 지방 어느 도시에서 끔찍한 살인사건이 일어났다. 참혹한 현장은 붉은 물감으로 벽에다 난잡하게 환칠해놓은 듯했다. 범인으로 지목된 한 사내의 얼굴이 화면에 클로즈업된다. 희번덕거리는 눈빛은 예리한 유리 조각처럼 날카롭다. 삶이 각박해 변했을까. 그는 조현병에 시달리고 있었다. 받은 정이 없어 타인에게 베푸는 게 서툴렀을까. '살인자의 기억'의 보고寶庫는 가뭄 든 논바닥처럼 메말라 있었다. 그 틈을 분노忿怒라는 괴물이 파고들어 마구잡이로 휘저어 놓았다. 어제같이 벽 하나를 이웃하며 살았던 주민들에게 흉기를 휘둘러 애먼 목숨을 빼앗았다. 무슨 병이 치밀어 오르는 울분에 기름을 부었는지 알 수 없다.

> "가족에게 받은 고통, 내가 그들에게 주었거나, 그들에게서 들은 뼈아픈 말들은 사라지지 않고 집 구석구석에 붙어있다. 집은 안식의 공간이라 하지만 상처의 원인이기도 하다. 그래서 가족 간의 뿌리 깊은 갈등을 다룬 소설들이 어김없이 그들이 오래 살아온 집을 배경으로 이야기를 전개한다."
>
> — <김영하 여행의 이유>

그는 오래된 그 집에서 따뜻한 정을 나누지 못해 피해의식에 사로잡혔는지도 모른다. 가족 혹은 타인이 그의 가슴에 비수를 꽂았거나 천시를 했을 수도 있다. 깊게 팬 상처를 치유하지 못해 범죄자가 되었을 수도 있다. 아마 모르긴 해도 제대로 된 정을 받았거나 주었더라면 사람의 목숨을 빼앗는 그런 괴이한 행동만큼은 하지 않았을 것이다.

사람과 사람 사이를 오가는 정情의 실체는 손에 잡히지도, 그렇다고 부피 또한 저울질할 수도 없다. 수심마저 정확지 않아 깊이와

높낮이도 모른다. 다만 전신을 타고 흐르는 혈맥처럼 마음속으로만 뜨겁게 흐를 뿐이다. 사소한 것이라도 서로 나누면 그 향기가 구만 리까지 번져나간다. 그게 바로 오래된 묵은 정일 게다. 그것에 가뭄 든 사람은 성악설에 가까운 행동을 보이기도 한다. 배곯은 설움보다 정에 굶주려 낙인찍히는 범죄자가 된다.

문명의 변환은 분명 인간의 삶을 편리하고 풍요롭게 만들어 주었다. 얻는 게 있으면 반드시 잃는 것도 있기 마련이다. 어린 시절부터 경쟁에 내몰리는 아이들은 타인을 배려하는 마음보다 자신의 이기적인 유전자를 품게 된다. 각박한 도시 생활에서 자신을 정화할 수 있는 유일한 탈출구로 시골을 선호한다. 가끔은 헐벗고 굶주렸던 농경사회가 차라리 그리워지기도 한다. 삼강오륜三綱五倫을 들먹이면 고리타분하다고 타박하겠지만 그 시절에는 그게 교육의 밑거름이 되었다. 아무리 가난해도 부모를 해치거나 형제들은 도외시하지는 않았다. 초등학교가 사라지고 놀이터엔 아이들이 없다. 인구 소멸국가에 등재될 위기에 놓였다. 결혼 행진곡이 육아 독박으로 이어지니 독신을 선호하는 세대들이 늘어만 간다. 부모의 이기와 아이의 고집으로 스승이 수난을 당하는 시대에 말문이 막힌다.

오래된 집을 찾아왔다. 오래된 집, 그곳의 장독대가 정겹다. 메주를 띄워 정월 보름날 장을 담갔다. 참나무 숯을 띄우고 말린 홍초를 넣었다, 햇볕과 바람을 먹은 된장은 오래 묵힐수록 깊은 맛이 우러

났다. 간장을 떠내고 가라앉은 메주를 건져내 바락바락 치대 된장을 버무렸다. 안주인의 손끝을 보려면 그 집 장독대를 보면 대번 안다고 했다. 장독대가 빛이 나면 장맛이 들쩍지근한 듯했다. 그 아래에 봉선화 꽃이라도 피면 모여 앉아 꽃물을 새겼다. 사금파리로 소꿉장난을 했던 소녀도, 꽃물을 들였던 스무 세 살 색시도, 마디 굵은 손가락에 주름만 남았다.

묵은 정情의 실체는 투명하다. 강둑을 걷다 보면 떠오르기도 하고 산 너머에서 불쑥불쑥 넘어오기도 한다. 그때가 참, 좋았지. 물장구쳤던 시냇가 하며, 산 뽕을 따먹다 까맣게 변해버린 입술을 서로 쳐다보며 깔깔댔지. 도시 생활에서 추억의 정은 늘 그렇게 따라붙었다. 잡다한 슬픔과 행복했던 시절이 골목마다 청국장 냄새처럼 남아돌았다. 틈이 생긴 흙벽에서 날벌레가 기어 나왔다. 봄철마다 뒷산에서 흙을 파와 회칠로 집 단장을 했다.

장마철엔 축담까지 물이 찰방찰방 차올랐으며 양푼 그릇이 낙엽처럼 마당에 떠다녔다. 궁둥이에 붙은 파리를 쫓던 꼬리가 물에 잠기자 겁을 먹은 송아지가 마구간에서 울었다. 부뚜막은 닭들이 날아올라 배설물을 찔끔찔끔 싸질렀다. 누렁개는 털을 털다 부지깽이로 얻어맞기도 했다.

오래된 그 집에서 아이들은 한글을 깨치고 일기를 썼다. 여름밤에는 멍석 위에서 데굴데굴 구르며 별을 헤아렸다. 나는 크레파스로 근사한 기와집을 그렸다. 그걸 본 아버지는 이엉을 걷어내고 한옥을 짓고파 했다. 아버지는 기와집을 지을 만큼 양반집 자손이 아니었다. 대신, 오래된 그 집을 버리고 양철집으로 이사를 했다. 얼마나 지겨웠으면 개천과 멀리 떨어진 언덕배기 외딴집으로 갔을까. 그날, 어머니는 조왕신께 공양했고 나는 마당에서 학처럼 춤을 췄다.

오래된 그 집을 배경으로 펼쳐졌던 희로애락을 책갈피처럼 넘겨본다. 아랫목엔 아버지를 기다리는 밥주발이 이불에 싸여있다. 아직도 온기가 남아있을 것 같아 슬쩍 손을 넣어 본다.

아홉 살 소녀가 두레 밥상을 펴놓고 숙제를 한다. 가끔 호롱불에 머리카락을 그을리기도 했다. 윗목에 목수가 짜준 삼층장만 덩그러니 놓여있다. 아귀를 맞춰 완벽하게 만들었다. 황금색 나비 모양의 장석이 부착된 고태미古態美가 흐른다. 들기름을 발라 반짝반짝 광이 났다. 마른 걸레질 하던 어머니 모습이 떠오른다. 다시 오래된 집으로 돌아와 옷을 쟁여 넣을 사람은 모두 떠나고 없고 나만 텅 빈 마당에 홀로 섰다.

아주 많이 오래된 집, 그곳에는 정이 흐른다. 삶이 아무리 힘들어도 언젠가 돌아갈 수 있는 곳이다. 그곳은 부모님이 계시고 고향 산천이 있다. 자식들이 찾아오는 길에는 기다림이 있고, 가는 길에는 설렘이 있다. 언젠가 돌아갈 집이 있다는 건 초라했던 추억 때문일 게다. 삶이 아무리 지쳐도 그곳에는 기다려줄 사람이 있고, 고향 산천이 있고, 어릴 때 함께 뛰어놀았던 친구들이 있다. 흙담집에는 어렸을 적 흔적이 못처럼 단단히 박혀있다. 비록 붉은 녹이 피었을지라도 그 집에서 살았던 때가 가장 즐거웠던 시절이었다.

흙에서도 인성人性이 배양되는 것 같다. 오래 묵은 정이 풍기는 건 시골만 한 데가 없다. 가을 타는 낭만파 시인처럼 나만 그런 게 아닐 게다. 누구나 도회지 생활에 지치면 시골 생활을 동경憧憬할 것이다. 송사리를 잡았던 냇물은 말라버렸을지언정 추억만큼은 오랜 세월을 두고두고 흐르고 있을 것이다. 아주 많이 오래된 집, 그곳에는 묵은 정情이 계절마다 꽃처럼 피고 진다.

# 들꽃처럼 살고 싶은 섬

— 거제도 내도 —

여행은 기대와 설렘으로 시작된다. 마음은 달뜨고 발걸음은 가벼워진다. 도전과 열정이 따르고, 쾌감과 스릴을 맛본다. 길 위에서 무엇을, 누구를 만나든 묵상은 오롯이 혼자만의 몫이다. 비행기가 하늘길을 열고 간다면 선박은 바닷길을 뚫고 나간다. 코발트블루에 하얀 물거품 물감을 입히며 편도 길을 낸다. 잔물결이 생선 비늘처럼 켜켜이 일어선다. 수면水面아래 가라앉아 수면睡眠을 즐겼던 물고기마저 선잠에서 깨어나 바지런히 유영한다.

인간의 사고와 가치관은 살아온 환경에 따라 인성이 형성되기도 하는가 보다. 섬마을 사람들은 자연을 닮았다고 해도 틀린 말이 아닌 듯하다. 외형은 마른미역 같고 손발은 거북손처럼 딱딱하고 거칠다. 겉모습만 보고 평가절하했다간 큰코다칠 것 같다. 마음 씀씀이가 향긋한 멍게 향기를 품고 있었다. 어부들은 파도와 대적하며 살았기에 박달나무로 깎은 방망이처럼 강직함이 배어났다. 북풍이 불면 지붕을 단속하고, 바다가 잠잠해지면 해녀는 물질을 나간다.

그곳이 남녘의 섬 거제도이다. 섬을 한 바퀴 도는 내내 어쩌면 섬과 사람이 이리도 닮았을까. 그런 생각이 들었다. 바위를 오르내리던 민꽃게가 발길에 놀라 제집에 들어갔다. 동물과 인간관계가 평등하다는 걸 터득한 복슬강아지는 발걸음 소리에도 끔쩍 않고 오수午睡에 빠져있다. 여든쯤 됨직한 노인이 평상 위에 누워 한뎃잠을 즐기는 한낮이다. 너무 조용해 오히려 따분하기까지 하다.

척박한 땅에서 생명이 자라서 뿌리를 내린다. 비좁은 터에서도 서로의 몸을 비비며 웅긋중긋 모여 산다. 엉겅퀴는 제 몸에 가시가 돋아나도 야들야들한 꽃을 피웠다. 앙증맞게 핀 들꽃의 삶들이 경이롭다 못해 위대하게 보인다. 언제 한 번 내 몸에 가시를 뽑아 잠시나마 저런 풀꽃을 피우며 살아본 적이 있었던가. 바위는 풍랑에 제 몸을 맡기고, 나무는 허리가 꺾여도 바람을 탓하지 않는다. 인간만이 자연을 두고 내 것이니, 네 것이니 따진다. 민둥산이 처음부터 들풀 한 포기 자라지 않던 곳이었는가?

번잡한 도시 생활과 달리 한갓진 섬을 깨우는 건 뱃고동 소리다. 그건 자동차의 클랙슨 소리와 또 다른 느낌을 준다. 무언가 여운을 남기며 향수를 자극한다. 섬은 그 소리에 새벽을 열고, 섬사람들은 일상을 준비한다. 자연과 인간이 더불어 공존하는 곳 그게 바로 섬마을이다.

"사람들 사이에 섬이 있다"
섬과 섬 사이에도 섬이 있다.
"그 섬에 가고 싶다"
그래서 섬을 찾아 나섰다.

언젠가 뜻이 잘 맞는 문우文友가 있었다. 지아비 따라 남단의 섬을 찾아든 유림의 논객들 속에서 단연코 호방한 가객이었다. 유머러스한 말솜씨로 말끝마다 좌중을 휘어잡았다. 재능으로 보면 희극배우나 개그우먼이 제격이었다. 입심이 좋아 입술에 자물쇠를 채운 사람들을 그냥 두지 않았다. 웃음으로 남에게 즐거움을 선사하는 일도 보시 공덕이요, 적선하는 일이거늘 눈을 닦고 보아도 나는 그런 재주가 없다. 둘의 성격은 판이하였지만, 내향과 외향의 조합은 환상적이었다. 문신文臣과 무신武臣 같다고나 할까. 물과 기름 같으면서도 죽이 착착 맞았다. 짠지 같은 내 쪼잔한 성격은 그녀를 만날 때마다 말캉한 젤리로 변해갔다.

하루는 보리밥집에서 숭늉을 먹으며 작당했다. 여행 삼아 거제도에 있는 유·무인도를 찾아내 책을 엮어내기로 뜻을 모았다. 그때 가장 먼저 찾아가기로 의논했던 곳이 내도內島였다. 그러나 그녀가 이곳을 떠나면서 애석하게 삼일천하로 끝나고 말았다.

삼십 대에 들어와 일흔을 넘긴 뒤에야 비로소 유랑하듯 그 섬을 찾아간다. 이미 그곳에서 민박을 예정한 여행객들은 일용할 물품들을 바리바리 싸 들고 배를 탔다. 정기적으로 운항하는 선박은 마을 사람들의 유일한 교통수단이었다. 섬을 소개하는 선장의 재치 있는 입담은 방문객의 폭소를 자아내게 했다.

갈매기가 선박을 인솔했는지, 유인한 새우깡에 홀려서 왔는지 고물을 따라오면 끼룩댔다. 조미된 식품은 본시 자기들의 먹잇감이 아니건만, 간편한 식생활에 따라 조류의 입맛도 서양 음식에 맛들인 모양이다. 거친 물살에 투항하며 용감무쌍하게 자맥질로 건져 올렸다.

구조라 선착장에서 15분쯤 달려 섬에 도착했다. 각각 머무를 수 있는 시간을 하달받고 일주를 시작한다. 길은 선창에 내려 바다를 끼고 왼쪽으로 에돌았다. 저런 물빛을 두고 쪽빛이라고 하는가! 두레박으로 길어 벌컥벌컥 들이키고 나면 헬리코박터균이 서식하는 내 위장에도 파란 물이 들 것 같았다.


'내도島 명품 길'

첫 관문부터 달랐다. 그게 그 섬의 문패였다. 더는 얕잡아 볼 오지 섬이 아니었다. 내가 그렇게 벼르고 있었던 동안 섬은 관록이 붙어 명품이란 벼슬을 얻었다. 해외 물품만 등급을 매기는 게 아니라, 득세 부릴 만한 섬도 있었다. 휘파람이 절로 나왔다. 동박새가 노래를 부르는가. 제집도 명품 섬에 있다는 걸 자랑이라도 하듯 머리 위에서 짹짹댔다. 해녀의 숨비소리도 나그네의 발길을 더디게 만들었다.

 섬에서는 모두가 하나 같이 동무가 된다. 갈매기를 불러 모아 곁에 앉히고, 해산물 한 접시 시켜놓고 막걸리 한 잔을 마시고 싶었다. 한동안 바위에 걸터앉아 세상 시름 모두 내려놓는다. 미움도 애증도 그리움이 된다. 무엇에 매달려 그리도 알뜰살뜰 헤맸던가. 세상살이가 장자의 호접몽에 불과하거늘 다시 걸음을 재촉한다. 암청색의 바닷물이 찰방찰방 발밑에 밟혔다. 바다와 어깨동무를 하고 섬을 도는 내내 물 위를 걷는 물오리 같았다.

 정상에 오르니 또 다른 섬이 코앞에 와 닿았다. 내도內島가 아내라면 남편은 외도外島인가. 바람만 불지 않으면 가내는 무탈할 것이다. 바다는 용치 노래미를 뼈째로 썰어놓고 장기 한판 두어도 좋을 만큼 고요하다. 이쪽에서 멍군이요! 하며 저편에서 장군 받아라! 라며 응수할 만큼 지척의 거리였다. 그러다 무료하면 거룻배 띄워놓고 낚시 삼매경에 빠져도 좋을 듯하다.

 섬의 형상은 모자를 벗어 놓은 모양, 거북이 형상을 닮았다 하여 모자 섬, 혹여는 거북섬이라 부르기도 한단다. 민가는 고작 열대여섯 가구, 뉘 집에 숟가락 몇 개 있는 것까지도 훤히 알고 있을 것이다. 그러니 소가지 비좁은 사람이라도 다투고 살면 안 될 것 같았다.

    *共堂分被思    같은 집에서 이불을 나누었던 생각
    雙壟望雲?    두 언덕에서 구름을 바라보던 눈동자

孝悌君家耀　　효도와 우애가 그대 집에서 빛났고
流離我地荒　　유리표박하는 나의 처지는 거칠구나.


　객지를 떠도는 사람들에게 고향은 곧 어머니의 품속이다. 그곳에는 부모님이 이마에 손차양하고 오래도록 자식들을 기다린다. 깨복쟁이 친구들과 알몸으로 쌓았던 추억들이 따개비처럼 다닥다닥 붙어있다. 어느 날 도시의 언저리를 외롭게 떠돌다 문득 생각나면 눈물부터 고이게 만드는 곳이다.
　섬으로 유배 온 가객들조차도 신세는 한탄했을지언정, 거제의 풍광만큼은 칭송이 자자했다는 것을 유배문학에서도 여실히 드러내고 있다. 예전에는 개 짖는 소리마저 들리지 않았을 만큼 외면받았던 섬이었다. 사람들의 발길이 잦다 보니 마을 사람들이 고안해 낸 것이 공동체 운영이었다. 여행객들을 상대로 민박집은 물론 가게를 운영하며 소득을 올리고 있었다. 감히 말하건대 우리는 희망을 안고 도시로 몰려들었다. 청춘들이 빠져나간 고향을 우리들의 늙으신 부모님이 지키고 있다.
　"제국 로마의 희망이 대도시 로마에 있지 않고 로마가 짓밟아 버린 변방의 팔레스타인에 있었듯" 이 시대의 희망은 도시가 짓밟아 버린 지방의 농어촌에서 부흥의 기회가 새롭게 탄생할지 아무도 모른다.
　그만큼 도시는 문명의 혜택을 누리게 만드는 한편, 자폐적인 정신지진아를 생산해내고 있다. 고민과 슬픔이 많은 도시에 종속되어 정신과 육체가 함몰된 사람들이 고가의 장비를 갖추고 산을 오르는 이유는 무엇인가? 그걸 탈피하고자 주말이면 산과 바다를 찾아 힐링에 나서는 게 아닌가! 그렇게라도 해야 만이 다시금 도시로 회향했을 때 좀비들과의 경쟁에서 견뎌낼 것이다.

물론, 인간의 수명이 늘어나면서 건강하게 오래 살고 싶은 건 어쩌면 인간 본연의 욕심일 게다. 그런 사람들을 위해 섬은 언제나 쉼터를 제공하며 영혼을 치유해준다. 명품 섬 내도야말로 충분한 안식처가 되어 줄 것이다.

외도를 배경으로 사진 한 컷을 찍었다. 내일이면 "나는 어제와 이별을 고했다. 그 시간은 다시는 돌아오지 않는다."라고 말한 시인의 수첩에 내 추억의 한 페이지를 메모한다.

섬을 절반쯤 돌았을까, 야트막한 정상에 숲의 터널이 나왔다. 명명하여 "연인의 길"의 길이었다. 보기만 해도 청춘 시절의 심장이 되살아나듯 가슴이 설렌다. 누구나 저마다 가슴 속에는 한 사람의 연인을 품고 지냈거나, 지금까지 간직한 채 살아가고 있을 것이다.

굳이 남녀가 아니어도 그게 무슨 대수인가. 마음 맞는 벗과 함께 도란도란 걸어도 좋다. 나란히 걷는 사람이 인생의 동반자라면 더할 나위 없이 발걸음이 가뿐할 것이다.

그러나 살다 보면 인생살이가 어디 그리 만만하고 호락호락하겠는가. 어찌 좋은 인연因緣만 있고, 평생 철천지원수로 살아가는 질긴 악연惡緣만 있겠는가. 때로는 인연으로 만나 악연이 되어 돌아서는 일도 흔하지 않던가. 그래서 선승들은 인생살이 자체가 고뇌라고 답하지 않았을까.

나는 앞서가는 어느 집 가장의 뒷모습에 시선이 멈추었다. 등이 굽은 어깨에 실린 일상의 짐이 몹시도 애처로워 보였다. 이 나라에서 팍팍하게 살아가야만 되는 남자들의 수난 시대가 바람처럼 등을 떠민다. 아버지와 아들이 밥그릇 싸움을 하는 이 몹쓸 놈의 현실이 눈물 나게 서럽다. 햇살 좋은 오늘 하루만이라도 삶의 무게를 그가 훌훌 벗어버렸으면 그런 바람을 가져본다. 행여 사이가 좋지 않은 부부가 있을라치면 저 관문을 통과하면서 서로의 허물을 덮어주었으면 좋겠다. 가근방에 칭송이 자자한 금실 좋은 부부로 백년해로하기를 그 또한 염원한다.

연인의 길은 아무래도 청춘들을 위한 사랑의 길이라고 칭송해야 옳을 듯싶다. 죽고 못 사는 선남선녀들이 들꽃을 묶어 언약식을 해도 어울릴 만한 장소다. 신비주의에 가까운 어느 연예인들이 산골에서 치른 결혼식보다 더 운치가 있을 것 같다. 굳이 비싼 비용을 들일 필요 없이 새우깡 몇 봉지로 칙사대접하면 갈매기 하객들이 빽빽하게 몰려들 것이고, 팔색조를 위시하여 온갖 새들이 축가를 불러줄 것이다. 겉치레는 초라할지언정 명품 인연으로 탄생하는 게 더 의미가 크지 않을까.

숨이 턱까지 차오르는 깔딱 고개를 넘어선다. 평생 바다를 구경 못 한 처녀가 까무러칠 듯한 절경이 펼쳐진다. 어쩌면 진시황이 불로초를 찾아다녔다는 곳이 바로 내도였을 지도 모른다. 섬이 좋아 섬에 살면서 섬을 노래할 수밖에 없었던 시인처럼, "이 죽일 놈"의 명품 섬 내도內島에서 들꽃처럼 살고 싶었다.

---
\* 수재 유경준(연도 미상)
  발췌: 거제도 유배고전문학 총서(高榮和 엮음)

## 훈장을 추서追敍함

볕이 좋아 나선 길 위에서의 만남이었다. 저수지 주변의 나무들은 튀밥 같은 하얀 꽃등을 매달고 있었다. 소나무 팽나무 느티나무 사이사이에 잡목도 섞여 있다. 바람이 훼방 놓지 않으면 여간해서 다투는 일이 없다. 상수리는 도토리 열매로 다람쥐를 먹여 살리고 키가 큰 나무는 그늘을 내어준다. 조화로움은 식물들의 세계만 적용되는 게 아닐 게다. 생명이 있는 모든 것은 서로 공존하며 자연의 순리에 따라 살아간다. 타인을 배려하고 조금 손해 보듯 양보하면 평화로움이 찾아들지 않을까, 그런 생각을 가져본다.

선인의 가르침에 따르자면 공수래공수거空手來空手去를 일러준다. 인간은 본시 빈손으로 태어나 그 본연의 자세로 되돌아간다는 진리를 가르친다. 듣는 귀는 밝고 말은 쉽지만 어디 그걸 행동으로 실천하기가 그리 쉬운가. 선방에 든 해탈한 선승이 아니고서야 마음을 비운다는 건 힘이 든다. 굳이 고승을 언급할 필요가 없다. 견문이 넓은 노인은 삶의 지혜를 일러 준다는 말도 있다. 가르침을 따르고 실천한다는 것에는 어려움이 따르기 마련이다. 과일이 익어가며 단맛을 내듯 나이가 든다는 것도 익음과 같으리라. 나 자신이 설익어 풋내나는 과일 같아 고목 앞에서도 주눅 들어 읍소한다.

연못의 들목 지기는 이팝나무였다. 당당히 '위양'이란 명찰까지 달고 있다. 무슨 속뜻을 품고 있는지 알 수 없지만, 겉모습부터가 잡목과 확연히 달랐다. 첫눈에 보아도 나무의 등피가 예사롭지 않았다. 파도가 일렁이듯 촘촘히 접은 주름 물결이 세월의 흔적을 드러내고 있었다. 바람에 한 겹 접고 비 맞으며 옹이가 박혔다.

나는 일행들과 뒤처져 나무를 더듬는다. 새순이었을 적에 보들보들했을진대 풍파에 시달려 거칠거칠하다. 적산 땅에 자갈을 추려내고 옥토를 만들어 씨앗을 뿌렸던 부모님의 주름진 손등이 이랬던가. 호미를 동무 삼아 한평생 흙과 씨름하더니 허리마저 닮아갔다. 아련한 추억의 묵상에 빠진 나를 깨우듯 수면水面을 휘저어 놓는 오리 떼가 끼룩대며 훼방을 놓는다. 물속 깊이는 알지언정 네가 어찌 사람 속을 아리오. 네 물갈퀴에 마음 밭이 긁힌 듯 소소瀟瀟하게 파문 지네, 그려.

숲과 인간이 어울려 공존하는 현상이 연못 주변에 펼쳐졌다. 걷다가 숨이 차면 벤치에 주저앉는 노인도 있다. 백세시대이니 한참은 더 위양 못 곁에 지킬 연세 같다. 스란치마에 접힌 주름 자락이 '위양 못' 나들목 지기를 닮았다. 노인은 저 강물 속에 묻어둔 세월의 흔적을 잠시 건져내고 있을까. 슬픈 눈으로 하염없이 강물을 바라보고 앉아 있다.

무엇이든 새롭기만 한 아이는 강둑을 내쳐 달린다. 아이의 손을 놓친 젊은 엄마의 손길이 느티나무로 깎은 방망이처럼 매끈하다. 은행잎을 책갈피에 꽂았던 여고 시절의 추억이 새록새록 떠올라 위양 못을 찾아왔을까. 두껍게 주름진 나무 아래 앉아 도시락을 펼친다. 아이 웃음소리가 벌처럼 붕붕 날아다닌다. 사람과 숲의 조화로움이 덧없이 행복해 보인다.

들목 지기는 세월의 흔적을 나무 등피에 고스란히 새기고 있다. 자연의 섭리라고 얕잡아 평가하고 싶지 않았다. 만고풍상을 겪었다고 말하지도 않겠다. 그 몸을 스쳐 간 건 역사의 흐름이었다. 수령이 짧아 조선의 근대사를 새기지 못했을지언정 바람이 스칠 때 깨달았고, 비가 쓰다듬었을 적에 말없이 기록만 남겼을 뿐이다. 나무는 질곡의 세월을 넘나들 때마다 골이 지고, 서로 어울려 숲이 되어 우거졌다. 나이테가 원형을 새길 때마다 내면 깊숙이 삶의 깊이가 옹이처럼 박혀갔다. 시린 바람이 파고들 때마다 성장했고, 면역 항체를 키우면서 늙어갔다. 자연은 인간을 품었고 사람은 자연과 함께 세상사를 경험했다.

해가 지면 별들이 호숫가에 내려앉았다. 물안개가 나무를 보듬고 돌다 새벽이슬을 맺게 했다. 우듬지 끝에는 샛별이 매달려 놀다 갔다. 물 위의 나뭇가지에다 둥지를 틀었던 가마우지는 몇 개의 알을 낳기도 했다. 암컷은 알을 품었고 수컷은 먹이를 물어다 날랐다. 어미가 부리로 쪼아 열어준 알을 까고 나온 새끼들이 털을 털며 태어났다. 아비 어미가 물어오는 먹이를 납죽납죽 받아먹고 짹짹대며 노는 모습이 귀여워 나무는 바람을 막아 주었다. 주둥이가 야물어 단단해지면 힘찬 날갯짓으로 허공을 박차고 오를 때까지 나무는 그 모습을 지켜보았다. 철이 든 자식이 둥지를 떠나가듯 새들이 날아가면 나무는 동면에 들었다.

때마침 텃밭을 일구는 노인이 있었다. 모르긴 해도 어릴 때부터 이곳에서 자란 토박이 어른인 듯하다. 그렇다면 '위양'못에 관한 재미나는 전설을 알고 있지 않을까. 하여, 신하가 예를 갖추듯 밭고랑을 넘어 노인께 다가갔다. '어르신! 혹여 '위양'의 내막을 알고 계시는지요?'

노인은 '암, 알다마다'라며 흔쾌히 답했다. '위양'이란 백성을 위하겠다는 고을 원님이 새긴 충정의 의미라고, 뜨내기의 물음에 애살맞게 일러줬다. 고을 임께 크나큰 벼슬을 하사받았으니 나무의 한 생은 보람 있게 살아왔을 법하다. 벼슬자리를 하사한 사람이 굳이 임금, 혹은 고을 원님일 필요는 없었다. 백성을 위함에서는 그 지위고하를 따지는 게 무슨 소용 있으랴. 나무는 하늘을 우러러 울울창창 곧게 올라가 숲이 되는 삶을 살아온 것뿐이었다. 날짐승이 둥지를 틀게 하고 연못을 찾은 발길이 잠시 쉬어가게 안식처를 제공한다. 그것만으로도 나무는 족한 삶을 살았을 것 같다.

사람이든 물건이든 세월이 흐르면 연륜이란 게 생기는 법이다. 그 사람의 얼굴을 보면 살아온 삶이 고스란히 드러나듯이 터실터실한 이팝나무의 등피도 다르지 않았다. 나무의 위대함은 한평생 베풂을 실천하고 떠난 마더 테레사 수녀를 떠올리게 했다. 빈자의 성녀는 낳은 자식이 없어도 모든 사람의 어머니였다. "사랑보다 더 큰 힘은 없다"라고 했듯이 그의 생은 낮은 데로, 헐벗은 자들을 품 속으로 껴안아 주었다.

성녀가 인간을 사랑했다면 나무는 숲이 되어 인간을 껴안았다. 나무와 성녀는 서로 공통분모처럼 많이도 닮아 있었다. 성녀는 가난하고 불쌍한 이들에게 베풂을 실천하고 얻은 훈장이 얼굴에 골골이 주름을 새겼다. 나무는 질곡의 세월을 넘을 때마다 피부 깊숙이 한 겹 두 겹씩 옹이가 박혀갔다. 나무는 사계四季를 보내며 고목에 주름을 새겼고, 성녀는 생로병사를 겪으며 미련 없이 자연으로 돌아갔다. 위대한 삶을 살고 간 테레사 수녀의 삶과 '위양 못'의 이팝나무 주름은 너무나 닮아 있었다. 그 삶에는 훈장을 추서할 만큼 훌륭한 주름살이 잡혀있었다. 그 훈장은 하루아침에 주어지는 게 아니었다. 한평생 인고의 풍파를 견뎌낸 아름답고 찬란한 빛의 보상이었다.

집으로 돌아와 거울 앞에 앉는다. 지나온 삶에서의 선악善惡의 흔적이 얼굴 가득 새겨졌다. 자선단체에 기부한 적 없으니 결코, 아름답다고 말할 수 없다. 이마와 눈가의 주름은 남을 헐뜯었고 팔자주름은 칭찬에 인색한 증표였다. 이제 남은 생의 주름은 어디에다 남길지, 그건 떠난 후에 증명될 것이다.

## 늙어서 참, 곱다

　노년에 새롭게 소원 하나가 생겼다. 비우고 살아도 못다 살고 갈 나이에 욕심이라니… 청춘이었을 적엔 그게 꿈이 될 줄은 몰랐다. 그렇다고 대단한 건 아니다. 사람마다 꿈이 다르긴 하지만 예의 꿈이라면 재물과 연관을 짓기 마련이다. 고대광실 같은 기와집을 짓고 남보란 듯이 떵떵거리며 사는 그것이 대다수 사람의 꿈일 게다. 나도 한때는 몹시도 가난하여 월세방을 전전하며 살았던 시절엔 그랬다. 재물에 앞서 '건강을 잃으면 천금을 가진들 소용이 없다.'라는 그 불변의 진리를 모르던 시절이었다. 진작에 터득한 이들은 음식의 양보다 질을 따졌다. 인터넷으로 검색하여 소문난 맛집을 순례하기도 한다.
　옛말에 새끼 백발은 쓸모 있어도 사람 백발은 그리 필요치 않다고 했다. 그건 긍정보다 부정의 뜻이 더 강하다. 꼬리가 길면 밟히는 법이다. 무병장수하면 누가 뭐라고 하겠냐만, 명줄은 하늘의 뜻에 매였지, 어디 제 하고 싶다고 마음대로 할 일이 아니지 않은가. 늙은이의 바람은 진수성찬이 차려진 밥상이 아니다. 몹쓸 병에라도 걸리면 세월만 축내고 자식들 삶까지 구속한다. 그게 연체된 은행 채무보다 무섭고 두려운 현실이다. 솔직히 그런 일만큼은 정말 하고 싶지 않은 게 소원일 게다.

언제 세월이 이렇게 흘렀을까. 만고풍상을 겪고 나니 나도 어느덧 칠순을 훌쩍 넘기며 내처 달리고 있다. 되돌아보면 허송세월하고 산 게 아니다. 공로를 치사 받을 일을 꽤 하고 살았다. 가정을 꾸리고 자식을 낳아 길렀고, 없는 세간을 늘려가며 노년에 들어가 살 집 한 칸도 마련했다. 남들 다 가는 해외여행도 몇 차례 다녀왔다. 느지막이 못다 했던 공부가 한이 되어 뒤늦게나마 대학까지 마쳤다. 이만하면 잘 살았다고 자부할 만 아니한가? 딱 한 가지 아쉬운 건 부모님께 효도하지 못한 게 목에 걸린다.

이제 맡은 바 임무를 완수하고 나니 훈장으로 질병이 찾아왔다. 찬바람 불면 무릎부터 시렸다. 작년 다르고, 올 해변이 달랐다. 앉으나 서나 생인손 앓듯 끙끙댄다. 늙어본 경험이 없었던 시절에 어머니는 뼈마디마다 바람이 나온다고 했다. 뼛속에서 무슨 바람이 나오느냐고 핀잔을 주면 '너도 늙어 봐라'라고 했다. 흘러들었던 어머니의 푸념을 그때의 어머니 나이를 넘어서고 나서야 구구절절이 깨닫는다. 진즉에 어머니 무릎에 핫팩 찜질을 해드리거나 하다 못해 파스라도 한 장 사다 붙여줄 걸… 삐걱대는 내 무릎에 파스를 붙이며 때늦은 후회가 또 가슴을 아리게 만든다.

근래에 들어 비발디의 사계를 듣는 날이 부쩍 잦다. 베토벤의 '운명'의 끝자락에 호감이 간다. 계절 바뀌듯 신체의 변화과정이 오롯이 음악 속에 배어든다. 옥수수 같았던 이빨이 허물어지고, 백발이 성성해진 모발은 가을비 맞은 나뭇잎처럼 떨어진다.

나이를 먹는다는 것은 두 가지 관점에서 따져볼 필요가 있다. 삶이 농익어 지혜는 있다손 쳐도 교양과는 거리가 좀 멀었다. 우선 부끄러움이 없어지고 뻔뻔함의 극치를 보인다. 옛말에 여자와 가택은 가꾸기에 따라 뽀대가 난다고 했건만 검버섯 핀 얼굴도 개의치 않는다. 그것뿐이면 천만다행이게. 대중교통을 이용하면 빈자리부터 찾아 헤맨다. 일상에 지쳐 졸고 있는 젊은이 곁에 보란 듯이 딱 붙어선다. 발딱 일어나 자리를 양보하지 않으면 요새 것들은 행실이 있다는 둥 없다는 둥 가정교육까지 들먹인다.

내남없이 자기 자식은 얼마나 잘 키웠기에 자격이 있기나 할까. 턱밑에 심술 주머니를 꽈리처럼 매달고 남의 집 아이를 탓한다. 하고 버리는 말이라고 생짜 배기 논리를 펼친다. 걸음은 어둔한 데 말은 왜 그렇게 많아지는지. 나설 때 안 나설 때를 가리지 않고 돌콩처럼 톡톡 튀어나온다. 그러다 잔소리꾼 어른이니 뭐니, 십상 미움 털이 박힌다. 고로, "늙으면 입은 닫고 지갑은 열라고 하던가?" 낄끼빠빠(낄 때 끼고 빠질 때 빠져라)라는 신조어는 누가 지어낸 걸까.

정답인지, 오답인지는 스스로 늙어가면 해답을 찾을 일이다. 그게 마음대로 뜻대로 될지 말지.

중부내륙도로를 내리달아 홍천으로 갔다. 일 년에 딱 한 달만 개방한다는 은행나무 숲이다. 한 집안의 가장이 가족들을 위해 심어 놓았다는 소리를 듣고 한번 가보고 싶었던 곳이다. 그는 왜 은행나무 숲을 만들었을까. 늙으면 그 나무의 열매처럼 농익은 채 떨어지고 싶었을까. 노란 잎사귀가 비 내리듯 쏟아진다. 은행잎 벼락을 맞은 사람들이 나무둥치를 끌어안고 사진을 찍는다. 머리카락에 내려앉은 은행잎이 노랑나비 리본을 꽂은 것 같다. 늙은 소녀들의 수다가 은행알처럼 구른다. 내년이면 또 어떤 모습으로 익어있을까. 유독 나이 든 사람들이 은행나무 아래서 한동안 뭉그적댄다. 또래를 만난 듯 괜스레 마음이 짠해진다. 나도 별수 없이 그들이 서 있던 곳으로 발길을 옮긴다.

허리를 굽혀 낙엽 하나를 주워든다. 늙어서 참, 곱다. 황달 든 은행잎. 술 취한 단풍, 머리카락이 하얗게 센 억새까지. 삶의 끝자락에 저리도 고운 게 어디 있을까. 숲에는 아름다움을 간직하며 곱게 늙은 게 참으로 많았다. 인생도 자연 속의 일부분에 속한다. 거스를 수 없는 늙음도 저렇게 아름답게 마무리할 수는 없을까. 책갈피에 고이 넣어둔 낙엽처럼. 떠나고 나면 누군가의 가슴에 오래도록 간직되는 불두화로 새겨졌으면 좋겠다.

은행 알갱이가 발밑에서 픽픽 밟힌다. 겉모습은 좋은 데 속은 어찌 그리 고약한 고린내를 풍길까. 열매는 분명 내면이 농익어서 풍기는 과즙일 텐데, 열매의 향내치곤 거리감이 생긴다. 허울 좋은 겉껍질을 벗고 나면 알갱이는 건강에 탁월한 효능이 있다. 겉과 속이 다른 건 사람도 그럴진대, 제 뱃속에 든 오물을 모르고 열매만 탓한다.

사람이든 나무든 앉을 자리가 있나 보다. 은행잎은 저리 고운데 아스팔트 위에 떨어지는 열매는 천대를 받는다. 이유는 고약한 냄새를 풍기는 게 죄다. 도심의 거리를 오물로 뒤덮으니 암컷을 베어내자는 정책들을 쏟아냈다. 암수의 관계로 열매를 맺는 건 자연의 순리이거늘 씨받이가 눈총을 받는다. 사람으로 치면 남자만 있고 여자는 없어도 된다는 논리 아닌가? 지구상에서 수컷만 생존한다면 혹여 생태계의 교란을 가져오지나 않을까 염려스럽다. 사람과 식물은 다르겠지만, 암수의 조화로움이 균등을 이루어야만 세상도, 자연도 아름다울 듯하다.

집 근처 산책길에 늘어섰던 암컷 나무가 베어졌다. 다산으로 말미암아 사람들에게 오물을 뒤집어씌운 죄로 교수형에 처했다. 실은 은행잎과 열매를 쓸어 담느라 환경미화원의 노고가 이만저만이 아닌 건 사실이었다. 그 수고로움이 고맙게 느껴지는 단풍 계절의 끝자락이다. 원수야 대수야 해가며 쓰레기로 버려질지언정 그 뒤안길은 아름다웠다. 또 한해의 추억을 고스란히 남겨준다.

계절을 따라 흐르듯 나이가 드니 유독 가을을 탄다. 먼저 가버린 친구의 문상을 가고, 또 누군가는 요양병원에 들어갔다는 말을 종종 듣는다. 언젠가 가야 할 길이지만 가을날에 전해오는 소식은 말문을 닫게 만든다. 민둥산의 하얀 억새밭, 백담사 계곡의 붉디붉은 단풍도. 늙어서 참 곱다. 저렇게 아름답게 늙어가는 가을 산을 닮고 싶다.

## 주름 서책書冊을 읽다

　암벽은 기이한 밀지密旨였다. 한눈에 보아도 지형지물地形地物이 예사롭지 않았다. 거대한 바윗돌은 빗물에 패이고 벼락에 쪼개졌다. 다림질 잘 된 여인의 치마폭처럼 켜켜이 주름이 잡혀있다. 골골이 팬 돌 틈 사이사이마다 은밀한 기밀문서를 감추어둔 듯하다. 목등뼈骨를 타고 혈맥이 흐르듯 나무는 바위에 올라앉아 뿌리를 내렸다. 기갈이 들어도 천수天水로 버티며 연년세세 숲을 이루고 섰다. 벼랑 끝에서도 꽃은 피었고, 텃새는 둥지를 틀었다. 광물의 변형에서 어느 한 시대의 역사를 추론한다는 건 획기적인 일이다. 암벽에는 굴곡진 역사를 한 권의 주름서책書冊에 기록해두었다.
　우연히 찾아간 사찰에서 한 권의 양서良書를 만났다. 열두 폭 병풍을 둘러친 듯 주름서책이 봉황산 자락에 펼쳐졌다. 봉황대鳳凰臺

를 기둥 삼아 겸재의 진경산수眞景山水 못잖게 화려하게 붓질로 터치했다. 담쟁이 넝쿨을 오브제로 그려놓은 표지 삽화는 꽤 인상적이었다. 봄 햇살 연정에 홀려 연녹색 잎이 오므렸던 손바닥을 펴고 나왔고, 여름엔 너도밤나무가 구슬 꽃을 피웠다. 가을볕이 물감을 풀어 너설* 주변을 만산홍엽으로 도배를 했다. 가장 한국적인 풍경이 가장 매력적이었다. 한 폭의 한국화는 자연이 채색한 녹의홍상綠衣紅裳이 틀림없었다.

담쟁이 넝쿨이 봉황대 암벽에 꽃불을 놓았다. 붉은색이 남극의 햇살처럼 정열적으로 타오른다. 억새조차 흰 머리카락을 풀어 홍보에 나섰다. 전국에서 모여든 객원기자들이 취재에 열을 올리느라 여념이 없다. 봉황산을 담으려고 서치라이트처럼 플래시를 터트렸다. 황달 든 은행잎이 북콘서트에 몰려든 독자들 머리 위로 소낙비를 퍼부었다. 가히 기함할 만 풍경이었다. 붉은 휘장으로 엮은 주름 서책은 역시서 외에 불교 경전, 인성교육의 소양서인 삼강오륜까지 기가 막히게 제본을 했다. 책갈피를 넘길 때마다 기술한 지문誌文은 그야말로 진수眞髓였다. 어느 유명작가의 베스트셀러 작품이 이에 견주랴. 천지가 개벽한들 역사에 남을 육혼肉魂으로 써 내려간 고서古書였다. 양장본으로 꾸며진 장편은 명작名作 중에서도 단연 최고의 고서高書였다.

선 채로 주름 서책을 읽는다. 목차는 3부로 나뉘어 전개되었다.

제4부 생명의 꽃, 그 유래에 관하여  253

제1장. 삼국을 통일한 시대를 거슬러 오른다. 무신武臣이 되는 과정은 고행이었다. 첫 페이지는 화랑도의 세속오계世俗五戒로 펼쳐졌다. 검사劍士들이 펼치는 진검승부가 사극의 한 장면처럼 드라마틱했다. 주연 배우는 진골 출신의 화랑도 장군이었다. '봉황산'은 군사적인 진지陣地를 구축한 최고의 요충지였고, '봉황대'는 그가 이끈 최정예 부대 명칭이었다.

숨을 죽이며 계속해서 책장을 넘긴다. 가만히 귀를 기울인다. '딸각딸각' 먼지를 일으키며 달려오는 천마天馬의 발굽 소리가 들린다. 전진을 알리는 북소리가 봉황산 자락에 메아리친다. 적과의 대결에서 후퇴는 있을 수 없었다. 용맹 무사들이 펼치는 무술의 묘미가 흥미진진했다. 귀밑에 솜털이 보송보송했을 앳된 얼굴들이 떠오른다. 출생이 남달라 숙명처럼 문무文武를 익혀야만 했다. 머리띠에 수꿩 깃털을 꽂은 낭도郎徒들은 귀공자답게 아름다웠다. 그런 청년들이 장군의 휘하에서 임전무퇴臨戰無退의 혹독한 수련을 갈고 닦았다. 힘에도 버거웠을 장검長劍을 휘두르며 말을 타고 봉황산 자락을 오르내렸을 것이다. 그 기상은 만주벌판을 달렸던 선대先代로부터 물려받은 강인한 정신문화의 유산이었다.

두 번째 책장을 넘긴다.

1330년경, 이곳은 나당 연합군과 백제군의 격전지였다. 봉황대 부대원이었던 투사들이 혈투를 벌였던 현장이란 게 더욱 놀랍다. 우국충정을 향한 열사들은 혈서로 맹세하며 나라를 지켰다. 제 한 몸이 휘발되고 산화하는 동안 오천 년 역사에 주춧돌을 놓았다. 무능한 왕조는 무너지고 역사는 대전환을 맞게 되었다.

천강天降은 하늘이 내린 아호雅號였을까. 천지신명께 호號를 하사받은 장군將軍은 스스로 '홍의장군'이라 명했다. 붉은 비단의 홍의紅衣 군복을 입고 백마를 타고 적진에 뛰어들었다. 신출귀몰한 위장전술로 의병장으로서 그 중심에 섰다. 이것을 본 왜적은 감히 반격해 올 수 없었다.

담쟁이 넝쿨이 봉황대 암벽을 뒤덮고 있다. 승리한 백성들을 축하해주듯 손바닥을 펴고 너풀너풀 춤을 춘다. 붉은 색깔의 이미지가 너무 강렬해 보는 이의 시선을 압도한다. 혁명은 그렇게 담쟁이 넝쿨이 손과 손을 맞잡은 채 줄기가 엉키듯 시작되었다. 민초民草들은 홍의를 입은 장군을 따라 들불처럼 일어나 봉황대 기둥에 역사를 새겼다. 이쯤에서 잠시 책장 모서리를 접는다. 암벽을 타고 흐르는 암반수로 타들어 가던 목을 축인다.

애국심은 필부匹婦에게도 불쏘시개로 작용했다. 마른 침을 삼키며 다시 읽어 내려간다. 혜초스님이 불교 성지를 순례하고 돌아오던 길이었다. 바랑을 베고 잠이 들었다. 그곳이 어디일까. 산세가 빼어나고 기암괴석이 솟아있는 지형地形이 보인다. 예지몽豫知夢이라 여겼던 형상이 눈앞에 현실로 나타났다. 무릎을 친 스님은 이곳에다 비로자나불을 안치하기로 마음먹는다. 암벽을 뚫어 동굴 법당을 만드는 최초의 계기가 되었다. 승려들은 선당에 모여 참선參禪

과 좌선坐禪으로 치성을 드렸다. 천추만대에 호국 영령들을 기리고자 건립한 사찰이 의령의 '일붕사'였다.

비구니 스님의 염불 소리가 들린다. 목탁 소리가 풍경 소리처럼 청아하다. 가부좌 틀고 앉아 심취한 듯 빠져든다. 생성生成과 소멸消滅은 찰나의 순간에 오고 가는 것을… 낮잠에 취한 듯 몽롱해진 심지가 춤을 춘다. 햇불처럼 타오른 촛농이 흘러내려 과수寡守의 절개처럼 굳는다. 토굴 속에서 동학혁명을 꿈꾸었던 민초들의 목소리가 수런수런 들리는 듯하다. 동굴사찰은 역사와 함께 기네스북에도 등재되었다. 경배를 올리고 되돌아 나와 암벽에 새겨진 마애불상 앞에 무릎 꿇고 합장한다. 향불의 부름에 응답하듯 이름 없는 야인의 숨소리가 바스락대는 은행잎에 실려 온다. 목숨이 하나뿐인 게 천추의 한이 되었다고. 그것마저도 기꺼이 불사했던 머리띠 묶은 모습이 언뜻언뜻 스친다.

마지막 목차를 펼친다. 사친이효事親以孝.

사찰 근접한 곳에 요양원이 보인다. 세월은 노인들을 신식 건물로 이주시켜 놓았다. 편하게 지내시라고, 자식들이 보증금까지 대납했다. 호미질 안 하고 아궁이에 군불 지피지 않아도 따뜻했다. 바람 스치듯 생이 한순간 허망하게 지나간 것 같아 서럽고 애통하다. 인생살이가 쓰디쓴 블랙커피 같았을지언정 자식 키웠던 재미만큼은 달콤한 '라떼'였으리라.

이곳이 삶의 마지막 종착지라는 건 거역할 수 없는 현실이다. 산

자락마다 꽃은 피고 지고 춤을 추어도 문풍지 떨리는 초가만 하랴. 지나온 삶의 책갈피에 꽂아둔 그 페이지가 인생에서 가장 행복했던 시절이었으리라.

바람이 나뭇잎들을 쓸어간다. 떨어진 잎은 뿔뿔이 흩어져 제 갈 길로 갔다. 앙상한 줄기만 푸르렀던 날의 추억만 간직하고 있다. 내년 춘삼월이면 여전히 꽃은 피고 새는 둥지를 틀 것이다. 그때쯤이면 노거수를 찾아 제비들이 날아올까. 모를 일이다. 어쩌면 자식들 얼굴마저 잊어버린 채 거미줄에 내걸린 파리처럼 풍화작용을 겪고 있는지도 모른다.

봉황대를 뒤덮고 있는 담쟁이 넝쿨을 더듬어 본다. 살은 내리고 푸른 정맥만 불거졌던 어머니 손등 같다. 어머니의 주름 서책에는 무엇을 남겼을까. 삼 년을 내리 두고 두 아들을 먼저 보내 버렸다. 죄인이 된 어머니는 목숨이 다하는 날까지도 심장을 쥐어뜯으며 살았다. 담쟁이 잎사귀가 떨어지고 마른 줄기만 남듯 혓바닥이 타들어 갔다. 갈라진 틈으로 고춧가루처럼 맵고 따가운 그리움이 파고들었다. 그때마다 선창에 나가 실성한 듯 울부짖었다. 가난해서 뱃일밖에 가르치지 못했던 아버지는 오래도록 바다와 돌아앉았다.

담쟁이 넝쿨이 뒤덮인 봉황대 적벽赤壁에 역사가 새겨졌듯, 저마다 살아온 여인들의 삶은 얼굴과 손등에 주름을 남긴다. 나의 인생 연보에는 무엇을 남길까. 물 마른 강가에 서면 어머니가 그립다. 잔

양殘陽은 봉황산 자락에 낙조落照를 드리우고, 나는 낙향落鄕을 서두르며 마지막 책장을 덮는다.

---

* 일붕사(성덕사) : 경남 의령군 궁류면 평촌리에 있는 사찰.
* 봉황산 봉황대 : 신라 시대 삼국을 통일한 김춘추 장군의 첫 요새지로써 군부대였던 봉황대의 이름을 따 봉황산이라 부르게 되었다는 유래가 전해 내려옴.
* 너설 : 돌이나 바위가 험하게 삐죽삐죽 튀어나온 곳

## 하얀 거목을 보았다

혹여 백색증을 앓았을까. 나무의 표피가 희끗희끗하다. 사방팔방 늘어선 그 나무터널로 들어선다. 하얀 나뭇결이 햇살을 받아 한지처럼 곱다. 하얀 천에다 붓으로 온점을 찍은 듯 거뭇거뭇하게 새겨진 문양과 극명하게 대비된다. 겉이 저토록 비단결 같은 걸 보아 속살은 또 얼마나 고울까. 이웃 처자 넘보는 음흉한 사내처럼 아녀자의 젖무덤을 떠올려본다.

언젠가 윤회설에 관해 들은 적이 있다. 무릇, 생명을 가진 것은 언젠가 사라지는 게 자연의 순리다. 종교 교리에서는 현세現世와 내세來世를 뚜렷하게 구분 짓는다. 누군들 아름다운 세상에 다시금 태어나고 싶지 않은 이가 몇이나 될까. 나는 개신교를 믿지 않아 하늘 위의 천당의 세계는 알 수 없다. 불교에서는 죽음 뒤에 환생하는 걸

두고 육도환생六道幻生이라고 했다. 종교에 의한 설법이 꼭 그렇다는 것만 아니다. 덕을 쌓고 내적 수양의 참선은 마음의 평정을 찾기 위함일 거다.

윤회설에 의하면 모든 생명의 환생은 천차만별이라고 한다. 동물이거나 식물이거나 작은 미물에게도 내려앉을 수도 있단다. 잡다한 것에 영혼이 내려앉는다는 것에는 흔쾌히 동의하고 싶지 않았다. 그저 목숨을 함부로 다루지 말라는 설법쯤으로 가벼이 여겼다. 신중하지 못한 자만심이었을까. 취미 생활을 한답시고 생목生木을 꺾어 분재를 만들다 손을 심하게 다친 적이 있다. 그 일을 겪은 뒤로는 나무에 칼을 갖다 대는 일은 삼가고 있다.

오늘 본 자작나무야말로 어느 혼령이 내려앉았기에 이토록 희고 고운 나뭇결로 내세에 태어났을까. 삼천 년 만에 한 번씩 핀다는 아름답고 성스러운 꽃인 우담발라처럼 경이로웠다. 두메산골에서 태어나 바다를 향한 그리움이 쌓였을까. 수채화 물감으로 밑동부터 온점 하나씩을 섬처럼 그려 넣고 있다. 싹이 돋는 초봄부터 싸락눈 내리는 동삼까지 내강외유內剛外柔으로 다졌는가. 속내를 다지며 겉을 단련해 희디희고 곱디고운 때깔을 드러냈다.

골짜기가 깊은 만큼 수림은 밀림지대 같다. 빽빽이 우거져도 어느 하나 휘어진 게 없다. 무수한 잡목 속에서 단연 돋보이는 군계일학群鷄一鶴의 나무였다. 어느 곳에, 누구에게 어떤 일로 적선하였기에 때 묻지 않은 하얀 의상을 하사받았을까. 영산에 와서 석가모니께 바라화를 바치고 중생들을 위한 기도를 소원했다던 법왕의 흔적이었을까. 육도 환생하지 않고서야 저렇게 결 고운 하얀 나무로 태어나지 못했을 것이다.

종이로도 사용되었던 자작나무는 암수의 꽃이 한그루에서 피어나는 자웅동체의 식물이란다. 태어나고 자란 곳이 바닷가인지라 나는 우렁쉥이만 그런 줄 알고 있었다. 눈처럼 하얀 껍질이 인상적이어서 서양에서는 '숲속의 여왕'이라고 불릴 만큼 아름다운 나무다. 나무껍질은 천 년이 넘어도 섞지 않는다고 한다. 경주 천마총에서 발굴된 천마가 그려진 그림이 온전한 상태로 출토되었을 때도 문화제 관리자들이 탄복한 이유도 거기에 있었다. 말안장에 그려진 그림은 그 바탕의 재료가 바로 자작나무였다고 한다. 나뭇결이 매끄럽고 습기에 강해 책을 만드는 종이 대신으로 기록지로도 유용하게 사용되었다.

숲속으로 들어갈수록 마음이 정화靜話된다. 대화 없이 오롯이 마음으로만 전한다는 염화미소의 의미를 등가죽의 교훈에서 배운다. 산등성이로 행군하듯 일렬종대—列縱隊로 오르는 자작나무 부대가 장관이었다. 하나같이 밀랍인형처럼 하얗다. 분칠하지 않은 내 얼굴에 나무가 화장해준다.

의술의 아버지라 불리는 히포크라테스의 논리에 의하면 음식으로 못 고치는 병은 약으로도 고칠 수 없다고 했다. 동의보감에도 식약동원食藥同原이라고 해서 음식과 약의 뿌리가 같다고 여겨 우리 조상들은 밥상 위에 오르는 음식으로 건강을 챙겼다.

한의학과 민간요법으로 사용되었던 자작나무는 백화피白樺皮, 화피樺皮, 화목피樺木皮 등으로 불리며 약제의 효능이 다방면으로 활용했다. 뿌리는 간 질환, 황달, 설사, 기관지염 등 탁월하다고 한다. 옛 의학책서 에는 다섯 가지 간 질환 치료제로 정평이 나 있다. 그뿐만 아니라, 백내장에 탁월한 효능을 자랑했다. 어느 노인이 1년을 달여 먹고 시력을 되찾았다는 설화도 있다. (일부 자료 참고 cafe. 산과 여행)

약리 실험에서는 종양세포 억제로 유명하다. 노벨 문학상을 받은 러시아의 대문호 알렉산드르 솔제니친이 지은 '암 병동' 소설을 읽다 보면 인간에게 전파되는 다양한 암의 존재가 주목받는다. 강제수용소 생활을 했던 그마저도 두 번의 암(서혜부 암, 위암)을 겪었지만, 그는 구순까지 살았다. 소설 '암 병동'은 솔제니친 자신이 실지 겪은 암 투병 경험을 담아 쓴 작품에는 자작나무에 핀 버섯으로 암을 고쳤다는 일화가 나온다.

솔제니친의 소설 속에는 꾸준하게 암이란 질병을 연구하며 논문을 기재하던 연구자들이 등장하는 데, 그들이 놀랄 만한 걸 하나 발견해내는 부분이 나온다. 그것은 어느 지역에 거주하던 농부들이 꾸준하게 끓여 마셨던 버섯이 있었다고 했다. 그 물을 마신 농부들은 면역항체가 강화되어 암을 앓지 않는다는 소견을 발표했다. 그게 바로 자작나무에서 돋아난 버섯인 '챠가'였다. 흔히 차가버섯이라고 불리는 차가는 자작나무에 자라는 기생 버섯인데, 버섯이라고 하지만 바이러스에서 시작된 균류에 가깝다고 한다. 북위 45도 이상의 추운 지역 시베리아와 캐나다 북유럽 등지에서만 서식하며 자작나무의 모든 영양분을 다 빨아먹고 사는 그래서 추운 러시아 지방의 환자들은 자작나무 흰 표피에 혹처럼 붙은 검은 덩어리를 자작나무의 암으로 지칭했다.

자연에는 인간이 알지 못하는 특효약이 있기는 하는 가보다. 불치병으로 사형선고를 받은 것과 다름없는 환자들이 마지막 찾아가는 곳이 자연으로의 회귀이다. 간혹 시한부 환자들이 자연에서 치유되었다는 소식을 들을 때도 있다. 한의학의 주된 약제는 땅속과 나뭇가지에서 돋아나는 걸 주재료로 사용한다.

우리나라 중장년층이 즐겨보는 방송프로가 '나는 자연인이다'라고 한다. 그들은 거대한 도시에 갇혀 병든 몸과 마음을 치유할 공간을 찾았다. 유일한 탈출구가 깊은 산골짜기였다. 숲에서 나오는 $CO_2$는 호흡기에 특효약이다. 그래서 새롭게 생겨난 게 5도 2촌(5일은 도시, 2일은 시골)의 생활이다.


편리하고 간단하게 생활하는 시대가 되었다. 손끝만 터치하면 라이더가 대문 앞까지 먹거리를 배달해준다. 건강한 삶의 질을 위해 지자체도 한몫한다. 내남없이 체육공원에 설치해놓은 운동기구에 죽기 살기로 매달린다. 이 좋은 세상에 한 번 가면 다시는 돌아올 수 없는 북망산으로의 유랑은 억울해서 못 간다. 음식으로 치유될 수 없는 질병은 약으로도 치료할 수 없다는 말도 있다. 산을 헤매지 않아도 자연 속에서의 생활은 로망이 아닐까. 그 길만이 스트레스에 시달리는 현대인들의 탈출구일 게다. 멍석만 한 텃밭에 앉아 나 역시 잡다한 일상의 근심을 털어낸다.

# 생명의 꽃, 그 유래에 관하여

## 꽃이 피다

꽃은 붉었다. 태초에 꽃씨는 어디서부터 왔을까. 꽃은 땅에서만 피는 식물만이 아니었다. 사람의 몸속, 그것도 꼭 여자의 몸에서만 핀다는 걸 열일곱에 알았다. 꽃이 성장하기에 여성의 몸은 완벽한 모성을 가졌다는 게 특징이다. 여성은 사춘기를 시작으로 생리적 현상에 의해 한 달에 한 번씩 꽃을 피운다. 여성의 몸에서 처음으로 피는 그 꽃은 붉음을 상징하는 홍연紅鉛이라고 부르기도 한다. 그때부터는 여성에서 어머니로 변모하는 시발점이기도 하다.

꽃은 개화기를 맞으면서 여자의 신체구조는 무르익기 시작한다. 외모에 신경을 쓰고 나와 다른 이성에 관해 유한적 조건有限的 條件

에 눈을 뜨게 된다. X Y라는 염색체의 융합으로 열매를 맺는 준비 과정에 들어간다. 혼자서 열매 맺는 건 거의 불가능하다. 외부로부터 필연적으로 씨앗을 받아야만 한다. 일단 씨앗을 심게 되면 식물적 모성 본능을 발휘한다. 여하한 일이 있어도 포기하지 않고 정성을 다해 가꾸어야 할 책임과 임무가 따른다. 씨앗의 제공자와 불협화음이 생겨 파탄지경에 이를지언정 맺은 열매에 대해서는 자신의 전부를 희생하기도 한다. 그 힘은 어머니라는 고유 명사를 가졌기에 가능하다.

생체구조상 여자라면 몸속에서 발아되는 꽃에 대해 교육을 이수한다. 선홍빛의 꽃물은 보드라운 천이나 위생패드에 잘 스며든다. 예전의 여인들은 꽃물이 든 빨래는 남의 눈을 피해 몰래 숨어서 세탁했다. 지금은 감쪽같이 처리하기 좋은 재질의 상품들이 일회용으로 사용되고 있다. 불행한 시대에 불편하게 살아온 윗대 여성들은 옥양목 천이나 허접스러운 헝겊에 꽃물을 받아냈다. 아무리 비벼 빨아도 여간해선 그 흔적을 지울 수 없었다. 애벌빨래를 한 뒤 가마솥에서 폭폭 삶아낸 뒤 방망이로 두들겨 말끔하게 씻어냈다.

꽃이 피면 여자는 매사에 얌전해야 한다. 실수하지 않으려면 남의 눈에 띄지 않게 감춰야만 한다. 여행이라고 갈라치면 여간 성가시고 귀찮은 게 아니었다. 흰옷이라도 입으려 치면 앉은 앉음새까지 신경을 써야만 하는 번거로움이 있다. 잘못하여 겉옷에 꽃물이 배어나면 여간 낭패가 아니다. 그렇다고 매달 정례적으로 찾아오는 손님을 딱히 돌려세울 방도는 없다. 약물로 조절은 가능할지라고 아예 단절할 수는 없다.

　나는 또래들보다 늦게 꽃의 개화기가 찾아왔다. 드디어 꽃이 만개했다고 동네방네 알릴 일도 아니었다. 꽃물이 들인 곳이 하필이면 어머니의 수고로움이 오롯이 밴 이불자락이었다. 눈앞이 캄캄해 이불 속에서 뭉그적댔다. 해가 중천에 올랐는데 여태껏 일어나지도 않느냐는 어머니의 지청구에 문풍지가 파르르 떨리는 듯했다. 내가 저질러 놓은 황칠이 아니어도 천지간에 일거리가 태산이었다. 천수답에 써레질로 더럽혀진 아버지의 작업복과 식구들이 벗어낸 빨랫거리가 북두산처럼 쌓여 있었다.

　농사일에 매달리다 시어른들의 모시 치마저고리에 두루마기 손질까지 손에 물 마를 날이 없었다. 그러잖아도 계절 따라 어질러놓은 이부자리 손질도 만만찮았다. 싯누런 광목천을 몇 시간씩 장작불을 지펴가며 삶아냈다. 보리밥을 치대 풀을 먹이고 회다지 하듯 다듬잇방망이로 빳빳하게 올을 세웠다. 바지랑대를 치켜세운 광목천이 햇볕에 하얗게 바래졌다. 마당에 펼쳐둔 멍석에서 돗바늘로 시침질을 했다. 풀냄새가 풍기던 이불에서 서걱서걱 댓잎 소리가 났다. 귀신이 나오는 악몽이라도 꾸었던가. 그날 밤 나는 어이없게 이불에다 꽃물을 들이고 말았다. 그 수고로움을 알기에 어머니 앞에 고개를 들 수가 없었다.

매타작당할 각오를 하고 어머니께 이실직고했다. 그렇게 크나큰 실수를 저질렀건만 잘못한 일에 칭찬을 받아보긴 태어나서 처음이었다. 어머니는 외래 나를 위로하며 이제부터는 매달 달거리를 치를 거니까 매사에 행동을 조심하라며 격려를 보냈다. 애초에 여자로 태어나서 아버지와 겸상도 하지 못했건만 뜬금없이 완벽한 여자라니 그 뜻을 몰랐다. 그 날 이후로 어머니는 포목점에서 보드라운 천을 끊어와 몇 장의 손수건을 만들어 주었다.

## 열매 맺다

여자의 몸에서 핀 꽃은 일주일 남짓 머물다 시들었다. 꽃이 떨어지면 생명을 잉태할 준비기간이다. "아버님 전 뼈를 타고 어머니 전 살을 타고" 석 달 열흘 즈음에 생명의 형태를 하나씩 갖추어간다. 씨앗의 포자는 뱃속이라는 아늑한 둥지에서 열 달 가까이 성장 과정을 거친다. 여자는 자궁이란 아늑한 공간에 고귀한 생명을 앉힌 채 애지중지 가꾼다. 입덧이 심해지면 평소에 즐겨 먹었던 음식마저 죽기만큼 그 냄새가 싫어진다. 아이러니하게도 탯줄에 매달린 새싹의 명령이면 무엇이든 거부하지 못한다.

여자가 아이를 가지면 천성이 변한다는 말이 있듯이 본인 의지와 상관없는 걸 찾기도 한다. 나도 둘째를 가졌을 때 한 번도 먹어본 적이 없었던 족발이 그렇게 당겼다. 어른들이 말하길 결코, 본인들의 몸보신을 위한 게 아니라고 했다. 사람의 인성교육은 태교로부터 크게 형성됨을 중요시하기에 임산부는 늘 마음을 늘 편안하게 가져야 한다. 밖의 목숨과 뱃속의 생명이 혼연일체가 되어 열 달이라는 시간이 지나면 비로소 온전히 한 생명체가 탄생한다. 어머니 세대로부터 대물림 되는 과정을 이어가며 여자는 강렬한 존재감을 과시한다.

　누구나 생명을 부여받는 꽃 마당은 어머니의 자궁 집이었다. 모태母胎라는 문패를 단 그 집은 어머니가 된 여자만의 단독 주택이었다. 그 텃밭에서 한 달에 하나의 열매만 키웠다. 어머니만이 가질 수 있는 특별한 저택은 자식들에게만 무상으로 제공했다. 계약 조건은 월세가 없는 대신 10개월이란 기간이 정해져 있었다. 휴지기도 없이 큰 애가 나가고 나면 둘째 셋째가 세를 들었다. 빈궁嬪宮이 되기 무섭게 이삼 년 주기로 생명을 들여앉혔다. 한 사람을 오래 두면 또 다른 사람을 들일 수 없기 때문이었다. 의술이 취약했던 시절에는 열 명 이상도 먹여주고 키워주었다. 그곳은 심해처럼 멀고도 깊었으며 참으로 따뜻하고 안온한 집이었다. 공짜로 살았던 그 집에선 언제나 마르지 않는 사랑의 샘물이 솟아났다. 우리는 그 은혜로움을 하늘에 비유하기도 한다.

　초경만큼 늦었던 나이에 나는 결혼을 했다. 바닷바람이 몹시도 불었던 어느 해안가의 월세방에서 첫 번째 열매를 품에 안았다. 섣달의 추위를 견디지 못한 어머니는 일주일을 견디지 못하고 돌아갔다. 어머니가 떠나버린 빈자리에서 엄동설한嚴冬雪寒을 견디기란 몹시도 힘들었다. 거즈로 된 기저귀가 꽁꽁 얼어붙어서 장작개비 같았다. 둘째부터는 초보에서 경력직이 되어 조금은 수월하게 키울 수 있었다. 열매들은 하루가 다르게 자랐다. 걸음마를 하고 유치원을 다니며 웃음을 선물했다. 힘들어도 키우는 재미가 더 좋았다.

문득 어디서 본 듯한 카피라이터 문구를 떠올리게 한다. 초라한 더블보다 화려한 싱글이 좋다! 라는 그 말에 영향을 받아서일까. 비혼이든 혼인을 하든 열매 맺기를 거부하는 세대가 늘어만 간다. 딩크족이란 신조어가 등장함으로써 무자식이 상팔자라고까지 부추기고 있다.

꽃의 개화기가 찾아와도 열매 맺기를 거부하는 이들이 있다. 생명이 존재한 것에는 반드시 종족 번식이란 수식어가 따른다. 시대가 팍팍하고 삶이 힘들어서라기보다 인생을 즐기려는 목적에 두고 있다는 게 서글픈 현실이다.

그 결과는 고스란히 인구 밀도를 낮게 만들었다. 아이들의 웃음소리가 사라진 시골 마을에는 나이든 어른들의 한숨 소리만 가득하다. 학생 숫자가 줄어들어 폐교가 늘어난다. 이로 인해 국가의 존폐까지 위험을 초래하고 있다. 가둬둔 채 알만 빼먹는 무정란보다야 풀잎을 뜯어 먹을지언정 유정란으로 사는 게 존재의 의미가 더 있지 않을까.

꽃은 활짝 피었을 때가 가장 아름답다. 그와 흡사하여 우리 인생에서도 절정기가 있다. 열매를 맺어 가꾸기까지 숱한 굴곡을 거치며 살아오는 삶이다. 자식을 키워 무슨 부귀영화를 얻겠다는 심사는 결코 아니라고 본다. 아이들로 인해 인생의 희로애락을 그 속에 찾을 수도 있다. 옛집을 찾아가는 그 골목에 쓸쓸히 낙엽만 휘날린다.


## 꽃이 지다

얼굴은 홍당무
체온은 39도 5부
어레스트(arrest)가 필요한 심장은
냉탕과 온탕을 오가고
가스 불 위엔 어느 짐승의 사태 뼈가 우글우글 끓고
입맛은 떠나간 과거를 그리워하듯 쩝쩝댄다

어쩌면 짐승의 눈물이 배었을지도 모를
식도를 타고 내려간 뽀얀 국물이
연밥처럼 구멍 뚫린
뼈 마디마디에 몸살처럼 파고든다
아수라에서 환생한 영혼처럼
나는 두 무릎을 벌떡 일으켜 세운다

문장부호에서도 한 문단이 완벽하게 갖추어졌을 때만이 마침표를 찍는다. 혼자만이 겪은 것도 아닌데 여자로서 마침표를 찍을 자격이 있는지 되돌아본다. 월세가 밀렸을 때는 한숨으로 쉼표를 찍었고, 나와 뜻이 맞지 않는 상대편에겐 물음표를 보내기도 했다. 자식이 엇나가면 화살표로 방향을 제시했고 말 줄임표로 타일렀다. 달거리는 그런 여자의 날들과 함께하며 건너뛰는 일 없이 매달 치렀다.

  그 기간이 무려 삼십 년 세월을 넘어 반복했다. 그 공로를 인정받아 여성에게만 주어지는 훈장을 하사받았다. 그 최고의 명예 훈장은 부가세가 높은 고혈압 당뇨 등등의 질병을 선물했다. 꽃의 낙화기에 난데없이 얼굴에 맨드라미 꽃이 피었다. 체온은 온탕과 냉탕을 오가며 콩죽을 끓였다. 어레스트(arrest)가 필요할 만큼 심장은 난타 공연을 했다. 급한 김에 정육점에 들러 우족을 샀다. 어느 짐승의 사태 뼈가 가스 불 위에서 맞부딪치며 우글우글 끓었다. 찹쌀떡을 베어 물어도 떠나간 과거처럼 입맛은 돌아오지 않았다.

  세 시간을 기다려 삼분의 진료를 받았다. 결과는 폐경閉經으로 인한 골다공증이었다. 사진 속의 뼈는 한 코씩 빼 먹은 코바늘뜨기처럼 얼금얼금했다. 이유 없는 신경질과 우울증이 무시로 찾아왔다. 신체 부위마다 종합세트로 질병이 찾아왔다. 기계도 낡으면 고장이 잦듯이 보수공사가 필요하다는 진단이 종신형처럼 느껴졌다. 상심한 나를 두고 의사는 "완경完鏡이지요. 책임과 임무를 완수한 완경!"이라며 위로한다.

나는 가방을 뒤져 흑염소 진액을 한 봉지 뜯어 마신다. 그도 모자라 연밥처럼 구멍 뚫린 무릎을 위해 사골국까지 들이켠다. 내 나이 즈음에 어머니도 이런 증상에 시달렸나 보다. 쪼그리고 앉아 지심을 매고 머리 짐을 이고 깔딱고개를 넘을 때마다 무릎이 얼마나 아팠을까. 따뜻한 찜질이라도 해드렸더라면… 때가 되면 질병에 시달리다 여자로서의 마침표를 찍는다는 걸 그때는 몰랐다.

아픈 마음에 덤으로 보태진 어머니의 관절염은 한동안 날개 접은 범나비처럼 통증이 가라앉았다. 무릎 고통이 숙지근해지자 천국이 따로 없다며 좋아했다. 몸뻬바지를 벗어 던지고 스란치마를 입었다. 치맛자락을 하늘거렸던 도회지 생활은 고작 이태 남짓이었다. 수돗물은 어머니의 얼굴을 뽀얗게 만들어 주었지만 열 손가락은 호미를 쥐고 남새밭에 가 있었고 두 다리는 천수답 물꼬를 맴돌았다.

도시의 변방에서 하루살이처럼 살았던 어머니는 뼈마디가 이를 갈며 울어도 마음 편한 곳을 원했다. 자식 빼앗긴 고향 바다를 그토록 싫어하더니 왜 다시 돌아가고 싶었을까. 육신의 아픔보다 마음의 골다공증을 더 고통스러워했다. 고향으로 돌아가 봐야 기거할 곳도 없었다.

비루한 자신의 서러움이 오죽 비참했을까. 어머니는 기어이 옛집과 담벼락을 사이에 둔 이웃집에 방 한 칸을 얻었다. 월세 없이 남의 집에 얹어 산다는 죄로 허드렛일을 해주며 지냈다. 하필이면 왜 그곳이냐고 묻지 않았다. 언제라도 까치발만 들면 옛집의 마당이 훤히 볼 수 있었다. 보나 마나 어머니는 틈만 나면 목을 빼고 옛집 담벼락을 노총각 이웃 처자 흠모하듯 넘겨보았을 것이다. 비가 오면 양철지붕으로 떨어지는 빗소리를 면벽 참선하는 심정으로 들었을 것이다. 힘들어도 고향 집 담벼락을 더듬을 수 있었던 것만으로 위안으로 삼았다. 가난했어도 식구끼리 복작대며 살았던 앞마당에는 자식들 얼굴 하나하나가 도장처럼 찍어 있었을 테고, 뒤뜰에는 햇살 받은 장독대가 반짝대고 있었을 거다.

꽃이 졌다. 40년을 피고 지다 자취를 감추었다. 아쉬움과 홀가분함이 공존했다. 꽃이 필 때는 성가시고 귀찮았건만 막상 떠나고 나니 외려 꽃을 가꾸던 시절이 그립다. 주어진 남은 생生에서 꽃은 결코 두 번 다시 피지 않을 것이다. 꽃 진 자리마다 찾아든 병마에 시달리며 시름시름 앓고 있다.

완경完經을 끝내고 고향을 찾아간다. 초경初經을 시작했던 집터가 저만치 보인다. 저, 아래 냇가에선 아낙들이 둘레둘레 둘러앉아 수다를 떨었다. 시집살이 한을 서답팡에 올려놓고 방망이로 두들기며 애꿎은 빨랫감에다 화풀이했다. 수건으로 이마를 동여매고 모내기 밥을 지었던 어머니 모습이 눈앞에 선하다. 가마솥의 누룽지 숭늉은 어찌 그리도 구수했을까. 그 시절의 추억이 골목마다 껌딱지처럼 눌러 붙어있다.

안방과 건넌방이 있었던 자리가 어디쯤일까. 초가는 무너지고 그루터기만 남았다. 아궁이와 정열적으로 열애에 빠졌던 굴뚝마저

절교한 지 오래인 듯 허물어졌다. 이미 고물상으로 넘어갔을 녹물이 붉게 핀 솥뚜껑은 완경을 끝낸 여자의 유두처럼 식어버렸을 것이다.

장난기가 심했던 어머니는 막내딸의 가슴을 자주 더듬었다. 시골 마을에 목욕탕이 개원하던 날 어머니 소원이 이루어졌다. 우리 모녀는 에덴동산의 남녀처럼 알몸으로 마주하고 앉았다. 서로의 몸을 밀착한 채 품앗이하듯 등을 밀었다. 어머니 피부는 황태 껍질처럼 거칠었다.

여자에겐 꽃의 개화기를 맞았던 시절이 인생에서 최고의 절정기였다. 어머니로서 임무를 완수하고 나면 꽃과 함께 자식도 떠나간다. 늙음은 거역할 수 없는 생의 원칙이다. 생명의 꽃, 그 유례에 관하여 그렇게 마침표를 찍었다.

제5부

## 장승포항의 소야곡

| 연작수필 |

## 여기 어때? 장승포

꽃피고 단풍 물드는 산야와 달리 바다의 매력은 어디에 있을까. 심장이 저토록 파란 것은 분명 푸른 애환을 간직한 게 틀림없다. 무수한 사연들을 심해 깊숙한 곳에 묻어두었기에 치유할 수 없는 아름다운 멍이 들어버린 흔적인듯하다. 어름사니가 줄을 타듯 바다 위는 인생의 희로애락을 운해처럼 풀어놓는 어부들의 노동 현장일 게다. 삶의 닻과 죽음의 덫이 공존하는 이중성을 지녔지만, 오늘따라 쪽빛 너울이 품어내는 윤슬이 아름답기만 하다.

백두대간을 타고 흘러내린 수만 갈래의 길에는 뼈아픈 우리의 역사歷史가 있다. 그 뒤안길에는 선조들의 굴곡진 삶들이 혈맥처럼 뻗어있다. 한반도 지도의 끄트머리에 있는 오지 섬이었던 곳이 역사의 현장이 되었던 시절이 있었다. 참혹한 전쟁을 겪으며 수많은 피란민이 남녘의 섬으로 내려와 정착했다. 그 언저리에 장승포가 디딤돌이 되어 삶의 터전이 형성되어갔다.

섬사람들의 동포애는 눈물 나게 살가웠다. 식구들이 복작거리며 살았던 단칸방을 내어주며 고구마 하나라도 나누어 먹었다. 일제 강점기에는 일본인들이 탐하던 황금어장이 장승포였다. 지금도 곳곳이 그때의 잔재가 남아있다. 역사의 산증인처럼 거제도의 모든 역사는 장승포항으로부터 시작되었다고 해도 틀린 말이 아니다. 더는 과거를 묻지 마라. 유행가 가사가 아니다. 육지와 외떨어져 무시하던 옛날의 그 오지 섬에는 역사만 묻혀있을 뿐이다.

70년 전쟁의 비극을 껴안은 장승포항이 새뜻하게 변했다. 머잖은 날 바지락 캐던 갯벌에 크루즈선이 드나드는 국제적 항구로 거듭날 예정이다. 이미 선창을 오가는 뱃사람이 열에 여덟은 외국인이다. 뱃일에 익숙한 듯 무슨 일이든 척척 해낸다. 혀 짧은 우리말로 인사를 나누며 한글을 익히고 무궁화 꽃을 피우며 적응해간다. 현실이 고달프고 힘들어도 그들이 꿈꾸는 희망과 행복이 장승포항에서 피어난다. 거친 파도와 대적하며 이물 돛대에 푸른 꿈을 내걸었다. 그것만이 가난한 부모님께 효도할 수 있는 유일한 방법이라는 걸 지켜야 할 굳은 맹세처럼 알고 있다. 굶주리고 헐벗었던 시절에 파독 광부와 간호사로 독일로 건너갔던 우리네 부모 형제와 무엇이 다르랴.

주인 아지매 인심 한 번 후 하다. 장승포 해녀 춘자 씨가 해삼 두 토막 덤으로 내주며 긴 의자를 닦는다. 저승에서 벌어 이승 사람을 먹여 살린다는 장승포 해녀의 고달픈 삶이 등대 아래서 오르내린다. 이념처럼 갈라진 빨간, 하얀 등대 사이를 선박들이 드나든다.

 젊었던 날 선창에 앉아 그물코를 꿰매던 아버지도 막걸리를 즐겨 마셨다. 술을 마시면 굽은 허리도 꼿꼿하게 일어서는 줄 알았다. 그러나 손가락 마디와 등뼈는 날로달로 호미처럼 굽어갔다. 얼큰하게 취하면 타령조의 노래를 불렀다. "석탄 백탄 타는 데는 연기가 풍풍 나는 데 이내 가슴 타는 연기도 김도 안 난다"라는 현실의 슬픔을 소리로 풀어냈다. 그것이 바다로 생업을 이어가는 항구의 사람들이었다.

 역사를 되돌려보면 유독 수많은 이방인이 모여들었던 곳이 장승포항이었다. 흥남 철수 작전으로 빅토리아호를 타고 수많은 피란민이 내려왔다. 위급한 상황에서도 산모들은 뱃전에서 순산했고 그때 태어난 아이들을 '김치 파이브'라고 불렀다. 포로들은 거제 곳곳이 흩어져 텐트촌에 수용되었다. 친공산주의와 반공 세력이 앙숙 관계로 대립하며 민족끼리 서로의 가슴에 두 번씩이나 총부리를 겨누었다.

 지금도 여전히 전쟁을 치르는 나라가 있다. 그 일로 피해를 보는 건 어린이와 노약자 여자이다. 그런 비극이 이제 두 번 다시 일어나지 않아야 한다. 전쟁의 참혹함을 겪지 않은 사람은 그 고통을 모를 것이다. '육이오'를 치르면서 숱한 전쟁고아가 생겨났다. 그 아이들을 거두어 준 사람이 거제도 애광원을 운영하는 김임순 원장님이다. 그분은 고아들을 자식처럼 거두어 자립할 수 있게 키워주었다.

세상에는 동명이인이 흔하다. 필자 역시 그분의 존함과 일치하다 보니 오해를 받을 때가 더러 있다. 소인은 감히 그런 위대한 분의 발뒤꿈치에도 근접할 수 없다. 언젠가 지체 장애아들을 돌보려 자원봉사를 몇 년 다닌 적이 있다. 막 이성에 눈을 뜬 청년들이 신체 접촉을 하려는 바람에 봉사원들이 곤욕을 치르기도 했었다.

애광원이 설립된 시기는 70년 전이다. 전란으로 흥남부두에서 출발한 '메러디스 빅토리호'에 1만 4천 명의 피난민이 부산을 거쳐 거제도로 내려왔다. 오갈 데 없는 이들에게 거제도 주민들은 흔쾌히 그들을 따뜻하게 보듬어 안았다. 주먹밥을 만들어 나누어주고 정착할 수 있게 도와주었다.

애광원은 사회복지 시설로써 손색이 없는 기관이다. 기술을 가르쳐 자립을 선도하기도 하고 아기자기한 물품을 만들어 일반인들에게 판매하기도 한다. 그 중심에 스물일곱의 나이였던 김임순 원장님이 계셨다. 육이오 전쟁 때 부모를 잃은 고아들의 어머니가 되기를 자처했다. 장승포항이 내려다보이는 언덕바지에 텐트를 치고 전쟁고아들을 보살피기 시작했다. 지금은 이백여 명이 넘는 식구들을 건사하며 신축건물을 늘려가며 새로운 변모를 거듭하고 있다.

예술회관과 맞바로 한 애광원은 원생들에게 예술의 아름다움을 접할 기회도 제공한다. 비록 정신적인 결함과 신체적인 불편함이 있을지언정 한 인격체로서 정서적 감흥을 느낄 수 있게 다양한 프로그램을 관람케 해준다. 원예를 재배하고 농장에서 생산하는 신선한 채소를 원생들에게 제공함으로써 공동체의 소중함을 일깨워 주기도 한다. 장승포에서 애광원은 그야말로 다국적 교육 기관의 명소로써 손색이 없다.

  조선 경기가 한창일 때 전국에서 몰려든 노동 인력으로 그야말로 인산인해를 이루었다. 모두가 희망을 찾아 전국에서 몰려들었다. 필자 역시 남편을 따라 장승포에 닻을 내렸다. 거처할 곳을 얻지 못해 눈칫밥 얻어먹으며 동서 집에 얹혀살았다. 속된말로 마구간도 구하기 힘들었다. 한 달을 헤매다 겨우 셋방 한 칸을 얻을 수 있었다. 선술집이 있었던 골목에는 언제나 젓가락을 두들기던 취객들의 눈물로 넘쳐났다. 그 집에는 빈대가 들끓었고 주인집 여자의 갑질은 겨울바람 같았다. 들불처럼 일어났던 노동운동이 회오리칠 때 노사분규의 중심이 되기도 했다. 체류 탄이 섬마을을 뒤덮었고 생목숨이 죽어났다. 아이를 업고 며칠째 들어오지 않던 남편을 찾아 나서기도 했었다.

  낯선 곳에서의 생활은 외롭고 낯설었다. 갈 곳이라곤 바다뿐이었다. 초짜 낚시꾼도 낚싯대만 넣었다 하면 곰비임비 고기가 올라왔다. 그런 날은 저녁 밥상이 풍성했다. 그 많았던 용치 노래미, 우럭, 감성돔. 장승포항 갯벌에 엎드렸던 도다리는 어디로 도망갔을까. 나날이 변모해가던 장승포 바다에 묻어둔 추억을 건져 올릴 때마다 그 시절이 아련히 그립다. 40년 세월의 내 청춘이 잠들어 있기 때문이다. 빈손으로 찾아들었던 희망의 섬이 장승포였다.

　가파른 계단을 힘들게 올라야만 하듯이 한 사람의 인생인들 수월했으랴. 빈손으로 찾아온 장승포에서의 생활은 기미산 언덕처럼 가풀막졌다. 월급을 쪼개 적금을 넣고 미전米廛에 밀린 외상값을 갚고 나면 생활비는 늘 부족했다. 마당을 중심에 두고 방문만 열어도 한 식구처럼 얼굴을 마주했다. 둘레둘레 모여 품앗이해가며 아이들을 제 자식처럼 돌보았다.
　내 문학의 모티브가 되어준 장승포항. 가난한 생활이었지만 문학을 접할 수 있어서 좋았다. 내 작품 속에는 유독 바다를 소재로 한 작품이 많다. 바다가 좋아서라기보다 궁핍했기에 어쩔 수 없이 바닷사람으로 살아온, 그래서 자식들마저 뱃사람으로 만들 수밖에 없었던 부모님의 뿌리에서 근거했기 때문이리라. 삶의 닻을 내리려다 죽음의 덫에 걸려버린 형제들을 저 푸른 바닷속 심장에다 묻을 수밖에 없었다.
　이제 개구리 잡고 나비를 쫓았던 아이들은 고향인 장승포를 떠나 산다. 올챙이 알을 관찰하던 소년은 인체를 해부하는 과학자가 되었고, 예방접종을 거부하던 소녀는 주사를 놓는 간호사가 되어 고국을 떠나 산다. 웃는 날보다 울었던 날이 더 많았던 빈 둥지에 내 청춘의 삼십 대가 담겨 있다. 그 추억의 언저리를 맴돌며 나는 여전히 장승포에 붙박여 산다. 언젠가 내 기억의 곳간에 바구미가 파고들지도 모른다. 그때쯤이면 장승포항에 가고 싶다는 말을 유언으로 남길 것 같아 두렵다. 물길은 예나 지금이나 변함이 없건만 뭍을 오가던 여객선은 젊었던 날의 우리를 싣고 사라져 버렸다. 오래 묵은 친구처럼 함께 늙어가도 좋을, 여기 어때? 장승포?

## 장승포를 떠나지 못하는 이유

　40년 전, 그날은 이른 봄날이었다. 그때 나를 태운 피닉스호는 영도다리 아래를 지나고 있었다. 봉래산 골짜기엔 산벚꽃이 흐드러지게 피었고 갈맷길은 춘양春陽이 따사롭게 내려앉았다. 아름다움을 스캔하며 즐길 여유도 없었다. 남항을 에돌아 나온 여객선은 롤러코스터였다. 널을 뛰던 파고波高는 승객들을 토끼몰이하듯 거제도로 내몰았다. 아낙이 낯선 사내의 가슴팍에 와락 안겨도 남우세스럽지 않을 사건이었다. 선박의 롤링에 여기저기 아무렇게나 널브러졌다. 토악질해대며 어망에 갇힌 생선처럼 뒤엉켰고 아이들이 자지러지게 울었다.
　쾌속선은 두 시간 가까이 그네를 태웠다. 나는 장승포항에 내리자마자 바다를 향해 속엣것을 토해냈다. 더는 나올 게 없었다. 뱃멀미에 시달린 딸아이가 문어발처럼 늘어졌다. 백일을 앞둔 갓난아기에게 바다는 너무나 가혹했다. 섬마을에서 나를 마중 나올 사람은 아무도 없었다.

빨간 등대 아래에 앉아 헝클어진 머리카락을 손질하며 딸아이에게 젖을 물렸다. 저만치 내동댕이쳐진 기저귀 가방 하나가 쓸쓸하게 주인을 기다리고 있었다. 내가 가진 유일한 재산이었다. 그 속에는 아이의 기저귀와 여벌의 속옷이 전부였다. 그걸 밑천 삼아 이곳에서 삶의 닻을 내려야 한다는 게 비참하고 서러웠다.

배에서 내린 사람들은 저마다 뿔뿔이 흩어져 제 갈 길을 갔다. 나는 선창에 앉아 우는 딸아이를 달래며 따라 울었다. 나를 유폐幽閉시키고 떠나는 여객선 꽁무니에 드넓은 갯벌이 펼쳐졌다. 파도가 마름질한 개펄은 주름 잘 잡힌 스란치마 같았다. 개펄에 엎드린 아낙들이 호미로 무언가 열심히 캐고 있었다. 흙 묻은 얼굴을 서로 쳐다보며 새살을 떨었다. 동해안 바다만 보고 살았던 나에게 생경한 모습이었다. 거제도에 유배된 이상 나 또한 저들과 뒤섞여 행복을 찾아야겠다는 각오를 새롭게 다지게 된 계기였다.

바람이 제법 쌀쌀했다. 조선 폐왕의 흔적부터 전쟁의 상흔까지도 오롯이 간직한 섬이었다. 그렇다. 의종이 절망의 원한을 간직한 채 유배지로 내몰렸다면 나는 먹고사는 문제인 의식주를 해결하기 위해 선택한 생활의 터전이었다. 너와 내가 그리고 우리들의 청춘을 유배시켰던 곳이 거제도였다. 청춘의 고달픈 삶이 노년에 안락을 가져다줄지언정 쉽게 적응되지 않았다.

보름을 헤맨 끝에 장승포 언저리에 겨우 방 하나를 얻었다. 사글셋방에는 벌레가 스멀스멀 기어 나왔다. 손가락에 실 가락지 하나 낀 적 없는 손끝으로 벌레를 잡아냈다. 결혼예물로 받은 금붙이라도 한 조각 있었더라면 햇볕 드는 방을 구했을까. 벽을 맞바로 한 선술집에선 밤마다 젓가락 두드리는 소리가 요란했다. 머리맡에 파도가 출렁이듯 멀미가 났다. 분주한 발길들이 밤낮없이 들고났다.

주인 여자는 물때 맞추어 개발하러 자주 갔다. 톳과 미역을 뜯어오고 거북손도 캐왔다. 나도 가끔 따라나섰다. 운 좋게 해삼을 건져오기도 했다. 심심하면 시누대를 꺾어 등대 아래 바다에만 드리워도 잡어가 줄지어 올라왔다. 남편이 노동의 대가로 지불받은 월급으로 밀린 외상값을 갚고, 쌀 몇 됫박과 납작 보리쌀을 또 외상으로 긋고 왔다. 봉급날은 멀기만 했고 그놈의 월세는 왜 그리도 빨리 다가오는지, 보너스를 받는 달이면 아이들 입에 '쮸쮸바'라도 하나 물리면 기뻐서 자지러졌다. 해맑은 웃음소리가 나에게 섬에서 살아갈 용기를 주었다.

어느 시인은 "포옹"이란 시집에서 이렇게 말했다. 장승포 우체국 앞에 서 있는 소나무는 섬사람들이 보내는 연애편지를 먹고 산다고 했다.

"요새는 연애편지를 보내는 이가 거의 없어/ 배고파 우는 소나무의 울음소리가 가끔 새벽 뱃고동 소리처럼 들린다." 이 시를 읽은 사람이라면 그 앞을 지나치기가 민망스러울 것이라고 했다. 그 말에 발목이 잡혔던 나는 실연한 듯 우체국 앞에 서서 수신자 없는 연서를 보내곤 했다.

섬사람들과 바다는 막역한 사이였다. 한두 달 남짓, 바다를 떠돌다 귀항한 뱃사람들이 여인과의 음담이 그리웠던 모양이다. 그들은 검게 탄 얼굴에 생선 비늘을 진득하니 뒤집어쓴 채 나를 향해 추파를 던졌다. 장기판에 훈수 두듯 실쭉하니 웃어주니 한 수 더 떴다.

"선술집 옥이는 오대로 갓 실꼬/ 나카무라 순사의 애첩이 되었는가?"

애잔한 순애보가 그물에 털려 나갔다. 그 고달픔 속에 가난했던 아비와 고샅길을 누비던 어미가 있었다. 비린내는 어디 아비의 작업복에서만 풍겼을까? 장리쌀도 떨어지고 깜부기 박힌 보리풋바심조차 일렀던 봄날은 지루했다.

우체국을 지나 약간의 경사면을 오른다. 잠시 언덕에 앉아 그 옛날 내 어머니 생각에 잠긴다. 안개처럼 피어오르는 운해에 가린 실루엣이 언뜻언뜻 비친다. 아비가 잡아 온 생선을 머리에 이고 골목골목 헤매고 다니다 몽돌개 언덕을 힘겹게 넘어오는 것 같다. 물물교환으로 맞바꾼 벌레 먹은 사과 몇 알이 함지박 속에서 데굴데굴 뒹군다. 몸뻬바지에 생선 비늘이 꾸덕꾸덕 말라붙었다. 명치 끝이 고구마가 막힌 듯 먹먹했다. 살아서 가난했던 그 삶이 가련하고 애잔해 내 가슴팍에 동백꽃 멍울이 맺힌다.

서로 이념이 다른 듯한 하얗고 빨간 두 개의 등대가 문지기처럼 장승포항을 지키고 섰다. 새벽이면 출항하는 선박들의 행렬이 장관을 이룬다. 그 광경은 구척장신의 장군이 펼쳤던 학익진을 연상시킨다. 두 날개를 펼치고 비상하듯 바다를 향해 돌격하는 모습은 한때 항구의 영화를 떠올리게 한다.

세월이 깎아놓은 리아스식 해안은 2.5km의 벚꽃길이 조성되어 있다. 고향 사랑이 자극한 한 독지가의 애정이 아름답게 피어난다. 보름달이라도 간질대면 침묵하던 바다마저 가수면에 들지 않는다. 춘풍이 꽃비를 흩뿌리면 흥에 겨운 파도가 탭댄스를 춘다. 지심도를 바라보며 걷는 재미도 장승포에서만 볼 수 있는 멋스러운 길이 아니던가?

거제문화예술회관은 장승포항의 상징물이자 거제인의 자존심이다. 건물의 외형은 순풍으로 항진하는 돛단배를 이미지화하여 그 화려함의 극치를 보여준다. 총천연색으로 밤바다를 비추는 야경은 환상적인 유토피아를 연출한다. 크루즈 선상에 탑승한 듯 내려다본 장승포항이야말로 일본인들이 탐을 냈을 만한 천연요새의 항구이다.

대극장과 소극장은 사철 내내 시민들에게 다양한 프로그램을 제공한다. 이곳이 비롯 변방일지언정 문화 혜택만큼은 도회지 못지않은 호사를 누리게 한다. 호주 시드니의 오페라 하우스 못잖게 관광명소로도 충분히 자리매김할 수 있는 인프라를 갖고 있다.

40년 전에 바지락을 캐고 낚시질했던 개펄은 이젠 사라지고 없다. 시민들의 쉼터로 자리매김한 수변 공원에는 풍성한 먹거리 거리가 조성되어 있다. 현대판 포차는 고급스러운 메뉴로 여행객들의 발길을 사로잡는다. 버스커Busk들이 펼치는 버스킹은 예술의 묘미를 즐기게 한다.

　그렇게 장승포 해안선을 따라 걷다 보면 양지암 가는 길을 만난다. 거제 최동단에 자리한 그곳은 맑은 날에는 대마도까지 보인다. 심심찮게 대물이 출현하는 곳으로 낚시꾼들이 즐겨 찾는 곳이다. 등대로 오르는 길이 다소 가풀막지므로 매사에 안전 수칙은 필수다. 최근에 대대적으로 국토생태 탐방로를 조성하고 있다. 길이는 17, 2km이며, 옥림 대우사원아파트가 있었던 곳에서~장승포항을 거쳐 양지암 등대로 이어진다. 제주의 올레길 못지않게 거제 명소로 거듭날 것이다.

　해안을 따라 줄곧 걷다 보면 더러더러 쉼터가 나온다. 공간마다 마련되어 있어 하루 일진이 좋으면 작은 음악회 연주도 감상할 수 있다. 영화「비포 선셋Be pore Sunset」의 무대가 서점이었던 것처럼 그런 연인을 만날 수도 있지 않을까?

　그 길의 초입에 조성된 꽃동산도 눈요깃거리다. 장미 동산이었다가 때로는 튤립으로 행인들의 발길을 멈추게 한다. 연인끼리 가족끼리 사진으로 추억을 새기다 보면 어느덧 조각공원이 눈 앞에 펼쳐진다. 막대한 예산이 투입된 조형 예술은 이곳을 찾는 사람들에게 좋은 쉼터가 되어줄 뿐 아니라, 아이들의 학습 효과에도 한몫을 톡톡히 한다. 특히 나를 탄복하게 한 건 이색 화장실이었다. 동화 속에나 나올 법한 숲속의 요정 나라 같았다. 앙증맞게 시공된 건물은 배설의 개운함보다 눈을 더 즐겁게 만들었다. 이 모든 풍광에 매료되어 호사롭게 유배 생활의 향연을 즐긴다.

오늘도 나는 장승포항이 내려다보이는 언덕바지에서 텃밭을 가꾼다. 나를 기억하는 벗들이 찾아오면 내 기꺼이 두 팔 벌려 환영하리라. 낟가리처럼 켜켜이 쌓인 추억을 들추며 한바탕 마당놀이를 펼쳐도 좋다. 태어나서 자란 곳이 안태 고향이라면, 장승포는 내 청춘을 묻은 두 번째 고향이 아니던가.

돌아보면 내 삶을 과분하리만치 풍요롭게 만들어준 섬이 거제도이다. 조선업에 종사했던 대다수 노동자가 청춘을 묻은 곳이기도 하다. 그들의 어깨를 짓눌렀던 노동의 대가로 윤택한 삶을 일구어 나갔다. 아침의 수고로움과 한낮의 번잡스러움이 있었기에 저녁노을은 더욱 아름다웠다. 가을 들녘에 흐드러지게 핀 억새의 하얀 머릿결도 여름의 열정이 있었기에 가능했다.

저어기 몽돌개 해안절벽에 동백꽃이 피면 페치카에 불을 피우고 고구마를 구우리라. 그 냄새가 산지사방에 퍼질 때 "뜻을 같이하는 자 먼 곳으로부터 찾아오니 이 또한 기쁘지 아니한가!" 그렇게 내린 뿌리가 여간 깊은 것이 아니다. 그 세월이 자그마치 40년이 지나간다.

오늘은 남파랑 길 들목에 이정표 하나 세운다. 되돌아본 내 삶의 궤적에 '바다는 영원한 인간의 젖줄이었노라고······. 겨우 보따리

하나 들고 피난살이 하듯 찾아왔던 장승포에다 내 인생의 사십 년 세월을 묻었고 아이들에게 늘 푸른 고향을 선물했다. 지난 날 여기서 내 청춘을 닻을 내리고 서막을 장식했다면 이젠, 종신형을 내리고 아름답게 종막을 치장할 차례다. 이만하면 잘 살았다. 이것이 나에게 장승포항을 떠나지 못하게 하는 이유이다.

## 장승포항의 소야곡

휘파람새는 지심도 동백숲에서만 우는 게 아니었다. 장승포항을 넘나드는 거제 해녀도 휘파람을 잘 분다. 날건달 담 넘어 이웃 처자 꾀듯. 홀아비 과부 꾀듯 강단지게 잘 분다. "호이잇, 호이잇." 숲속의 새는 짝을 찾아 울지만, "휴우잇 휴우잇." 장승포항 해녀는 숨이 차서 분다. 호흡을 멈추고 갯물을 마셨다 토해내는 울음소리 같다. 단말마의 저 휘파람 실체야말로 심장을 도려내는 피맺힌 절규이리라.

해녀가 온몸을 조여드는 검은 고무 옷을 입고 사냥에 나선다. 납 덩어리를 혁대처럼 두르고 심해 바닷속으로 거꾸로 첨벙! 뛰어든다. 저만치 던져놓은 테왁만이 존재의 흔적을 알리는 증표이다. 날렵한 물개처럼 오리발 두 짝을 조등처럼 내걸고 물속으로 곤두박

질친다.

　지금쯤 바닷속 종착지에 안전하게 도착했으려나. 두 눈을 번득이며 먹이 찾는 하이에나처럼 바닷속 구석구석을 헤맬 것이다. 저승서 돈 벌어 이승 사람을 먹여 살려야만 하기에 처절하게 몸부림을 칠 게 뻔하다. 칼끝으로 바위에 붙은 전복을 돌려내고 바위틈에 숨은 문어를 쇠꼬챙이로 내리찍어 끌어내야만 한다. 값을 더 받으려면 해산물의 신선도는 필수조건이다. 머리 풀어헤친 돌미역을 낫으로 베어내 망사리를 가득 채운다.

　눈앞에서 펼쳐지는 그 광경을 보고 있으려니 앙가슴에 불이 붙는다. 내가 몸보신을 위해 끓여 먹었던 전복죽과 '섭'을 넣고 곤 야들야들한 미역국은 장승포 해녀의 수고로움 덕분이었다. 바다 숲 속은 언제나 노다지를 캐는 보물창고만의 아닐진대, 여차하면 비명횡사할지도 모르는 위태로운 행위예술을 장승포항 해녀가 하고 있다. 모자반 미역 줄기에 목숨줄을 묶어두고 바다 물밑을 오르내리며 숨비소리를 토해낸다.

　"휴우잇 휴우잇." 호흡을 정지하는 순간은 저승의 삶이 되고, 가마우지처럼 물 위를 치받고 오르는 순간만이 이승에 생존해 있음이 확인된다. 낮달처럼 떠 있는 저 거룻배의 선장은 지심도로 향하며 울리는 유람선의 뽕짝 노래가 정겹기만 할까. 한 사람의 목숨이 걸려있는 바다에서 한시라도 눈을 돌리면 안 된다.

　"이녁요, 이녁요. 내 말 좀 들어보소. 옛날 옛적에 그 많았던 장승포항 바닷속의 보물은 어째서 모두 녹아났나요? 휘파람 불며 물질하던 예전의 그 벗들은 또 어디로 가버렸나요?"

장승포항에서 멸치를 털어내며 지아비가 맞장구를 친다.

"여보 마누라! 미안하오. 고생 끝에 낙이 온다잖소? 에이 야자에 야자/ 선술집 옥분이는 타관으로 떠났고/ 이녁과 나만 홀로 남아 장승포항을 지키잖소."

여자는 물속에서 울고 남자는 뭍에서 운다. 가난해서 서러웠던 생전의 내 부모님 삶이 애달파 눈시울이 뜨거워진다. 서로 주고받는 신세 한탄이 바닷속 용궁까지 들릴까. 혹여나 용왕님이 그 소리를 들을라치면 그들의 노고를 치하하리라. 쌍끌이 어선의 이물에 앉아 등대를 바라보는 남자의 어깨가 쓸쓸하다. 외모로 보아하니 머나먼 쑹바강을 떠나온 이국의 남자 같다. "산 너머 저 산 너머 행복이 있다길래," 행복을 찾아 떠났다는 카알 붓세의 시구처럼 그도 나처럼 행복을 찾아 장승포항을 찾아왔을까.

"이년아! 가슴을 칼로 저미는 한이 사무쳐야 소리가 나오는 뱁이여!"

아버지가 그물코를 꿰매며 막걸릿잔을 기울인다. 자존심을 구겨가며 옥희네 양조장에 가서 내가 받아온 막걸리였다. 넥타이 맨 옥희 아버지와 비교하면 잽도 안되는 아버지가 서편제의 소리꾼인 유봉을 어설프게 흉내 내고 있었다. 아버지 가슴에야 석탄과 백탄이 타든 말든 결코 딸의 허기는 채워줄 수 없었다. '기브 앤드 테이크.' 나는 아버지 곁에 앉아 마른안주인 먹통째 삶은 꼴뚜기를 잘근잘근 씹었다. 손가락이 갈고리가 되고 온몸을 소금 꽃으로 범벅하면서도 먹고 살기 위해 아버지는 자식까지 뱃일을 시킬 수밖에 없었다. 부모 재산 타고난 게 없는 놈은 뼈가 부서지도록 일을 하라며 오빠들을 닦달했다. 그 등쌀에 못 이겨 트롤선으로 고등어잡이 어선에 오를 수밖에 없었다.

새까맣게 그을린 외국 선원의 등 뒤에 설핏 오빠의 실루엣이 드리워진다. 장작을 패든 도끼로 모표를 내리찍든 모습이 어제 일처럼 눈앞에 아른거린다. 아무리 형편이 어려워도 그 행동만큼은 하면 안 된다고, 오빠의 손을 나는 끝내 잡지 못했다. 어쩌면 오빠의 절박함보다 두 달째 밀린 내 월사금이 더 급했을 것이다. 머리숲에는 서캐가 매달렸고 머릿니가 목덜미를 슬슬 기어 내려오던 어린 날의 소녀가 나였거나 너였거나 우리였다.

매일같이 등교하는 게 두려웠다. 그렇다고 결석은 하기 싫었다. 그만큼 배움이 절실했기에 교실 뒷문으로 고양이처럼 들어갔다. 아침마다 선생님은 월사금을 미룬 죄로 불러내어 교실 뒤편에 세워두었다. 단골로 찍힌 애들은 부끄러워서 차마 고개를 들지 못했다. 양초를 문질러 반질반질해진 바닥만 발끝으로 문질렀다. 너무나 치욕적이었던 그 장면들이 깨어진 사금파리가 가슴을 긋고 간다.

나는 옷 잘 입는 어린이보다 책을 많이 읽는 어른이 되고 싶었다.

하지만 그건 허황된 꿈에 불과했다. 읽을거리가 없어 누군가 버린 찢어진 책갈피와 바람결에 굴러다니는 신문조각을 주워 읽었다. 그 마음을 샤먼이 먼저 알았을까. 일 년 신수를 보고 온 어머니가 저 애만큼은 공부를 못 시키는 게 한이 된다고 했다. 하지만 가난한 부모 탓하면 무엇하랴. 남자들은 배를 타는 일이 가장 쉬웠고, 여자들은 공장으로 가는 것만이 민생고를 해결하는 길이었다. 가난했던 내 아버지는 결국 아들 둘을 바다 신께 빼앗겨 버렸다. 그 죄의식에 사로잡혀 두더지처럼 땅만 팠다. 어쩌면 스스로 깊게 파인 웅덩이에 자기의 몸을 뉠 무덤을 만들고 싶었을지도 모른다.

해마다 정월에 바닷가 사람들은 용왕제를 지냈다. 아낙들은 서낭당 주변에 새끼줄을 둘러치고 뱃일 나가는 남편들의 무사 귀환을 빌었다. 하지만 바닷일은 알 수 없는 것, 천재지변이 생기면 바닷사람들은 모든 걸 운명에 맡길 수밖에 없었다. 바닷가 곁에 살았던 여자들은 유독 남편을 잃고 홀로된 아낙들이 많았다.

장승포항 주변에는 맛집도 있다. 북에서 내려온 피란민들이 정착하며 삶의 터전을 잡아갔다. 1952이란 간판을 내건 짜장면집 가게가 그 역사를 말해준다. 그 골목엔 함흥 냉면집도 있다. 갖가지 재료를 넣고 우려낸 육수 맛 또한 일품이다. 나는 해마다 여름이면 손님을 접대하거나 구미가 당길 때는 꼭 함흥냉면을 먹는다.

이제는 장승포항의 해녀도 다문다문 사라졌고, 손맛을 내던 피란민 1세대인 할머니도 가고 없다. 사라진 건 사람만이 아니었다. 섬마을과 뭍을 이어주던 쾌속선 피닉스, 엔젤리너스호. 느리게 달리던 새마을 여객선과 우리들의 젊었던 시절의 추억과 함께 역사 속으로 사라졌다.

장승포항을 마주하며 살아온 세월이 어느덧 불혹을 넘기고 있다. 바다와 뭍을 경계선으로 어부와 해녀의 시추에이션한 장면들이 펼쳐진다. 바다를 베고 누우면 언제나 파도 소리와 바닷사람들이 부르던 소야곡들이 귓가에 맴돈다.

> "인생 백 년 산다 한들 / 에이 야자에야자
> 잠든 날과 병든 날 근심 걱정 빼고 나면 / 에이 야자에야자
> 단 사십도 못산다네 / 에이 야자에야자
> 이왕에 왔거들랑 / 재미나게 살다 가소 / 에이 야자에야자"

한이 서린 장승포항 소야곡을 들으며 바다 곁에서 한 오백 년을 살다 갈까나?

[ 연작수필 ]

# 낙동강은 말한다
〈부재〉 사하촌의 사계(四季)

## 봄, 낙동강의 환희

　물과 물이 만난다. 썰물인 강물과 밀물인 바닷물이 하구둑에서 뒤섞인다. 백두대간을 타고 내려왔고 해류에 떠밀려 낙동강 초입에 닿아 어울마당을 이룬다. 두물머리에서 만남은 필연적인 운명이었다. 저 강바닥 개펄에는 가슴을 쥐어뜯었던 슬픈 역사歷史가 묻혀있다. 물은 과거를 초석 삼아 미래로 나아갈 환희의 순간을 맞고 있다. 시원始元은 달라도 먼 길 오느라 수고 많았다며 서로를 위로하듯 찰싹찰싹 뺨을 두드리며 얼싸안는다. 천 길 낭떠러지를 곤두박질쳤고 용오름을 해치며 달려왔으니 반가울 만도 하겠다.
　갈대 허리띠를 두르고 온 강물이 너울 파도와 어깨동무하고 넘실넘실 물고개를 넘는다. 출렁대는 물그네에 갈매기와 가마우지가 승선했다. 선박의 이물에 올라앉아 미주알고주알 음악공연을 한다. 날개로 물장구칠 때마다 음절 조합이 맞지 않아 엇박자를 낸다. 원 웨이 티켓을 발매한 어부는 새들을 벗 삼아 바다를 향해 달려간다.

옴팡진 곶머리 삼각주 모래톱에 갈대리 마을이 있다. 숲과 강을 낀 배산임수 명당에 고라니 가족이 월세를 들었다. 그 터전은 애국자들이 혈투로 지켜낸 전장의 마지막 격전지였다. 하나를 둘로 쪼개버린 지구상 유일무이한 남과 북을 새들은 자유롭게 오고 간다. 대동강 기슭에서 살다 낙동강으로 이주해와 둥지를 틀었다. 외로꼰 주둥이를 겨드랑이에 끼우고 둘레둘레 모여 앉아 망중한을 즐기고 있다. 날짐승들의 한갓진 풍경이 평화로워 보여 부럽기도 하다. 물결은 시샘하듯 깃털을 간지럼 태우다 머나먼 유량을 떠난다. 마침내 여러 갈래의 해류와 어우러져 수천수만 가지의 생명을 잉태하는 어머니의 자궁이 된다. 그게 위대한 업적을 낳은 낙동강의 힘이다.

강나루를 따라 무궁화호가 달린다. 이별의 아쉬움과 만남의 기쁨을 싣고 기적을 울리며 떠나고 있다. 예나 지금이나 저 소리는 여전히 애절하고 슬프다. 나는 열차를 몇 번이나 타봤을까. 기억의 공간은 물밑처럼 어둡다. 졸업 여행을 떠나던 학급 반 애들을 뒤로하고 코스모스가 핀 철둑길을 걸어서 집에 왔다. 가난이 아버지 잔소리만큼 싫었다. 똬리를 틀어 머리 짐에 괴고 고등어를 팔러 가던 어머니가 뒤돌아 *십 환짜리 동전을 손에 쥐여 주었다. 소녀의 마음을 간파한 과수원 주인이 벌레 먹은 사과를 원 없이 먹으라며 내주었다.

묵은 관습은 무의식마저 지배하는가. 다시는 돌아가고 싶지 않은 열네 살 적 그날이 눈물 나게 그립다. 과거는 여간해서 사라지지 않는다. 부모님이 계셨고 초가에서 복작거렸던 형제들이 있었기에 그리움은 기억의 회로를 돌린다. 세상이 좋아져 마음만 먹으면 고속열차를 타고 어디든 갈 수 있지만, 그 시절만큼 낭만이 없다. 객차를 오가며 오징어와 땅콩을 팔았던 아저씨의 목쉰 소리도, 승객의 무릎 위에 연필 한 자루와 메모지를 올려놓던 고학생의 절규도 심중에 남아 운해를 피운다.

완행열차는 서민들의 삶을 숱하게 경험했으리라. 객차마다 고난의 매듭을 묶어둔 보따리가 쌓여있었다. 나물을 뜯어 자식들 입에 풀칠하고 재첩을 긁어모아 까막눈을 뜨게 했다. 강물과 바닷물은 수많은 생명체를 살려냈고 현재 또한 진행형이다. 날짐승도 비행하다 지치면 안식처에 들 듯 날개를 접고 쉬어간다. 썰물 진 갯벌 위를 농게가 옆걸음치며 신선놀음하듯 유유자적 거닐고 있다. 갈매 조개, 가무락, 띠조개가 짜그락대고, 짱뚱어는 모래톱에서 멀리뛰기 경주를 한다. 이런 환경의 역사를 낙동강은 만들어 내고 있다.

---

* 십 환: 원화로 바뀌기 전의 화폐

한 폭의 풍경이 유화처럼 정물로 박힌다. 강둑에 앉아 물의 유수를 따라간다. 막걸리병과 일회용 플라스틱 음료수병과 죽은 물고기가 물푸레 나뭇가지에 걸렸다가 속절없이 떠내려간다. 살아있는 목숨도 죽은 생명도 강물은 차별 없이 보듬고 간다. '우리는 바다에서 만나, I don t want to die(그대여 살려주오).' 살충제에 생목숨 끊긴 흔적들이 바다 위에 풍선처럼 떠 있다. 아귀가 죽은 붕어를 삼켰고, 허기긴 보리고래가 플라스틱 병뚜껑을 먹었다. 아뿔싸! 사람이 먹다 버린 쓰레기에 생존을 위해 발버둥 치는 생명의 목구멍을 틀어막아 버렸다.

　모든 생명이 존재하는 낙동강은 말하고 있다. 길은 역사를 일러주고 물은 그 역사歷史를 담고 흘러간다고…. 가물치 잡아 아내의 산후 수발했던 어부는 저만치쯤에서 거룻배를 띄웠을까? 끌개로 강바닥을 써레질하던 아낙의 허벅지를 거친 물결이 쓰리도록 후려쳤다. 멍에처럼 무거운 젖가슴을 끌어안고 어금니를 악물고 재첩을 잡았다. 모유에 조갈 난 아이가 물가에 앉아 앙칼지게 울었다. 갈매기도 서러워서 기별을 전하며 날개를 퍼덕거렸다.
　강나루 곁에 터를 잡은 어부에게 낙동강은 생명의 젖줄이었다. 찢어진 황포돛배를 내걸고 천연수를 먹으며 자식을 키웠다. 어미는 젖먹이를 떼놓고 모유처럼 뽀얗게 우러난 재첩국을 머리에 이고 골목길을 헤매고 다녔다. 영도 봉래산 아래 산복도로, 영주동 깔딱 고개를 넘으며 '재첩국 사소'라며 목이 터지게 외쳤다.

부산 사람이라면 어디 그 소리를 들어보지 않은 사람이 몇이나 될까. 나는 목이 터져라. 외치는 그 절규를 대평동 깡깡 마을 선창에서 들었다. 뱃사람들은 재첩 국물에 부추를 동동 띄운 해장국으로 입가심하며 지난밤의 숙취를 말끔하게 해소했다. 그 형상이 내 어머니였거나, 네 아버지였거나. 그 시대의 부모님이었다.

소작농이었던 아비는 가을걷이가 끝나면 곡식의 절반 이상을 지주에게 상납했다. 한이 많았던 인생살이가 저토록 눈부시게 피어난 벚꽃처럼 언제 한 번 활짝 피워 보기가 했었을까. 고단했던 삶의 애환을 간직한 강물 위로 부슬비처럼 꽃잎이 지고 있다.

강물 속에 잠들어 있는 역사 한 가닥을 건져 올려 본다. 강변 나룻가에서 자란 청년은 열일곱에 군인이 되어 낙동강과 작별했다. 총을 쏠 줄도 모르면서 논밭에 잡초 뽑다 달려가고, 책보자기 내던지며 내달렸다. 군번 없는 사나이들은 누구를 살리고 누구를 죽이려고 했던가. "전우의 시체를 넘고 넘어" 낙동강은 아래로 흐르고 군인은 위를 향해 진군한다. 동백꽃처럼 목울대를 꺾고 떨어졌던 그 군인은 죽어서 구멍 난 철모를 비목에 걸었다. 부디 불효자를 용서해달라며 붉디붉었던 청춘의 꽃잎을 낙동강 물결에 실어 부모님께 안부편지를 띄웠다. 강나루 건너편엔 현대식 모터를 장작한 선박의 엔진 소리가 그날의 함성을 대변하듯 왕왕대고 있다.

그 강물 위로 벚꽃이 진다. 늙은 어부의 삶도, 마른 젖가슴을 끌어안았던 빈처貧妻도, 목숨을 나라에 헌신한 청춘도, 한때는 벚꽃처럼 눈부시게 피었다가 허무하게 흩어졌을 것이다. 강물인들 추억이 없었겠나. 방물장수의 희망을 실어 나르던 한 시절이 있었을 터. 모든 생명과 과거의 역사와 현재의 삶을 공존하며 사계절 풍경을 달리한다.

하늬바람이 분다. 구포 나루에서 이어져 사하촌 몰운대까지 벚꽃 향연이 펼쳐진다. 왼쪽엔 벚꽃, 오른쪽에 강물과 손을 맞잡고 강둑을 걷는다. 궁둥이 거꾸로 들고 자맥질하는 고라니 모습이 어렸을 적 멱을 감던 마른버짐 핀 소년 소녀의 새까만 얼굴이 떠오른다. 벚꽃 피는 봄날도, 그 나무 아래서 속삭이는 연인들의 사랑놀이도 잘 어울린다. 낙동강을 따라 다양한 생명이 역사歷史와 함께 갯벌을 일구며 강물은 흐르고 있다.

### 여름, 노을을 삼킨 여인

모래톱에 노을 등불이 내걸렸다. 새벽녘을 장밋빛으로 현혹하더니 해거름에는 용광로처럼 뜨겁게 달궈낸다. 태양이 끓여 낸 해수에 하늘이 취했나. 짜장, 만취한 건 외려 바다와 사람이었다. 어부는 뱃노래를 불렀고 아이들은 피사의 탑처럼 모래성을 쌓았다. 몰운대 팔봉섬 솔숲의 텃새도 물그네를 타던 갈매기도 노을 한 자락에 빠져든다. 썰물 진 모래밭에서 모두가 걸판지게 한판 놀다 제집으로 돌아갈 채비를 서두른다.

　노을이 지고 있다. 일출은 더디게 왔고 일몰은 순간의 찰나였다. 영혼의 편안함을 찾아가는 바라나시. 떠오름에 비해 산화하는 과정이 더 찬란하고 붉다. 남미의 어느 해안에서 구릿빛 근육질 사내를 애무하다 종래 사하촌 모래톱 백사장에 우뚝 선 알몸의 여인을 더듬고 있다.

　새빨간 노을에 여인의 몸매가 뜨겁게 익는다. 그녀도 나처럼 지독히 독한 노을 술에 취했나 보다. 모래톱에 박제된 채 누드모델처럼 실오라기 한 올 걸치지 않았다. 모랫바닥에 발목만 묻은 채, 심장박동이 멈춘 환자의 그래프처럼 수평선에 시선을 붙박고 있다.

　앙상한 뒤태에 이끌리듯 다가선다. 여인의 등가죽은 천년을 기다린 미라처럼 하얗게 바래 있다. 나는 사방을 휘둘러 남의 이목을 살피며 턱을 괴고 그녀의 몸매를 감상한다. 남녀 쌍쌍이 스쳐 가거나 시큼털털한 농담을 건넬 법한 취객이 스토커처럼 흘끗거린다. 가는 물길 재촉하듯, 남은 발길 붙들어 매듯 지는 노을이 여분의 물감을 한꺼번에 쏟아붓는다. 맨발인 여인의 발등에 새빨간 노을이 배어든다, 너나없이 아쉬움에 갈밭 매는 고양이처럼 모래밭을 헤매고 있다.

　정물이 된 전라全裸의 여인을 꿰뚫어 관찰한다. 루브르 박물관에서 보았던 밀로의 비너스상과 생식기마저 완전체로 노출된 남자 조각상을 떠올리게 한다. 여인은 젊어 한때 사랑을 나누다 굳은 맹세만 남기고 떠난 임을 기다릴까. 지금쯤 남극의 정열을 찾아 떠난 남자는 베링개 해역을 지나고 있을까. 어쩌면 그녀는 배신의 서러움을 견디지 못해 심각한 석양 증후군을 앓고 있는지도 모른다.

온통 백사장을 뒤덮었던 그 많았던 해당화는 어디로 자취를 감추었을까. 입술처럼 붉었던 그 꽃 아래서 손가락 걸고 언약한 첫사랑을 못 잊는 여인이거나, 어부였던 아버지가 돌아오길 기다렸던 어머니의 환상 같기도 하다.

여인의 어깨 위에 햇살 한 조각이 비수처럼 꽂힌다. 알몸의 여인을 조각한 작가는 어떤 의미를 부여했을까. 온전한 형태가 아닌 비대칭적인 '그림자의 그림자'는 보는 각도에 따라 사라졌다 나타나기를 반복했다. 정면과 뒷면은 완전한 형체의 형상이지만 석양의 기울기에 따라 반신의 일부분이 사라졌다.

무릇 생명이 존재하는 만물은 둘이 모여 하나가 될 때 온전한 형체가 되는 것이다. 동양의 만물 일체론 보다 그림자를 통해 홀로서기를 강조한 작가는 분명 의도한 바가 있었을 것 같다. 짐작건대 그림자를 통해 다양한 인간의 군상화群像畵를 표현하고자 했을지도 모른다. 여러 각도에 따라 모형을 달리하는 그림자의 그림자 즉, 홀로서다. 의 처방전으로 *어래스트(arrest)가 필요한 듯하다.

지친 심신을 위로받기에 이만한 휴식처가 또 어디 있으랴. 갈대

---

\* 어레스트(arrest) : 환자의 숨이나 심장박동이 멈춘 상태, 응급 심폐소생술이 요구되는 상태

숲 찾는 철새처럼 욱시글득시글 해대는 도회 생활을 벗어나 숨어들고픈 곳이다. 물웅덩이에 담긴 노을 물을 마셔 붉게 물든 혓바닥을 내밀던 피조개를 캐며 놀았던 어린 날의 친구가 나였거나, 너였거나 그림자로 남아 다가온다.

하굿둑에서 내려온 강물이 몰운도에 닿았다. 예전에 안개와 구름이 끼는 날이면 섬이 보이지 않는다 하여 구름 속에 빠진 섬이란 시화적詩畵的인 이름이 되었단다. 태백산맥의 정맥을 타고 마지막 끝자락인 몰운대 경관을 두고 시인 묵객들은 그 황홀함을 시가詩家로 읊었다. 오죽하면 까막눈인 무지렁이라도 가히 시 한 수가 절로 나오는 기막힌 풍경이다. 노을이 바다를 물들일 때 밀물은 써레질로 모래 이랑에 보물을 숨겨 놨다. 아이들이 보물찾기하듯 모랫바닥을 긁으며 모시조개처럼 조잘거린다. 지금은 갈 수 없는 북녘의 명사십리 해수욕장을 두고 만해 한용운이 극찬했듯이 다대포 모래사장이야말로 남녘의 명사십리가 분명하다.

운해가 피어오르고 몰운대가 해무海霧에 묻힌다. '꿈의 낙조 분수'에서 세계적인 명곡이 흐른다. 알몸의 여인은 밤안개에 젖어 나르시시즘적인 몽환에 빠진다. 여인의 등 뒤로 물줄기가 춤을 춘다. 가히 환상적이다. 남형제도의 형님도 북형제도의 아우도 춤사위에 빠져든다. 해변의 밤이 무지개 되어 무르익는다.

물과 빛의 조화로움에 탄성이 절로 나온다. 물줄기의 흥겨움과 경쾌한 음악에 맞춰 나도 탱고를 추고 싶다. 구두 뒤축으로 장단을 맞추지 않으면 어떠하랴. 이사도라 던컨처럼 맨발로 멋지게 춤을 추고 싶다. 한민족은 원래 흥이 있지 않은가. 아니나 다를까. 집시 복장을 한 관광객이 물의 춤사위에 빠져든다. 플라밍고 댄서처럼 화려한 몸짓으로 멋진 향연을 펼친다. 분수 쇼와 여인의 춤사위로 다대포 해변이 멋지게 피어난다.

'세계최대 바닥분수'로 기네스 세계신기록에 등재된 분수에서 아리랑이 흘러나온다. 세계인을 하나로 묶는 노래는 물줄기처럼 희망차게 솟아오른다. 나는 그 황홀함에 취해 빈 조개껍데기를 주워 몰운대의 낙조를 그린다.


## 가을, 낭만 뱃놀이

물길을 내며 배가 들어온다. 어부는 어젯밤 투망해놓은 그물을 갈무리하고 장림포구로 돌아온다. 만선을 싣고 오던 한때의 고기잡이가 일장춘몽이었던가. 금줄 그은 황복어 몇 마리 널뛰듯 튀어오른다. 미치고 팔짝 뛸 노릇은 어부도 마찬가지다. 희망의 돛을 올리고 갔다 허방다리만 밟고 온다. 데워진 바닷물에 명태와 오징어가 줄행랑을 쳤고 백화현상으로 바윗돌에 매달린 해조류가 녹아났다. 바닷속이 저 모양이니 무얼 먹고 살아야 할지 막막한 현실을 담배 연기로 품어낸다.

만조정滿朝廷에 가득한 고관대작이 아니라면 자식에게 험한 일 시키려는 부모는 단언컨대 없다. 농부는 농사일을, 어부는 뱃일을 결코 대물림하려 들지 않았다. 그게 어찌 마음대로 되었던가. 바닷가에서 태어난 남자는 뱃일을 익혔고, 까막눈만 겨우 면한 여자는 신발공장으로 내몰렸다.

어디에 가서 무슨 일을 하든 먹고 사는 일은 만만치 않았다. 원양어선을 타고 해외를 떠돌았던 오촌 당숙도, 모래바람을 맞으며 중동의 건설 노동자였던 고종사촌 창수와 방직공장 시다바리 일을 했던 숙자 이모도 고생은 매한가지였다. 야간작업에 시달린 날은 언제나 고향 꿈을 꾸었다. 바윗돌을 건너뛰며 뚫린 구멍마다 농게를 호려내다 깨어나면 언제나 베갯잇이 젖어 있었다. 민물고기 민물에 놀고 바다 고기 바닷물에 논다는 할머니의 명언이 가슴속을 파고들었다.

연미복을 입고 "돌아오라 소렌토"를 부르는 테너 가수의 굵직한 목소리보다 베적삼 입고 장림포구에서 띠뱃소리를 부르던 어부의 노래가 이명처럼 귓가에 윙윙댔다. 바람의 칼날이 떡국처럼 썰어 놓은 모래밭에서 멱을 감고 놀았던 그 시절로 되돌아가고 싶었다.

안태安胎 고향으로의 귀향은 새로운 도전이었다. 연로하신 아버지의 대를 이어 뱃일을 시작했고, 늘어나는 빈 가게를 얻어 칼국숫집을 열었다. 오호라 통제라! 낙후된 장림포구를 베네치아 못잖은 부산의 명승지 부네치아로 탈바꿈시켰다. 선창에 늘어선 형형색색의 가게마다 젊은이들의 꿈이 곰배령 들꽃처럼 피어나고 있다.

　바다에 목숨을 건 어부는 한가하게 시가詩歌나 읊는 선비의 삶을 살 수 없었다. 배운 게 없고, 가진 게 없는 일자무식의 시골 무지렁이였다. 홑 삼베 속적삼에 샛바람이 들이쳤고, 무릎 해진 광목 바지는 몽땅했다. 사람 위에 사람 없고, 사람 아래 사람 없다지만 분명하게 있었다. 어부가 잡은 생선의 절반은 어장주 몫이었다.
　"물고 찰찰 물 실어놓고/ 주인 양반 어디 갔나/" 굽어진 허리를 곧추세우며 모내기 노래를 불렀고, "에이 야자 어허 어이/" 멸치 그물을 털어내며 한恨이 서린 노동요를 목 터지게 외쳤다.
　"아비는 종이었다."
　네 아버지가 그러했다. 빳빳하게 풀 먹인 모시 두루마기 차려입고 곰방대 입에 문 지주가 멍에 맨 소처럼 아버지를 내몰았다. 그 심정 달래준 건 농주뿐이었다. 나는 신작로 길을 걸어 옥희네 술도가에 가 막걸리를 샀다. 그 아이의 아버지는 육성회 회장이었다. 원망과 수치스러움이 들끓던 양은 주전자를 들고 아버지를 찾아 들녘을 헤매고 다녔다. 내 속을 알 리 없는 아버지는 궐련초를 입에 물고 환하게 웃었다. 아버지 종아리에 붙은 건 거머리였고 가슴에 붙은 건 자식이었다.

　초승달 뜨면 뱃일 나갔다 보름사리에 들어왔다. 어부는 한평생 바다라는 무대 위에서 어릿광대처럼 춤추며 살았다. 봄철엔 도다리 낚고 오월엔 보리 멸치를 잡았다. 그물코에 걸렸던 멸치를 털어내며 깡으로 버티며 자식들을 키웠다. 그 많았던 '노인과 바다'의 흔적이 가물가물하다. 남은 벗보다 떠난 친구가 더 많다. 후미진 골목길에 젖은 낙엽처럼 눌러 앉아 막걸릿잔을 기울이고 있다. 대화는 늘 왕년의 흑백영사기를 돌린다. 항구를 오가는 선원들은 거지반은 외국인이다. 그들이 말벗이라도 되어주면 좋으련만, 정작 통하는 말은 '오케이'뿐이다.

동섬·팔봉섬·쥐섬·모자섬. 옴팡진 암벽 사이사이에 용치노래미 뱅어돔. 거북손 홍합. 형제섬 바위틈에 돌문어가 숨었고, 미역 모자반이 호리 낭창한 몸매를 팔랑거렸다. 미역 말려 돈 만들고 톳나물 무쳐 밥상 차렸다. 선상에서 즐기는 돌돔 회 맛이 임금님 수라상에 비할까. 어와야 벗님네야! 신선이 무어 그리 부러웠으랴.

을숙도 갈대 꺾어 너와집을 지었다. 아미산 산비탈을 올라 벼락맞은 고목과 사리 나무를 베어와 군불을 지폈다. 곰 재주부리듯 일곱도 낳고, 열두 명도 낳았다. 자식 낳은 유세로 배곯은 아내는 아랫목에 누워 허리만 지졌다. 자식 많으면 더 고생이었지. 군입 하나 덜려고 **뼈** 빠지게 등짐 메는 머슴 만들고 손끝에 물 마를 날 없는 식모로 보내졌다. 까막눈인 사람이 땅 파는 일과 고기 잡는 일 아니면 무얼 할 수 있었으랴. 산비탈을 개간해 고구마를 심었다. 애면글면 지은 곡식 지주들께 상납하면 고작 보리쌀 열 되 박만 남았다.

적산 땅에 뿌려둔 보리풋바심으로 시래기 죽 끓이고, 보릿겨를

반죽해 쑥개떡 수제비를 만들었다. 어미는 아궁이 숯불 끄집어내 볼락과 넙치를 구웠다. 제비 같은 새끼들 얼굴에 웃음꽃이 피었구나! 숯 검댕이 묻힌 그 얼굴을 바라보면 늙은 어부는 굶어도 힘이 났다. 자식들 입에 밥 들어가는 것보다 더 재미나는 구경거리 어디에 있었으랴. 사나이 대장부는 자기 몸이 갈대처럼 비틀어져도 풍장을 겪듯 육신 공양을 했다.

어부가 낮술에 취한 채 집으로 돌아가는 길이다. 선술집 주모를 희롱하다 걸쭉한 막걸리 몇 잔 얻어먹었다. 그 값으로 고도리 몇 마리 건네주었다. 살다 보면 좋은 날 오겠지요. 서로의 삶이 안타까워 비린내 풍기는 손을 서로 맞잡고 울었다. 새끼줄로 엮은 고기 몇 마리 움켜잡고 비틀거리며 감천동 비알 길을 오른다. 집으로 가는 길의 경사도는 너무 가풀막졌다. 들숨 날숨을 내쉬며 가다, 서다를 반복하다 돌담 어디쯤에서 한 번쯤은 소변을 보았을 듯하다. 배설의 개운함처럼 가난을 그렇게 떨쳐버릴 수만 있었다면 천만번 허리끈을 풀어헤치지 않았을까. 아비를 기다리느라 어미는 기린처럼 목을 빼고 장림포구를 내려다본다. 저만큼 천만 근의 등짐을 진 듯 느린 걸음으로 담 모퉁이 돌아오는 그림자를 기다리고 섰다.

한 많은 이 세상 야속도 하더라. 함경도에 혈혈단신으로 내려온 배 씨도, 엘이시티 군함에 콩나물처럼 박히고 휴짓조각처럼 구겨진 채 몸만 싣고 고향을 떠나왔다. 창열 아저씨는 선산과 문중을 남겨두고 첫째만 데리고 넘어왔다. 곧 데리러 오겠다고 아내와 찰떡

같이 약속했던 그 맹세도 지킬 수 없었다. 이제나저제나 돌아갈 날만 기다리다 거지반 세상 떠난 분들이 많다.

영도다리 난간을 부여잡고 울었던 피란민이 어디 한두 사람이었으랴. 초량동 이바구 고갯마루를 넘었던 지게꾼도, 괴나리봇짐 맨 보부상도 승학산 넘어 아미산 골짜기로 몰려와 철새처럼 둥지를 틀었다. 끈끈한 정으로 서로서로 의지하며 끈질기게 살아냈다.

곱다. 감천문화마을이 색동옷처럼 알록달록하다. 한지에 갈맷빛을 입힌 듯 옥양목에 땡감 물들인 듯 곱디곱다. 그리스의 산토로니가 아무리 아름답기로서니 감천 예술촌만 하랴. 환칠한 담벼락도 계단식 주택도 새색시 얼굴에 연지곤지 찍듯 아름답다.

전쟁터에서도 무궁화 꽃은 피어났듯이 감천마을 골짜기에 문화의 꽃이 활짝 피었다. 전쟁의 상처가 치유되어 예술이란 새살로 돋아나 꽃단장하고 관광객을 맞는다. 오방색 깃발을 펄럭이며 쪽배를 몰던 어부가 귀항하던 감내 아랫길마저 천지개벽했다. 역사의 보고寶庫로 간직될 감천문화마을에 황혼이 깃든다.

## 겨울, 사하촌 연가

을숙도 갈대가 모래톱에 뿌리를 뻗고 있다. 화려하게 피었다가 한순간에 흩어지는 벚꽃에 비하랴. 갈대야말로 불의에 항거한 질기디질긴 우리의 민족정신을 닮았다. 소작료를 내며 남의 땅을 부쳐 먹었던 농부는 한 번쯤 마당에다 뒤주를 세워보는 게 소원이었을 게다. 그게 사하촌에 뿌리내린 역사의 증인이 아니었을까.

 강바람에 발이 시린 잿빛 두루미 한 쌍이 어디론가 날아갔다 되돌아온다. 시베리아 벌판과 몽골 들판을 달려 낙동강을 찾아왔다. 피라미 한 마리, 아니면 갯지렁이를 잡아 왔을까. 새끼들이 주둥이를 내밀며 서로 야단법석이다. 조잘대는 소리가 한 이불자락 아래 발을 모으고 살았던 가난했던 시절의 형제를 보는 듯했다.

 생사를 넘나들며 머나먼 곳에 날아온 새들은 먹이만 찾아왔을까. 꼭 그것만은 아닌 것 같다. 이곳은 국가와 민족을 위해 독립투사들이 지켜낸 땅이었기에 그 의미가 특별하다. 오랜 비행으로 낙오된 이웃도 있었겠지만, 끈기와 인내로 견뎌내며 갈대밭에 둥지를 튼 건 체험에 의한 산교육이 아니었을까. 사람이든 짐승이든 가장의 비애는 매한가지였다. 한갓 미물도 저리 살가운데 부위자강父爲子綱을 지키는 사람이야 오죽했으랴.

 여름을 난 백로가 떠난 자리에 겨울새가 떼를 지어 찾아 들었다. 큰고니 청둥오리 천연기념물인 노랑부리저어새가 갈잎 속에 숨어 사랑을 나눈다. 서로 모여앉아 날개에 붙은 검불을 서로 뜯어주며 수다를 떤다. 깍깍 짹짹 끼룩끼룩. 이웃 흉을 보는지 사랑놀이에 빠졌는지 좋알대며 논다. 저마다 가진 재능을 뽐내며 재간 꾼처럼 묘기를 부린다. 날고 기고 텀블링에 자맥질까지. 기러기부대는 하늘에 암호문자를 그리며 날아간다.

갈맷길을 따라 걸으며 사이먼과 가펑클이 부른 "철새는 날아가고(El Conder Pasa)"를 듣는다. 소슬바람에 갈잎이 서걱대는 소리가 가슴을 헤집고 들면 그 쓸쓸함은 더해진다. 노래의 여운에 코끝이 찡해온다. 문득 로댕가리의 소설이 떠오른다. 소설의 배경은 어느 해변의 모래밭이었다. 자연과 인간은 필연적으로 공존하는 공생의 관계임을 작가는 분명하게 드러내고 있었다. 이미지를 강조하기 위함에서였을까. 그곳엔 카페도 있다고 했다. 정말 그런 곳이 있는지, 그건 알 수 없다.

철새와 갈대가 주는 이미지만큼 낭만적인 게 있을까. 만약에 내가 카페를 하나 차린다면 낙동강이 훤히 내려다보이는 강둑에 자리하거나 안개가 피어오르는 몰운대 해안가 어디쯤에다 터를 잡고 싶다. 대목수를 불러 멋지게 한옥을 지었으면 좋겠다. 자금이 모자라면 갈대로 이엉을 얹은 초가이면 더욱 운치가 있을 듯하다.

낮달이 뜬 지붕 위에 하얀 박꽃 줄기를 올리고 돌담 아래에 봉선화를 심고 싶다. 마당엔 암탉 두어 마리가 술래잡기하고 아이들의 웃음소리가 콩 튀듯 톡톡 터졌으면 더할 나위 없겠다. 문풍지가 떨리는 격자창 문살마다 책갈피에 감춰둔 단풍잎을 붙었으면 그 멋스러움이 가히 절정에 닿을 것이다.

그 카페 이름은 모네의 '어부의 오두막'으로 정해야겠다. "내 누의 같은" 국화꽃이 피면 벗들을 초대할 참이다. 갈잎을 꺾어와 풀피리를 만들고 서툴게 작사한 '몰운대의 밤안개'를 멋지게 연주하고 싶다. 그쯤 되면 신발 벗어 손에 쥐고 맨발로 다대포 해변을 걷는 발길이 곰비임비 모여들 것이다.

 음악 소리에 이끌러 약간의 나이가 든 여인이 갈대로 섶을 세운 문을 열고 들어선다. 낙조를 빠져 창밖을 내다보며 담배를 태우고 앉았다. 혼자 술을 마시며 강나루를 지나가는 완행열차의 기적 소리를 듣는다. 여인의 노트에는 어렸던 날의 슬픈 기억들이 빼곡하게 기록되어 있을 듯하다. 가난했던 부모는 강에서 잡은 물고기와 소금을 이고 지고 완행열차를 타고 산간 오지마을로 떠났다. 흰쌀이 주근깨처럼 박힌 도시락을 나누어 먹었던 남학생이 첫사랑이었을 지도 모른다.
 도수 높은 술과 오동나무 탁자와 애절한 곡조의 음악까지 여인의 애간장이 녹아난다. 쓸쓸한 물골로 인하여 카페는 온통 슬픔에 빠져들 것 같다. 그녀에겐 바다란 무정하고 소란스러우면서도 상처를 치유해주는 위안의 공간이기도 했다. 가난을 면할 수 있는 유일한 출구이자 희망의 터전이었다. 죽음을 무릅쓰고 낙동강을 찾아온 새들처럼 오라비도 가난을 벗으려고 바다를 떠돌았다. 스물아홉에 홀로된 올케는 여든이 넘도록 바다 곁을 떠나지 못하고 있다. 어쩌면 그 여인도 그런 아픈 추억을 간직하고 있을까.

 철새가 날아오는 계절에 '철새는 날아가고'를 듣는다. 가고 오는 것이 어디 계절뿐이랴! 존재가 있으면 사라짐이 따르는 법이다. 노랫말 중에 '거리(street)보다는 숲(forest)이 되고 싶다'라는 구절이 가슴에 와닿는다. 어딘가에 숲이 되는 존재의 삶만큼 값진 게 어디 있을까. 우리가 차가운 겨울로 건너간다면 철새들은 우리 품으로 날아들 것이다.

물은 순하고 어질어서 차별하지 않는다. 자연은 인간을 배신하지 않는다는 걸 주입식 교육처럼 말로만 주창한다. 포장된 거짓 이론보다 진실한 행동이 우선되는 게 자연을 살리는 길이 아닐까? 수많은 생명을 품는 낙동강이야말로 어머니의 젖줄이다. 우리가 철새도래지를 지킨다면 후세들에게 대대손손 숲의 보금자리를 선사할 것이다. 강은 말한다. 물결 따라 역사는 흘러가지만, 또 다른 새로운 역사를 써 내려 간다고…

을숙도를 거쳐 다대포로 이어지는 갈맷길은 일출보다 일몰이 더 아름답다. 노을빛에 갈증 난 갈꽃에 실려 하루의 일상을 접고 안식처로 되돌아갈 시간이다.

저녁 바람이 차갑게 불어온다. 철새들이 연이어 군무群舞를 펼칠 기세다. 새들의 비상飛上과 동시에 도시의 불빛이 벚꽃처럼 터진다. 사하촌의 사계四季를 노트에 기록하며 나도 자리를 털고 일어난다.

김임순 세 번째 수필집

# 샤먼의 춤

**초판1쇄 발행** 2025년 7월 21일

**지은이** 김임순
**펴낸이** 이길안
**펴낸곳** 세종출판사

**주소** 부산광역시 중구 흑교로 71번길 12 (보수동2가)
**전화** 463-5898, 253-2213~5
**팩스** 248-4880
**전자우편** sjpl5898@daum.net
**출판등록** 제02-01-96

ISBN 979-11-5979-796-5  03810

정가 17,000원

본 사업은 2025년 거제시문화예술지원사업 「아트포유」 선정작으로, 거제시의 지원을 받아 진행되었습니다.

이 책은 저작권법에 따라 보호받는 저작물이므로 무단전재와
무단복제를 금지하며, 이 책 내용의 전부 또는 일부 내용을 재사용하려면
사전에 저작권자와 세종출판사의 동의를 받아야 합니다.
* 잘못된 책은 교환해 드립니다.